新时代新发展理念评价体系与测度

张涛 张卓群◎著

中国社会科学出版社

图书在版编目（CIP）数据

新时代新发展理念评价体系与测度 / 张涛, 张卓群著 . —北京：中国社会科学出版社，2021.10
ISBN 978 – 7 – 5203 – 9234 – 1

Ⅰ.①新… .Ⅱ①张… ②张… Ⅲ.①中国特色社会主义—社会主义建设模式—研究 Ⅳ.①D616

中国版本图书馆 CIP 数据核字（2021）第 197525 号

出 版 人	赵剑英	
责任编辑	黄 晗	
责任校对	周 昊	
责任印制	王 超	

出　　版	中国社会科学出版社	
社　　址	北京鼓楼西大街甲 158 号	
邮　　编	100720	
网　　址	http://www.csspw.cn	
发 行 部	010 – 84083685	
门 市 部	010 – 84029450	
经　　销	新华书店及其他书店	

印　　刷	北京明恒达印务有限公司	
装　　订	廊坊市广阳区广增装订厂	
版　　次	2021 年 10 月第 1 版	
印　　次	2021 年 10 月第 1 次印刷	

开　　本	710×1000　1/16	
印　　张	16.5	
插　　页	2	
字　　数	212 千字	
定　　价	89.00 元	

凡购买中国社会科学出版社图书，如有质量问题请与本社营销中心联系调换
电话：010 – 84083683
版权所有　侵权必究

目 录

前言 "新"的阐释 …………………………………………… (1)

第一章 新发展理念的理论探究 ………………………………… (6)
  第一节 新发展理念的由来 …………………………………… (6)
  第二节 新发展理念理论探究 ………………………………… (13)

第二章 新发展指数构建及评价 ………………………………… (37)
  第一节 主流发展评价体系的演进 …………………………… (37)
  第二节 创新发展指数研究述评 ……………………………… (44)
  第三节 协调发展指数研究述评 ……………………………… (51)
  第四节 绿色发展指数研究述评 ……………………………… (58)
  第五节 开放发展指数研究述评 ……………………………… (64)
  第六节 共享发展指数研究述评 ……………………………… (70)
  第七节 新发展理念指标评价研究可能的扩展方向 ………… (73)

第三章 县域新发展指标体系构建 ……………………………… (76)
  第一节 选用县域作为研究对象的意义 ……………………… (76)
  第二节 指标选取原则 ………………………………………… (77)
  第三节 指标体系构建 ………………………………………… (78)

第四节　指标体系解读 …………………………………………（80）
　　第五节　指数计算方法 …………………………………………（84）

第四章　浙江县域新发展指数测算及空间效应分析 …………（86）
　　第一节　新发展指数测算结果与排名 …………………………（86）
　　第二节　浙江县域新发展聚类分析 ……………………………（98）
　　第三节　浙江县域新发展空间效应分析 ………………………（102）

第五章　以新发展理念引领高质量发展 ………………………（109）
　　第一节　从新发展到高质量发展的跃迁 ………………………（109）
　　第二节　高质量发展的内涵 ……………………………………（110）
　　第三节　高质量发展的指导性文件 ……………………………（114）

第六章　高质量发展评估 ………………………………………（116）
　　第一节　评估方法综述 …………………………………………（116）
　　第二节　高质量发展指数的实践探索 …………………………（120）

第七章　东莞制造业高质量发展指数三级模型及其测度 ……（129）
　　第一节　东莞制造业高质量发展指数三级模型 ………………（129）
　　第二节　东莞制造业高质量发展指数 …………………………（143）
　　第三节　高质量发展指数测度的应用实证 ……………………（175）

第八章　基于电力大数据分析设计高质量发展指数体系 ……（182）
　　第一节　电力工业与高质量发展的关键问题 …………………（182）
　　第二节　利用大数据预测和评估经济社会发展 ………………（190）
　　第三节　电力大数据与高质量发展评估 ………………………（195）
　　第四节　结合电力大数据的高质量发展评估模型 ……………（207）

第五节　小结 …………………………………………（231）

第九章　结语 ………………………………………（234）

参考文献 ……………………………………………（239）

图 目 录

图 1.1　第二次世界大战后世界多国基尼系数变化情况 ………（15）
图 1.2　Maddison（2007）估算的世界 GDP 变化……………（17）
图 2.1　2005—2015 年中国创新指数走势……………………（49）
图 2.2　中国在全球创新指数中的历年排名……………………（50）
图 2.3　发改委研究中心课题组对外开放指数框架……………（68）
图 2.4　新发展理念指标评价体系构建设想……………………（75）
图 4.1　浙江县域新发展情况聚类分析图示……………………（99）
图 4.2　浙江县域新发展情况聚类分组雷达图 ………………（101）
图 7.1　东莞制造业高质量发展指数三级模型 ………………（136）

表 目 录

表 2.1　2012—2018 年各指数的中国得分 …………………………（42）

表 2.2　2017 年各指数及 GDP 排名 …………………………………（43）

表 2.3　中国城市层面创新指数研究汇总 ……………………………（45）

表 2.4　协调发展指数代表性研究汇总 ………………………………（57）

表 2.5　绿色发展指数代表性研究汇总 ………………………………（63）

表 2.6　开放发展指数代表性研究汇总 ………………………………（68）

表 3.1　县域新发展指数指标体系 ……………………………………（79）

表 3.2　创新发展所辖二级指标计算方法 ……………………………（81）

表 3.3　协调新发展所辖二级指标计算方法 …………………………（81）

表 3.4　绿色发展所辖二级指标计算方法 ……………………………（82）

表 3.5　开放发展所辖二级指标计算方法 ……………………………（83）

表 3.6　共享发展所辖二级指标计算方法 ……………………………（84）

表 4.1　浙江县域新发展指数排名 ……………………………………（87）

表 4.2　2016 年浙江县域人均 GDP 排名 ……………………………（88）

表 4.3　浙江县域创新发展指数排名 …………………………………（89）

表 4.4　浙江县域协调发展指数排名 …………………………………（91）

表 4.5　浙江县域绿色发展指数排名 …………………………………（93）

表 4.6　浙江县域开放发展指数排名 …………………………………（94）

表 4.7　浙江县域共享发展指数排名 …………………………………（96）

- 表4.8　新发展指数前15位分类排名 ………………………（97）
- 表4.9　浙江县域新发展情况 K-Means 聚类分组……………（100）
- 表4.10　莫兰指数结果 ………………………………………（103）
- 表4.11　空间自回归模型结果 ………………………………（105）
- 表5.1　"高质量发展"的指导性文件…………………………（115）
- 表6.1　各地区高质量发展指标体系汇总 ……………………（127）
- 表7.1　东莞企业高质量发展评价指标体系（理论版）……（137）
- 表7.2　东莞行业高质量发展评价指标体系（理论版）……（140）
- 表7.3　东莞区域高质量发展评价指标体系（理论版）……（141）
- 表7.4　权重确定示例 …………………………………………（149）
- 表7.5　打分矩阵示例 …………………………………………（150）
- 表7.6　确定判断准则（九级标度两两比较评分标准）……（150）
- 表7.7　企业高质量发展评价指标体系（实操版）…………（151）
- 表7.8　定制化权重方案下不同维度权重设计 ………………（154）
- 表7.9　按照月度发布的企业高质量发展评价指标体系 ……（155）
- 表7.10　按季度发布的企业高质量发展评价指标体系………（156）
- 表7.11　按年度发布的企业高质量发展评价指标体系………（157）
- 表7.12　按季度发布的行业高质量发展评价指标体系………（166）
- 表7.13　按年度发布的行业高质量发展评价指标体系………（168）
- 表7.14　按年度发布的区域高质量发展评价指标体系………（173）
- 表7.15　东莞行业高质量发展指标体系测算结果……………（177）
- 表7.16　东莞区域高质量发展指标体系测算结果……………（178）
- 表8.1　企业高质量发展评价指标体系 ………………………（208）
- 表8.2　行业高质量发展评价指标体系 ………………………（211）
- 表8.3　区域高质量发展评价指标体系 ………………………（213）

前言 "新"的阐释

面对错综复杂的国际形势、艰巨繁重的国内改革发展稳定任务，特别是新冠肺炎疫情的严重冲击，全党保持战略定力，认识和把握发展规律，因势而动、应势而谋、乘势而上、顺势而为，用四个"新"定调我国经济发展阶段、发展思路、发展质量和发力方向，准确识变、科学应变、主动求变，实现在危机中育先机、于变局中开新局。

一 因势而动，新常态定调"发展阶段"

我国经济发展进入新常态，这是党的十八大以来以习近平同志为核心的党中央准确把握国内外经济发展形势，从问题意识出发做出的科学判断。2011年前后，中国经济从过去两位数增长下行到7%—8%的速度，主要并非周期性因素所致，而是一种结构性减速，中国经济的基本面发生了历史性的实质变化，已经不以人的意志为转移，进入了一个"新时代"或经济发展新阶段。2014年5月，习近平总书记在考察河南的行程中指出："我国发展仍处于重要战略机遇期，我们要增强信心，从当前我国经济发展的阶段性特征出发，适应新常态，保持战略上的平常心态。"① 7月29日，在中南海召开

---

① 中共中央文献研究室：《在河南考察时的讲话》（2014年5月9日、10日），载《习近平关于社会主义经济建设论述摘编》，中央文献出版社2017年版。

的党外人士座谈会上，习近平总书记又一次用新常态来概括当前经济形势。① 11月10日，习近平主席在亚太经合组织（APEC）工商领导人峰会上较系统地阐述了我国经济发展新常态下速度变化、结构优化、动力转化三大特点，并集中表达了新常态将给中国带来新机遇的乐观预期。② 12月9日，习近平总书记在中央经济工作会议上从九个方面全面阐释了经济发展"新常态"，明确指出："我国经济发展进入新常态是我国经济发展阶段性特征的必然反映，是不以人的意志为转移的。认识新常态，适应新常态，引领新常态，是当前和今后一个时期我国经济发展的大逻辑。"③ 新的时代条件下，推动我国经济持续健康发展，必须明确经济发展新常态的"发展思路"，并就经济发展新常态所引起的广泛效应进行深入的价值性考量，进而适应新常态、把握新常态、引领新常态。

二 应势而谋，新发展定调"发展思路"

2015年10月，习近平总书记在关于"十三五"规划的建议中指出："发展理念是发展行动的先导，是管全局、管根本、管方向、管长远的东西，是发展思路、发展方向、发展着力点的集中体现"。④ 在正确总结国内外发展经验教训和深刻分析国内外发展大势的基础

---

① 习近平总书记原话：中国经济呈现出新常态，有几个主要特点。一是从高速增长转为中高速增长。二是经济结构不断优化升级，第三产业、消费需求逐步成为主体，城乡区域差距逐步缩小，居民收入占比上升，发展成果惠及更广大民众。三是从要素驱动、投资驱动转向创新驱动。新常态将给中国带来新的发展机遇。
② 中共中央文献研究室：《谋求持久发展，共筑亚太梦想》（2014年11月9日），载《习近平关于社会主义经济建设论述摘编》，中央文献出版社2017年版。
③ 中共中央文献研究室：《经济工作要适应经济发展新常态》（2014年12月9日），载《十八大以来重要文献选编》（中），中央文献出版社2016年版。
④ 中共中央文献研究室：《关于〈中共中央关于制定国民经济和社会发展第十三个五年规划的建议〉的说明》（2015年10月26日），载《十八大以来重要文献选编》（中），中央文献出版社2016年版。

上，针对我国发展中的突出矛盾和问题，习近平总书记在党的十八届五中全会第二次全体会议上提出了"创新、协调、绿色、开放、共享"的新发展理念。同时，习近平总书记强调指出："面对中国经济发展进入新常态、世界经济发展进入转型期、世界科技发展酝酿新突破的发展格局，我们要坚持以经济建设为中心，坚持以新发展理念引领经济发展新常态"。① 新发展理念源于问题意识，贯穿着问题导向。创新发展注重解决发展动力问题，强调由要素驱动、投资规模驱动走向创新驱动是必然趋势；协调发展注重解决发展不平衡问题，强调由不协调走向协调、由不平衡走向平衡，统筹发展的整体性；绿色发展注重解决人与自然和谐问题，强调由利用、开发自然资源走向尊重自然、顺应自然、保护自然，实现发展的可持续性；开放发展注重解决发展内外联动问题，强调形成全面开放新格局，构建互利共赢合作伙伴关系和人类命运共同体；共享发展注重解决社会公平正义问题，强调让广大人民群众共享改革发展成果，让社会主义制度优越性充分体现。新发展理念作为"指挥棒"和"红绿灯"，在深化供给侧结构性改革、加快建设创新型国家、实施乡村振兴战略、实施区域协调发展战略、加快完善社会主义市场经济体制、推动形成全面开放新格局等方面发挥着重要的指导作用，为推动中国经济由高速度增长阶段向高质量发展阶段转型，建设现代化经济体系提供发展思路和发展方向。

三 乘势而上，新旧动能转换定调"发展质量"

2015年李克强总理在召开的政府会议中提出"我国经济正处在新旧动能转换的艰难进程中"，这是首次提出新旧动能转换的概念。

---

① 中共中央文献研究室：《以新的发展理念引领发展，夺取全面建成小康社会决胜阶段的伟大胜利》（2015年10月29日），载《十八大以来重要文献选编》（中），中央文献出版社2016年版。

2016年政府工作报告中，新旧动能转换成为重点议题。2017年国务院办公厅印发了关于新旧动能转换的第一份正式文件中指出："以技术创新为引领，以新技术新产业新业态新模式为核心，以知识、技术、信息、数据等新生产要素为支撑的经济发展新动能正在形成。"新旧动能转换主要包含微观、中观和宏观三个层次的含义。微观视角下，新旧动能转换应该是要素组合方式、要素利用效率、生产技术水平的组合所创造的增长方式的综合改变，从一种较低的平衡增长路径跃升至较高的平衡增长路径的动态过程；中观视角下，新旧动能转换是地区、城乡、产业从非均衡增长向均衡增长转变的动态过程；宏观视角下，新旧动能转换是整个社会由高速度增长向高质量发展转变的动态过程。2017年党的十九大首次提出的新表述，表明中国经济由高速增长阶段转向高质量发展阶段。新旧动能转换是实现创新驱动、推动经济由高速度增长向高质量发展的重大战略举措。高质量发展则是以新发展理念为指导的经济发展质量状态。新发展理念和高质量发展与中国共产党关于发展理念的认识具有一脉相承之处，同时又与时俱进。

四 顺势而为，新基建定调"发力方向"

2018年中央经济工作会议提出：要促进形成强大国内市场，我国发展现阶段投资需求潜力仍然巨大，要发挥投资关键作用，加快5G商用步伐，加强人工智能、工业互联网、物联网等新型基础设施建设。随后，"加强新一代信息基础设施建设"被列入2019年政府工作报告。2019年7月30日中央政治局会议针对下半年经济工作再次强调，要加快推进信息网络等新型基础设施建设。在新冠肺炎疫情冲击下，近期中央多次会议反复提及加快"新基建"，市场也在高度关注"新基建"这个热点，有人将其当作新的"刺激计划"。科学的态度是要把"新基建"内嵌于我国高质量发展的需要，使其客观上发挥扩大内需、促进增长的作用。2020年4月，国家发改委对新型基础设施的范围正式做出解读，指出新型基础设施是以新发展理念为引领，以技术创新为驱动，以信息网络为基础，面向高质量发展需要，提供数字转型、智能升级、融合创新等服务的基础设施体系，包括信息基础设施、融合基础设施、创新基础设施3个方面。"新基建"并不是"新的基建"，而是具有"质"的规定性。"新基建"具有新技术、新高度、新领域、新模式、新业态、新治理等"六新"特征，这是"新基建"具备为中国经济"赋能"的条件。新型基础设施的建设和形成不仅有利于推动制造业高质量发展，而且有利于推动先进制造业和现代服务业融合发展、推动数字经济和实体经济融合发展，从而形成产业新生态，为构建现代产业体系和经济体系服务。

当前在内外因素共振之下，中国经济短期下行压力有所加大，但是其穿越周期的稳定锚并未动摇，长期发展的动力源持续更新。现代经济发展需要市场经济的各种具体技术、手段，更需要运用这些手段的世界观和方法论。中国经济发展坚持守其"道"：社会主义市场经济；变其"势"：因势而动、应势而谋、乘势而上、顺势而为；精其"术"：构建新发展指数，逐渐形成了"道""势""术"相结合的清晰完备体系。

第一章

新发展理念的理论探究

党的十八大以来，以习近平同志为核心的党中央毫不动摇地坚持和发展中国特色社会主义，勇于实践、善于创新，深化对共产党执政规律、社会主义建设规律、人类社会发展规律的认识，形成一系列治国理政新理念新思想新战略，这些新理念新思想新战略，集中地体现为习近平新时代中国特色社会主义思想中关于发展的重要论述，主要蕴含在党的十八大以后习近平总书记关于发展的新论述及党的十八届五中全会上对新发展理念的重要论述之中。本章对新发展理念的由来进行了探讨和研究。

第一节　新发展理念的由来

一　党的十八大以前的发展理念

以毛泽东同志为核心的党的第一代中央领导集体很早就讨论到了新中国经济社会的发展问题。1945年召开的党的七大指出："中国工人阶级的任务，不但为着建立新民主主义的国家而斗争，而且为着中国的工业化和农业的近代化而斗争"。党的七大还指出判断中国一切政党的政策及其实践在中国人民中所表现的作用的好坏、大小的标准,"归根到底,看它对中国人民的生产力的发展是否有帮助及其帮助之大小,看它是束缚生产力的,还是解放生产力的"。1947年,在陕北米脂县杨家沟召集的会议上,毛泽东同志做报告《目前形势和我们的任务》,提出建立新民主主义中国时期内的经济纲领"必须紧紧地追随着发展生产、繁荣经济、公私兼顾、劳资两利这个总目标。"

新中国成立以后,毛泽东同志认为从新中国成立到社会主义改造基本完成之间是一段过渡时期,提出了过渡时期总路线,路线指出实现国家工业化和进行社会主义改造是国民经济发展的基本要求。在过渡时期总路线的指导下,全国绝大部分地区基本完成了社会主义改造,第一个五年计划提前超额完成。新形势下召开的党的八大指出:国内的主要矛盾已转化为人民对于建立先进的工业国的要求同落后的农业国的现实之间的矛盾,是人民对于经济文化迅速发展的需要同当前经济文化不能满足人民需要的状况之间的矛盾。党的八大强调党和国家的主要任务已经由解放生产力变为在新的生产关系下保护和发展生产力,全党要集中力量去发展生产力,把我国尽快从落后的农业国变为先进的工业国。

当时的中国共产党人将发展理解为现代化,又将现代化等同于工业化或工业社会。虽然从今天的眼光来看,这些认识存在一定的局限性,但这段时期内产生了许多富有创造精神的方针与设想,它们是中国共产党人早期探索社会主义发展道路、认识社会主义发展规律的宝贵经验,为后来历代领导集体进一步探索发展之路提供了丰富的借鉴。遗憾的是,其中一些正确的思想在当时未能取得深刻的共识,付诸实践的时间较短或者是在实践过程中出现了曲折与反复。

以邓小平同志为核心的党的第二代中央领导集体,在党的十一届三中全会上总结了过去的经验教训,把党和国家工作重点由以阶级斗争为纲转移到社会主义现代化建设上来，实行改革开放的伟大决策。党的十一届六中全会指出我国当时社会的主要矛盾是人民日益增长的物质文化需要同落后的社会生产之间的矛盾。这个主要矛盾，贯穿于我国社会主义初级阶段的整个过程和社会生活的各个方面，决定了我们的根本任务是集中力量发展社会生产力。邓小平关于发展的著名论断是：发展才是硬道理，可以让一部分人、一部分地区先富起来，先富带动后富，最终实现共同富裕。邓小平同志还对社会主义本质做了新的概括：解放生产力，发展生产力，消灭剥削，消除两极分化，最终达到共同富裕。

党的十三届四中全会以后，以江泽民同志为核心的党的第三代中央领导集体在我国改革开放向纵深推进时提出"发展是党执政兴国的第一要务"的重要思想。江泽民同志认为，发展决定人心向背，要坚持用发展的办法解决前进中的问题。要把改革发展稳定的关系，作为整个社会主义初级阶段都要正确处理好的重大关系。社会主义是以经济建设为重点的全面发展、全面进步的社会，要促进社会主义物质文明、政治文明、精神文明协调发展，促进人的全面发展。

中国共产党在关于发展思想的早期探索中着重强调解放和发展生产力，认为发展生产力能够有效促进中国在当时所存在的各种社会矛盾的解决，政府和学界多使用国内生产总值或钢铁产量来衡量经济社会发展水平。在这些思想的指导下，中国创造了经济增长奇迹，基本解决了人民的温饱问题，但在经济高速增长的过程中也出现了一些环境破坏、发展不均等问题。

新的历史时期提出了新的发展问题，新的发展问题需要新的理论指导。党的十六大以后，我国进入全面建设小康社会、推进社会主义现代化建设的新时期，经济社会发展也进入了重要的发展机遇期与矛盾凸显期，经济、政治、文化和社会等多个领域都呈现出新的特点。在党的十六届三中全会上，以胡锦涛同志为总书记的党中央认同党的三代中央领导集体关于发展重要性的认识，并从解决当前我国发展面临的突出矛盾和问题的角度发展了马克思主义发展理论，提出了科学发展观。

党的十七大指出科学发展观第一要义是发展，核心是以人为本，基本要求是全面协调可持续性，根本方法是统筹兼顾。党的十七届五中全会提出，在当代中国，坚持发展是硬道理的本质要求，就是坚持科学发展。

第一要义是发展。党的十七大强调："发展，对于全面建设小康社会、加快推进社会主义现代化，具有决定性意义。"强调第一要义是发展，是基于我国社会主义初级阶段基本国情，基于人民过上美好生活的深切愿望、巩固和发展社会主义制度、巩固党的执政基础、履行党的执政使命做出的重要结论，要求党和政府牢牢抓住经济建设这个中心，坚持聚精会神搞建设、一心一意谋发展，不断解放和发展社会生产力，把握发展规律、创新发展理念、转变发展方式、破解发展难题、提供发展质量和效益。

核心是以人为本。以人为本的内涵在于把人民的利益作为一切工作的出发点和落脚点，不断满足人民的多方面需求和促进人的全面发展。要在经济发展的基础上，不断提高人民群众物质文化生活水平和健康水平，尊重和保证人权，不断提高人们的思想道德素质、科学文化素质和健康素质，创造人们平等发展、充分发挥聪明才智的社会环境。坚持以人为本需要实现好、维护好、发展好最广大人民的根本利益，尊重人民的主体地位，发挥人民的首创精神，保证人民的各项权益，走共同富裕道路，促进人的全面发展，做到发展为了人民、发展依靠人民、发展成果由人民共享。以人为本，说明发展并不简单地就是国内生产总值的高速增长，发展不能忽视甚至是损害人民群众的需要和利益。

全面发展是指以经济建设为中心，全面推进经济、政治、文化和社会建设，实现经济发展和社会全面进步；协调发展是要推进生产关系和生产力、上层建筑和经济基础相协调，推进经济、政治、文化建设的各个环节、各个方面相协调；可持续发展需要促进人和自然的和谐，实现经济发展与人口、资源、环境相协调，坚持走生产发展、生活富裕、生态良好的文明发展道路。基于全面持续可协调发展要求的考虑，党中央把现代化建设总体布局从"三位一体"拓展为社会主义经济建设、政治建设、文化建设、社会建设"四位一体"，尤其强调加快推进改善民生为重点的社会建设；提出了实现国民经济"又好又快"的发展理念，强调经济发展方式从粗放向集约的转变和发展循环经济，建设资源节约型、环境友好型社会等重大战略。

科学发展观的根本方法是统筹兼顾。党的十六届三中全会提出"五个统筹"的思想，即统筹城乡发展、统筹区域发展、统筹经济社会发展、统筹人与自然和谐发展、统筹国内发展和对外开放。党的十七大报告在"五个统筹"的基础上，进一步提出要统筹中央和地方关系、统筹个人利益和集体利益、当前利益和长远利益，统筹国内国际两个大局。我国在发展过程中出现了一系列突出矛盾和问题，如经济社会发展不够协调，城乡二元结构亟待改变，地区发展较不平衡，经济快速增长对资源、环境的压力日益加大，这些问题的处理都需要我们更加自觉地运用统筹兼顾这个根本方法。

科学发展观在继续强调解放和发展生产力之外，开始注重发展的可持续性，提出了转变经济发展方式、分享经济发展成果、控制经济发展不均等重要思想。中国在科学发展观的指导下保持了强劲的经济增长态势，成为仅次于美国的世界第二大经济体。但我们也需要清楚地认识到我国经济增长方式与科学发展观所强调的以人为本、人和自然和谐相处、依靠科技和创新引领经济社会发展的路径还存在着一定的距离。

二　新发展理念的提出

1978年12月，党的十一届三中全会正式确立我国实行对内改革、对外开放政策，拉开我国改革开放的大幕。40年的时间里，我国的政治建设、经济建设、社会建设和文化建设取得了举世瞩目的成就。国家统计局数据显示，2016年我国人均GDP达到53980元，与1978年相比实际增长21.4倍。特别是2008年之后，随着世界经济步入下行通道，美国、日本、欧盟等主要发达经济体复苏缓慢，我国经济仍然能够保持中高速增长，对全球经济增长贡献率超过了30%。

值得注意的是，40年经济高速增长的背后，同样带来了许多复杂的经济社会问题。改革开放初期，我国工业基础薄弱，人才储备不足，为了解决人民的温饱问题，只有依靠要素驱动和投资规模驱动，快速模仿和复制外国先进技术，才能迅速提高国家综合经济实力，提升人民生产生活水平。这种粗放式的经济发展方式，不但是我国经济起步时期的必然选择，也是世界上大部分发展中国家经济起步时期的必然选择。"跨越式"的经济发展方式，促使我国在短短的三四十年里，走完了资本主义国家两三百年的经济发展进程，同时必然使得发展中数百年存在的问题压缩至短短的几十年时间里。2008年是一个分水岭，随着美国次贷危机的全球性爆发，世界经济发展格局发生了深刻变化。国外方面，主要发达国家经济持续低迷，贸易保护主义抬头，地缘政治军事冲突频发。国内方面，随着改革步入深水区，经济进入了增长速度换挡期、结构调整阵痛期和前期刺激政策消化期，发展形势日趋复杂。

时序更替，思想先行，大时代尤其需要大智慧。党的十八大以来，以习近平同志为核心的党中央毫不动摇地坚持和发展中国特色社会主义，勇于实践、善于创新，深化对共产党执政规律、社会主义建设规律、人类社会发展规律的认识，形成一系列治国理政新理念新思想新战略。这里提到的新理念新思想新战略，集中地体现为习近平新时代中国特色社会主义思想中关于发展的重要论述，主要蕴含在党的十八大以后习近平总书记关于发展的新论述及党的十八届五中全会上对新发展理念的重要论述之中。

党的十八大以后，习近平总书记对发展的新论述主要有：我们要坚持发展是硬道理的战略思想，坚持以经济建设为中心，全面推进社会主义经济建设、政治建设、文化建设、社会建设、生态文明建设，深化改革开放，推动科学发展；① 坚持社会主义市场经济改革方向，核心问题是处理好政府与市场的关系，使市场在资源配置中起决定性作用和更好发挥政府作用；② 实施创新驱动发展战略，最根本的是要增强自主创新能力，最紧迫的是要破除体制机制障碍，最大限度解放和激发科技作为第一生产力所蕴藏的巨大潜能；③ 要推进新型工业化、信息化、城镇化、农业现代化同步发展；④ 坚持绿色发展，就是要坚持节约资源和保护环境的基本国策，坚持可持续发展，形成人与自然和谐发展现代化建设新格局。⑤ 习近平总书记在党的十八届五中全会上提出并全面阐述了创新、协调、绿色、开放、共享五大新发展理念。坚持创新发展、协调发展、绿色发展、开放发展、共享发展，是关系我国发展全局的一场深刻变革。这五大发展理念

---

① 《在第十二届全国人民代表大会第一次会议上的讲话》（2013年3月17日），载《十八大以来重要文献选编》（上），中央文献出版社2014年版。
② 《切实把思想统一到党的十八届三中全会精神上来》（2013年11月12日），载《十八大以来重要文献选编》（上），中央文献出版社2014年版。
③ 《加快从要素驱动、投资规模驱动发展为主向以创新驱动发展为主的转变》（2014年6月9日），载《十八大以来重要文献选编》（中），中央文献出版社2016年版。
④ 中共中央文献研究室：《在中共中央召开的党外人士座谈会上的讲话》（2014年12月1日），载《习近平关于社会主义经济建设论述摘编》，中央文献出版社2017年版。
⑤ 中共中央文献研究室：《深化合作伙伴关系，共建亚洲美好家园》（2015年11月7日），载《习近平关于社会主义生态文明建设论述摘编》，中央文献出版社2017年版。

相互贯通、相互促进，是具有内在联系的集合体，要统一贯彻，不能顾此失彼，也不能相互替代。①

第二节 新发展理念理论探究

新发展理念作为马克思主义中国化的最新成果，是党和人民实践经验和集体智慧的结晶，对统筹推进"五位一体"总体布局、协调推进"四个全面"战略布局、实现"两个一百年"奋斗目标具有重要指导作用。作为习近平新时代中国特色社会主义思想的重要组成部分，是管全局、管根本、管长远的导向，具有战略性、纲领性、引领性。新发展理念的提出，有着深刻的理论内涵、特定的时代背景，本章就新发展理念的定位作用、时代背景和理念演化进行了探讨研究。

一 新发展理念的时代背景

（一）创新发展的时代背景

改革开放以后，我国经济发展走上了快车道，40年来平稳有序的增长，迅速提高了人民的生活水平，提升了我国在国际中的影响力和话语权。2008年以后，随着美国次贷危机的发生和蔓延，全球经济进入了下行通道。在此国际大环境下，我国仍然能够保持中高速增长，成为世界经济发展的"发动机"和"稳定器"。

改革开放的前期和中期，我国经济发展多是以牺牲资源环境为代价，依靠资源堆积的快速粗放式增长。进入"十二五"时期之后，

---

① 《以新的发展理念引领发展，夺取全面建成小康社会决胜阶段的伟大胜利》（2015年10月29日），载《十八大以来重要文献选编》（中），中央文献出版社2016年版。

随着资源环境约束趋紧，工业初级产品产能过剩，前期粗放式增长带来的负面效应逐步显现。从需求侧来看，我国投资对国内生产总值的贡献率一直居高不下。2009年，随着"四万亿"计划的推出，资本贡献率一度达到86.5%，2015年仍然保持在41.6%的高水平。净出口贡献率随着国际经济形势的低迷，近年来一蹶不振，2015年为-1.3%。消费贡献率近十年一般保持在40%—50%，2015年有所好转达到59.7%。由此可见，我国的投资占比常年偏高。从长期来看，这种态势不具有可持续性，投资占比过大是寅吃卯粮，最终的后果是"国进民退"。从供给侧来看，要素资源配置和产业结构矛盾十分突出。要素资源方面，一方面能源利用率较低，煤炭占比偏高，废水、废气、废渣、二氧化碳排放比重较大；另一方面对土地、劳动力等一般性生产要素投入依赖过重，对人才、知识、科技等高级要素投入比重偏低。产业结构方面，高消耗、高污染、高排放产业比重偏高，高科技产业、绿色低碳产业、战略性新兴产业比重偏低。

目前我国经济已经步入"新常态"，处于由工业文明向生态文明转型的关键阶段，经济增长的内生动力发生了根本性变化，以土地、劳动力和资源消耗的经济增长方式已经不能满足"新常态"下的经济增长需求。在此大背景下，只有依靠创新发展才能找寻到新的经济增长极。这也是创新发展理念居于新发展理念首位的根本原因所在。

（二）协调发展的时代背景

发展不均衡是世界经济发展各个时期普遍存在的全球性问题。第二次世界大战以后，一方面西方国家迅速完成战后重建，经济发展进入正轨；另一方面第三世界国家仍然面临战乱不断、资源短缺的局面，经济发展踟蹰不前，各国之间的发展水平迅速分化。据世界银行统计，1960年美国的人均GDP为3007美元，布隆迪的人均GDP为70美元，前者约为后者的43倍；2016年美国的人均GDP为57466美元，布隆迪的人均GDP为201美元，前者约为后者的286倍。值得注意的是，这种现象并不是个案。

发展不均衡问题不但在国与国之间存在，在各个国家的内部同样存在。图1.1中显出了第二次世界大战之后多国基尼系数的变化情况。美国的基尼系数在1990年之前常年保持在0.4之下，近年来有所上升，达到0.44左右；英国从1960年的0.25一路上升至2000年的0.37；德国、日本、印度多年来在0.3—0.4上下波动；墨西哥、巴西常年高位波动；法国、挪威表现较好，呈现下行趋势。总体来看，世界主要国家基尼系数多呈上升趋势，多国已经越过0.4的国际警戒线。

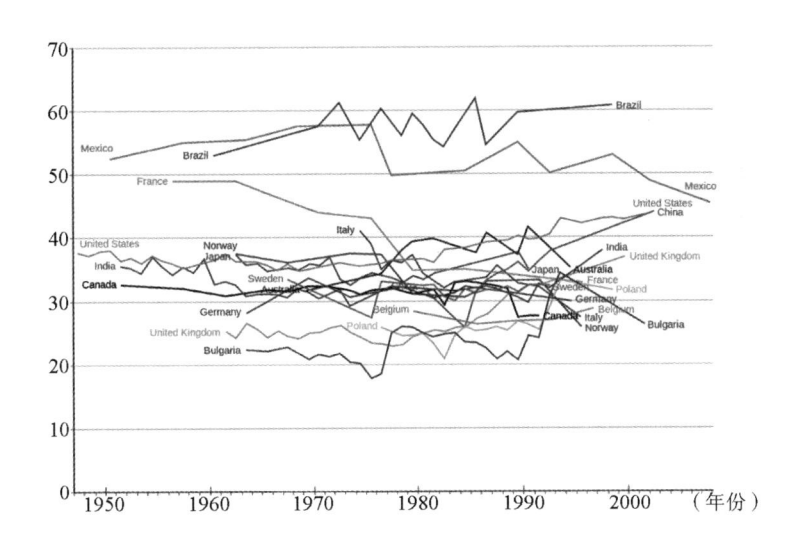

图1.1 第二次世界大战后世界多国基尼系数变化情况

资料来源：维基百科。

中国的情况同样不容乐观。20世纪80年代时，基尼系数基本维持在 0.3—0.35，随后一路上扬突破 0.4，在 2008 年达到高点，为 0.491，后逐年回落至 2015 年的 0.462。20 年来，中国的基尼系数持续高于国家警戒水平。收入分配只是发展不均衡的一个剪影，中国发展不均衡更多体现在区域发展差距、城乡二元发展差距、产业结构失衡、物质文明与精神文明失调、经济建设与国防建设不同步等方方面面的问题之上，这些都是我国实施协调发展战略的根本动因。

（三）绿色发展的时代背景

协调发展注重解决人与社会之间的矛盾，绿色发展注重解决人与自然之间的矛盾。新中国成立伊始，我国走上了以重工业为主导的经济发展道路。改革开放之后，依托廉价的劳动力、丰厚的资源禀赋优势，我国的工业化进程大大加快，在短短的 30 多年时间里成为世界第二大经济体，迈入了中等收入国家行列。但是，经济繁荣的背后存在资源、环境问题的隐忧。化工、钢铁、煤炭、水泥、有色金属等传统高污染、高耗能、高排放行业奠定了工业发展的基础，也带来一系列气候变化、环境污染、资源枯竭等问题。当前，我国处于经济结构转型的关键阶段，由资源驱动逐步转变为科技驱动。在新的发展环境下，"三高"传统工业已经不能适应社会经济的发展需求，也不符合广大人民追求美好生活的期望愿景，实行最严格的环境保护制度，倡导建立资源节约型、环境友好型社会势在必行。

（四）开放发展的时代背景

第二次世界大战之后，世界经济发展进入了快车道。据英国经济学家 Maddison（2007）估算，1950 年世界 GDP 总额约为 1820 年的 7.68 倍，用时长达 130 年；2003 年世界 GDP 总额约为 1950 年的

7.67倍，用时缩短至53年。此外，从图1.2可知，在19世纪之前，世界经济增速非常缓慢，1950年之后，呈现指数型、爆发式增长。这一方面归因于第三次工业革命的爆发，原子能、电子计算机、空间技术和生物工程相关技术的发明和应用大大提高了社会生产力；另一方面归因于20世纪80年代经济全球化的发展。

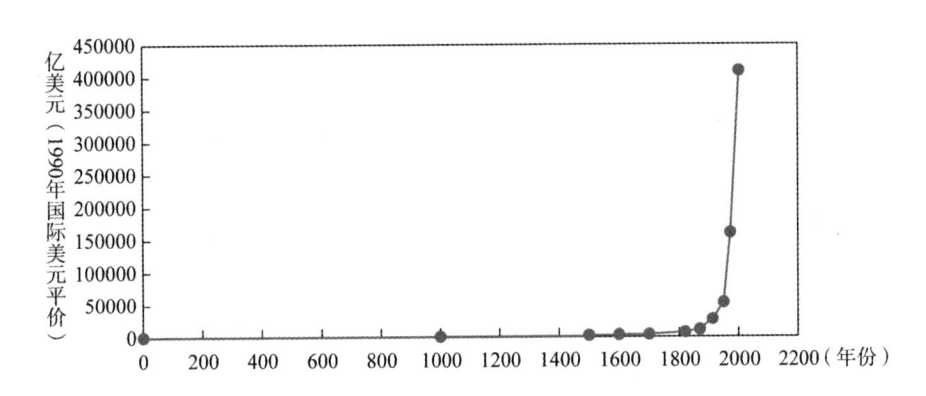

图1.2 Maddison（2007）估算的世界GDP变化

资料来源：根据Maddison（2007）估算结果绘制。

经济全球化对世界经济增长和发展的影响主要从四个方面体现出来。第一，贸易自由化。无论是亚当·斯密的绝对优势理论还是大卫·李嘉图的比较优势理论，都承认在劳动生产率差异的基础上，通过国际分工生产产品并进行交换，可以提高参与贸易各国的福利水平。上述贸易理论在实践中得到了很好的印证。1947年成立的关贸总协定（现为世界贸易组织）对降低各国贸易壁垒、管辖国际贸易协定、协调国际组织关系、调节国际贸易冲突、形成全球多边贸易一体化格局起到了重要作用。第二，生产国际化。信息和互联网技术的历史性革命从时间和空间维度上缩小了人与人、地区与地区、国家与国家之间的沟通成本，促使并加快了生产要素的全球化流动速度。通过优化配置人才、资本和技术，促使国际分工进一步深化和精细化，提高了全球劳动生产率。第三，资本全球化。资本全球化主要表现在两个方面:从规模上来讲,近30年来,国际资本市场的交易额度不断扩大,金融衍生品种类不断翻新;从速度上来讲,计算机技术的发展早已淘汰了交易员手动报价的机制,已经实现了全球各地各市场24小时不间断报价交易。资本流动以跨境金融机构为载体,以资本为纽带,促使各国相互依赖大大加强。第四,科技全球化。科技全球化主要包括三个方面:科技研究开发资源的全球配置、科学技术活动的全球管理和研究开发成果的全球共享。这三个方面相辅相成、互相促进,共同构成了科技全球化浪潮的主旋律。

我国作为世界第二大经济体、全球第一大外资吸引国和第二大对外投资国,在国际经济活动中扮演举足轻重的角色。据国家统计局测算,按2010年美元不变价计算,2016年中国经济增长对世界经济增长的贡献率达到33.2%。中国是世界经济增长的第一引擎。在经济全球化的今天,中国经济的发展与世界经济的发展紧密相连,实行对外开放政策是中国走向富强、民主、文明的必然选择。

(五)共享发展的时代背景

社会主义的本质规定和奋斗目标是共同富裕。新发展理念中创新发展是出发点,共享发展是落脚点,与实现社会公平正义、提高人民生活水平、增强百姓幸福感受最为密切相关。

1981年,党的十一届六中全会提出:"在社会主义改造基本完成以后,我国所要解决的主要矛盾,是人民日益增长的物质文化需要同落后的社会生产之间的矛盾。"改革开放初期,我国的经济建设水平比较落后,解决温饱,提升人民群众的生产生活水平成为当时的重中之重。随着我国经济水平的全面提升,工业化、城镇化速度的不断加快,我国已经总体实现小康,即将全面建成小康社会。站在历史新阶段的起点,我国社会主义初级阶段主要矛盾已经发生了根本性的变化,已经转化为人民日益增长的美好生活需要和不平衡不充分的发展之间的矛盾。在满足了人民群众基本物质文化需求的基础上，人民开始追求美好生活，在教育、医疗、养老、体育、旅游等更高层次的公共服务方面有着更强烈的需求。共享发展理念正是在此背景下提出，致力于推动人民的全面发展，最终达到共同富裕。

二 新发展理念的演化

（一）创新发展的理念演化

新发展理念中创新发展是一个综合性的概念，包括理论、制度、科技、文化等各方面的创新。而在早期的经济学研究中，科技创新，或者称为技术创新，是被最早研究的对象。许多经济学家认为技术作为一种生产要素，是促进经济增长的核心动力之一。在此方面，诺贝尔经济学奖获得者罗伯特·索洛做出了突出的贡献，于1956年提出了索洛增长模型。简单来说，该模型将经济增长归因于劳动和资本积累及技术进步。在同等数量规模劳动和资本投入下，产出增速大于劳动和资本投入增速的部分，可以由技术进步进行解释，这部分产出余值又称为索洛余值。索洛增长模型有着一系列严格的假设条件，在真实的经济运行系统中，这些假设条件通常不能全部满足。但索洛余值概念的提出，及严格的经济增长范式分析，为技术进步在经济增长中的巨大作用奠定了扎实的理论基础。

西方学者试图使用数学工具和经济学范式分析技术进步对经济增长的贡献，而党中央在践行马克思主义的过程中，在实现中华民族伟大复兴的道路上，已经把科学技术的作用上升到了哲学和社会科学的高度。马克思在《政治经济学批判（1857—1858年草稿）》中指出："在固定资本中，劳动的社会生产力表现为资本固有的属性：它既包括科学的力量，又包括生产过程中社会力量的结合，最后还包括从直接劳动转移到机器即死的生产力上的技巧。"① 也就是说，马克思认为科学是一种生产力。邓小平同志在继承马克思思想的基础上，进一步提出："科学技术是第一生产力"。这一论断是马克思主义中国化的充分实现，体现了马克思主义的生产力理论和科学观。

党的十八届五中全会首次提出的创新发展理念，是对"科学技术是第一生产力"的继承与深化。在关注技术创新的同时，还强调了理论、制度和文化等各方面的创新。全会公报指出："必须把发展基点放在创新上，形成促进创新的体制架构，塑造更多依靠创新驱动、更多发挥先发优势的引领型发展。"同时还在培育发展新动力、拓展发展新空间、深入实施创新驱动发展战略、构建产业新体系、构建发展新体制和创新和完善宏观调控方式等多个具体问题上给予了纲领性指导。2016年5月，中共中央、国务院发布《国家创新驱动发展战略纲要》，进一步将创新驱动发展明确为我国面向未来的一项重大战略，提出了创新驱动发展战略"坚持双轮驱动、构建一个体系、推动六大转变"的总体部署，为我国进入创新型国家行列、跻身创新型国家前列、建成世界科技创新强国的"三步走"目标提供强大支撑。

以上是创新发展理念的宏观发展，具体到微观层面上来说，县域层面上创新发展的落地显得尤为重要。2017年5月国务院下发了《关于县域创新驱动发展的若干意见》，其中强调："实施创新驱动发展战略，基础在县域，活力在县域，难点也在县域。新形势下，支持县域开展以科技创新为核心的全面创新，推动大众创业、万众创新，加快实现创新驱动发展，是打造发展新引擎、培育发展新动能的重要举措，对于推动县域经济社会协调发展、确保如期实现全

---

① 中共中央马克思恩格斯列宁斯大林著作编译局：《马克思恩格斯文集》（第8卷），人民出版社2009年版。

面建成小康社会奋斗目标具有重要意义。"由此可见,创新发展理念理论体系已经由宏观向微观过渡,而下一步研究微观县域层面的创新环境和创新能力,对指导宏观层面创新发展理念的完善具有重要作用。

(二) 协调发展的理念演化

协调发展理念有着深厚的马克思主义哲学基础。马克思强调社会是人类活动的产物,在《〈政治经济学批判〉序言》中,马克思指出:"人们在自己生活的社会生产中发生一定的、必然的、不以他们的意志为转移的关系,即同他们的物质生产力的一定发展阶段相适合的生产关系。这些生产关系的总和构成社会的经济结构,即有法律的和政治的上层建筑竖立其上并有一定的社会意识形式与之相适应的现实基础。"[①] 也就是说生产力决定生产关系,经济基础决定上层建筑。但是生产力与生产关系之间存在矛盾运动规律,在二者相适应时期,能够相互促进发展;在二者相矛盾时期,则会相互阻碍发展。协调好生产力与生产关系,可以从根本上推动经济发展和社会进步。

党的十一届三中全会重新确立了实事求是的思想路线,工作重心由阶级斗争转移到经济建设。在改革开放的过程中,协调发展理论得到了进一步的发展和深化。1985年10月23日,邓小平同志会见美国时代公司组织的美国高级企业家代表团时指出:"一部分地区、一部分人可以先富起来,带动和帮助其他地区、其他的人,逐步达到共同富裕。"让一部分人先富起来,鼓励沿海地区利用地理条件和资源禀赋优势,引进国外的资金和先进技术,迅速发展经济。随后利用先发优势,带动内地经济腾飞,最终达到共同富裕。先富

[①] 中共中央马克思恩格斯列宁斯大林著作编译局:《马克思恩格斯选集》(第2卷),人民出版社2012年版。

带后富，共奔致富路，一方面通过发展差距激活劳动积极性，另一方面符合社会主义共同富裕的本质要求，"让一部分人先富起来"饱含区域经济协调发展的精髓。

江泽民提出了"三个代表"重要思想：中国共产党始终代表中国先进生产力的发展要求、中国先进文化的前进方向、中国最广大人民的根本利益，是我们党的立党之本、执政之基、力量之源。"三个代表"把物质文明、精神文明和立党为公执政为民有机地结合在一起，是对马克思主义唯物论的新贡献，是对科学社会主义的新概括，充分体现两个文明同群众利益协调发展、共同进步的科学内涵。

胡锦涛提出了科学发展观这一重大战略思想。科学发展观第一要义是发展，核心是以人为本，基本要求是全面协调可持续，根本方法是统筹兼顾。其中，协调发展就是要统筹城乡发展、统筹区域发展、统筹经济社会发展、统筹人与自然和谐发展、统筹国内发展和对外开放，推进生产力和生产关系、经济基础和上层建筑相协调，推进经济、政治、文化建设的各个环节、各个方面相协调。科学发展观对协调发展的精准阐述，是马克思主义发展理论世界观和方法论的集中体现，是马克思主义中国化的重大成果。

习近平提出的协调发展理念与上述精髓思想一脉相承。党的十八届五中全会公报指出："坚持协调发展，必须牢牢把握中国特色社会主义事业总体布局，正确处理发展中的重大关系，重点促进城乡区域协调发展，促进经济社会协调发展，促进新型工业化、信息化、城镇化、农业现代化同步发展，在增强国家硬实力的同时注重提升国家软实力，不断增强发展整体性。"实施协调发展战略，可以有效地促进人口、资本和资源的跨区域、跨城乡合理流动，优化资源配置效率，推动基本公共服务均等化，提高经济增长质量；可以促进物质文明和精神文明之间的协调发展，培育和践行社会主义核心价值观；还可以富国强军，推动经济建设和国防建设融合发展。

(三) 绿色发展的理念演化

绿色发展理念的核心在于"和谐"二字。早在2000多年前的春秋时期，我国古代的先贤至圣已经对人与自然的和谐相处有了深刻的认识。道家老子在《道德经》指出："故道大、天大、地大、人亦大。域中有大，而人居其一焉。人法地，地法天，天法道，道法自然。"陈鼓应先生将其译为："所以说：道大，天大，地大，人也大。宇宙间有四大，而人是四大之一。人取法地，地取法天，天取法道，道纯任自然。"在老子看来，人居于天地之间，是天地之间的一个重要组成部分。但无论人如何"大"，均需顺应自然规律，受到自然法则支配。儒家孔子在《论语·述而篇》提出："钓而不纲，弋不射宿。"意指钓鱼只用一个鱼钩，不用渔网捕捞；打猎只射飞鸟，而不射巢中之鸟。倡导在人与自然的相处中不破坏不违背自然生息繁衍的规律，在可持续发展基本思想的基础上，实现人与自然的动态平衡。继承道家，融合阴阳、墨、法、儒家部分思想的杂家著作《淮南子》记述："天地运而相通，万物总而为一。""不贵难得之货，不器无用之物。"说明人与自然万物是有着共同本源的有机联系的整体，各有其内在价值；节制人类欲望，避免过度勒索自然。由此可见，诸子百家对人与自然的和谐共处、互利共生具有较为深刻的现实认识，形成较为完备的哲学基础。自西汉以降，关于人与自然的关系的哲学讨论始终未曾停歇，宋明时期程朱理学、陆王心学从不同的侧面对"天人合一"进行了论述和争辩，促使人与自然和谐发展的讨论达到了一个新的高峰。

及至近现代，马克思、恩格斯创立的辩证唯物主义和历史唯物主义为认识人与自然之间的关系开辟了新的道路。马克思着重考察特定社会形态下人与自然物质变换的社会条件，而恩格斯注重利用自然科学的发展成果揭示自然界的普遍联系和辩证发展,进而描述人类社会的演化过程,但他们在人与自然关系问题上的根本立场是一致的。如马克思提出:"人创造环境,同时环境也创造人。"① 恩格斯提出:"我们每走一步都要记住:我们统治自然界,决不像征服统治异族人那样,决不像站在自然界之外的人似的,相反地,我们连同我们的肉、血和头脑都是属于自然界和存在于自然界之中的。"② 马恩关于人与自然关系思想论述奠定了社会主义社会和谐发展、绿色发展、可持续发展的基本旋律。

绿色发展理念是对中国传统哲学思想和马克思人与自然关系思想的继承和发展。习近平总书记提出的"保护生态环境就是保护生产力,改善生态环境就是发展生产力""良好生态环境是最公平的公共产品,是最普惠的民生福祉""绿水青山就是金山银山"等③,充分体现了马克思主义的辩证思想,符合我国当前阶段的国情,深刻揭示了经济社会发展的客观规律。绿色发展重点解决人与自然和谐共处、和谐共生的问题,在延续并强调坚持节约资源和环境保护基本国策的同时,更加强调发展绿色经济和加强制度建设,推动绿色发展理念成为建设资源节约型、环境友好型社会的真正动力。

(四) 开放发展的理念演化

自明朝以降,处于军事防御目的和维护封建统治阶层利益的要求,中国开始实行海禁政策。及至清朝,海禁政策实行得更为严厉

---

① 马克思:《〈政治经济学批判〉序言、导言》,人民出版社1971年版。
② 中共中央马克思恩格斯列宁斯大林著作编译局:《马克思恩格斯选集》(第4卷),人民出版社1995年版。
③ 中共中央文献研究室:《在省部级主要领导干部学习贯彻党的十八届五中全会精神专题研讨班上的讲话》(2016年1月18日),载《习近平关于社会主义生态文明建设论述摘编》,中央文献出版社2017年版。

和彻底。顺治十二年（1655年），清政府下令："沿海省份，应立严禁，无许片帆入海，违者立置重典。"顺治十八年（1661年）又颁布"迁海令"，将沿海居民内迁五十里。400余年时松时紧的海禁政策，导致中国长期"闭关锁国"。经济、文化和科学方面的交流长期中断，国外的先进技术和先进思想无法传播到国内，中国的国力逐步落后于西方国家。在中国"闭关锁国"的同时期，18世纪中叶，欧洲发生了第一次工业革命。以蒸汽机作为标志，机器大规模替代手工，西欧的生产力迅速提高。第一次工业革命确立了资产阶级的统治地位，为帝国主义殖民扩张奠定了物质基础。1840年，第一次鸦片战争爆发，西方列强敲开了古老封闭的清王朝大门，中国从此进入了半殖民地半封建主义社会。一系列不平等条约相继签署，多个通商口岸被迫开放，中国开始以被剥削者和被压迫者的身份参与国际经济活动。

1949年新中国成立以后，中国的社会体制发生了根本变化。三大改造基本完成后，我国进入了社会主义初级阶段，开始奉行独立自主的原则参与国际事务。1978年党的十一届三中全会召开，确立了对内改革、对外开放的政策，中国的开放发展从此进入了新的纪元。张燕生（2008）[①] 将对外开放分为三个阶段：1979—1991年是对外开放的初始阶段，主要特征为招商引资和"三来一补"。1992—2001年是市场为基础的外向型经济体制的攻坚阶段，主要特征为汇率、外贸、外资、金融、计划管理体制改革。2001年后是建立与国际通行规则接轨的开放性经济体制阶段，主要标志是加入国际贸易组织。本书认为，自2012年11月党的十八召开以来，中国的对外开放进入了第四阶段——从开放型经济大国向开放型经济强国转变阶段。这个阶段的主要表现是伴随着中国国力的整体提升，中国参与国际事务的积极性逐步升高，国际话语权逐步加强，逐步走向国

---

① 张燕生：《对外开放的历程、发展经验及前景》，《宏观经济研究》2008年第10期。

际政治经济的中央舞台。特别是"一带一路"倡议的提出,奠定了我国对外开放的新格局,为探寻经济增长之道、实现全球化再平衡、开创地区新型合作做出了重大贡献。

党的十九大报告指出,2020年我国将全面建成小康社会;2035年基本实现社会主义现代化;本世纪中叶,把我国建成富强民主文明和谐美丽的社会主义现代化强国。开放发展理念的提出,为我国在由经济大国向经济强国前行的过程中,扫清了内外发展的联动障碍,赢得了广阔的发展空间,平衡了中国与世界之间的矛盾。我国的开放以互利共赢为基础,与多国在相互促进发展过程中形成牢固的利益纽带,构建了人类命运共同体,顺应了世界历史发展的大趋势。值得注意的是,我国目前的开放水平仍有较大的优化空间,"走出去"和"引进来"的水平有待加强。完善对外开放战略布局、形成对外开放新体制、推进"一带一路"建设、深化内地和港澳、大陆和台湾地区合作发展、积极参与全球经济治理、积极承担国际责任和义务等方面仍需进一步推动形成全面开放新格局。总体来看,开放发展理念的提出,是对外开放40年来理论和实践经验的总结,是"十三五"时期我国对外政策的纲领性指导,也是实现中华民族伟大复兴的必由之路。

(五)共享发展的理念演化

马克思主义经济理论中的共享发展理念主要体现在剩余价值理论和收入分配理论之中。马克思指出,在资本主义社会中,资本家阶层占有大部分生产资料,工人阶层拥有劳动力,资本家凭借对企业的所有权,无偿占有劳动者创造的价值与工资之间的差额,这种差额称为剩余价值。[①] 剩余价值又可以分为绝对剩余价值和相对剩余价值,二者都是通过劳动者的剩余劳动时间创造而来。剩余价值论

---

① 马克思:《资本论:第1卷》,人民出版社1970年版。

揭示了资本主义社会的分配方式，揭露了资本主义制度的剥削本质。

与资本主义制度相对，社会主义制度的分配方式有着根本的区别。马克思指出，共产主义社会可以分为第一阶段和高级阶段。在第一阶段中，生产资料归全社会共同所有，个人"除了自己的劳动，谁都不能提供其他任何东西，另一方面，除了个人的消费资料，没有任何东西可以转为个人的财产"。[①] 因此，在社会主义第一阶段中，劳动者遵循按劳分配原则，分配社会扣除后的社会总产品，而这恰恰是体现共享发展理念的关键所在。

由于生产资料归全体社会成员所有，而全体劳动者是全体社会成员的子集，因此在按劳分配之前，社会总产品应该对全体社会成员的共同利益进行扣除。这些扣除项目包括补偿消耗的生产资料、扩大再生产规模的资料、公共基础设施、社会保障基金等。这部分扣除保障了社会全体成员的共同权益，体现了生产资料公有制下社会全体成员对发展成果的共同分享。社会扣除后的社会总产品按照多劳多得、少劳少得的原则进行分配，进一步保证了劳动者的积极性，在追求社会整体效益的基础上，保证了个人利益的实现。

马克思主义经济理论的相关论述，以社会扣除和按劳分配为手段，从效率和公平的角度体现了社会主义制度下的共享发展理念。而在西方经济学体系中，福利经济学派对此同样有着较为深刻的研究。福利经济学起源于20世纪20年代，是由英国经济学家、剑桥大学教授庇古所创立的经济学派。庇古基于基数效用论提出一个观点：社会的福利水平取决于两个因素——国民收入总量和分配公平程度。国民收入总量越高，社会福利水平越高；收入分配越公平，社会福利水平越大。因此，福利经济学的基本观点与以亚当·斯密、大卫·李嘉图和约翰·穆勒为代表的古典政治经济学派有着明显区别。后者着重强调增进社会资源配置效率，不重视价值判断。而福

---

① 《马克思恩格斯文集》（第3卷），人民出版社2009年版。

利经济学偏向于规范经济学，具有价值判断导向，更多关注收入分配均衡化，强调从增进经济福利和社实会福利的角度出发，制定经济政策，使得现代经济学研究在注重经济发展速度的同时，更为注重发展质量和分配公平。

从福利经济学的角度来看，效率与公平存在着对立统一的关系。一方面，其对立表现在效率不意味着公平，公平也常常缺乏效率。以帕累托最优为例，在此情况下效率已经实现最大化，而资源分配可能出现极度不公平的情况，社会大部分财富集中在少数人手中；当资源分配绝对公平时，社会中每个人得到财富完全相同，绝对平均主义会抑制个体劳动的积极性，进而使得劳动生产率大幅下降。另一方面，效率与公平又存在统一的关系，效率的提高可以促进社会总体财富的增长，可以为公平分配提供良好的物质基础；按劳分配为主体、多种分配方式并存的分配制度也可以有力地提升个体劳动的积极性，进而提高经济效益。此外，帕累托最优的理想状态在实际经济运行中几乎不存在，通过生产和管理技术的创造创新，可以实现帕累托改进，进而同时提高效率、促进公平，实现共享。

共享发展的概念于2015年首次提出，但共享发展的理念始终贯彻于党和政府的施政理念之中。1993年党的十四届三中全会首次提出了"效率优先，兼顾公平"。党的十七大进一步指出："把提高效率同促进社会公平结合起来，初次分配和再分配都要处理好效率和公平的关系，再分配更加注重公平。"而在中国人民为实现中华民族伟大复兴的中国梦而奋斗的今天，"公平"的含义已经从西方经济体系中单纯的分配公平转换为社会公平、转换为共享发展。党的十九大报告指出："增进民生福祉是发展的根本目的。必须多谋民生之利、多解民生之忧，在发展中补齐民生短板、促进社会公平正义，在幼有所育、学有所教、劳有所得、病有所医、老有所养、住有所居、弱有所扶上不断取得新进展，深入开展脱贫攻坚，保证全体人民在共建共享发展中有更多获得感，不断促进人的全面发展、全体人民共同富裕。建设平安中国，加强和创新社会治理，维护社会和谐稳定，确保国家长治久安、人民安居乐业。"20多年间，党的执政思路发展了转变，从强调效率，到重视公平，再到共享发展，这种转变适应当下的政治、经济和文化发展情况，顺应历史发展潮流，并不以任何人的意志为转移。

三 新发展理念的内涵

（一）新发展理念内涵的研究

辛鸣（2016）[①]认为新发展理念是党总结进入现代社会以来中国近七十年及世界百余年的发展经验，遵循经济社会发展基本规律，从发展方位的战略判断、发展理念的战略创新、发展路径的战略支撑、发展挑战的战略跨越等方面对当代中国发展战略进行的科学构建，是中国共产党发展理论的时代创新。施芝鸿（2016）[②]认为新发展理念是全面建成小康社会决胜阶段为解决我国发展中的突出矛盾和问题应运而生的，集中反映了党对我国经济社会发展规律认识的深化，同引领我国经济发展新常态相适应，同实现"十三五"时期全面建成小康社会新的目标相契合，同人民群众热切期盼在发展中有更多获得感的新期待相呼应。

成龙（2016）[③]认为新发展理念是对当下中国诸多矛盾和风险隐患的解析回答，对中国特色社会主义发展经验的概括提升，对世界现代化发展规律的参考借鉴。顾海良（2017）[④]认为新发展理念是习近平新时代中国特色社会主义思想中政治经济学的标志性成果；

[①] 辛鸣：《论当代中国发展战略的构建》，《中国特色社会主义研究》2016年第1期。
[②] 施芝鸿：《引领全局的发展理念》，《党史文苑》2016年第1期。
[③] 成龙：《"五大发展理念"精神实质探析》，《科学社会主义》2016年第1期。
[④] 顾海良：《新发展理念的新时代政治经济学意义》，《经济研究》2017年第11期。

是党的十八大以来中国特色社会主义历史性变革的重要指导原则；是正确处理和解决社会主义社会主要矛盾的根本方法和路径；是新时代中国特色社会主义思想根本要义和基本方略的重要组成部分；是新时代中国特色社会主义现代化经济体系建设的重要指导原则。新发展理念在新时代建设现代经济体系中将发挥主导和引导作用，不仅在中国特色社会主义全面发展上有着重要的意义，而且在世界发展问题的探索上也有着重要的意义。

刘伟（2017）[①] 认为新发展理念作为习近平新时代中国特色社会主义思想的重要组成部分，坚持运用辩证唯物主义和历史唯物主义的基本立场和方法，深刻总结中国特色社会主义经济发展的经验，对新时代中国特色社会主义发展规律、特点做出了科学阐释，把关于发展的科学思想和理论提升到了新的历史高度，为推动新时代的中国特色社会主义社会经济现代化事业的发展提供了行动指南，是马克思主义经济学与中国实践结合而形成的当代中国马克思主义重要组成部分。贯彻新发展理念，重要的在于从现代化的产业体系和现代化的经济体制两方面，构建中国特色社会主义现代化经济体系。

任保平（2018）[②] 认为高质量发展是经济发展质量的高级状态和最优状态，是以新发展理念为指导的经济发展质量状态：创新是高质量发展的第一动力，协调是高质量发展的内生特点，绿色是高质量发展的普遍形态，开放是高质量发展的必由之路，共享是高质量发展的根本目标。高质量发展是经济发展的有效性、充分性、协调性、创新性、持续性、分享性和稳定性的综合，是生产要素投入低、资源配置效率高、资源环境成本低、经济社会效益好的质量型发展水平。在实践上，高质量发展是通过质量变革、效率变革、动

[①] 刘伟：《坚持新发展理念，推动现代化经济体系建设——学习习近平新时代中国特色社会主义思想关于新发展理念的体会》，《管理世界》2017年第12期。

[②] 任保平：《我国高质量发展的目标要求和重点》，《红旗文稿》2018年第24期。

力变革来实现生产效率提升，以实体经济发展为核心，以科技创新、现代金融、人力资本协同发展的产业体系为基础，以市场机制有效、微观主体有活力、宏观调控有度的经济体制为特征。

不难发现，学界普遍认为新发展理念是在深刻总结国内外发展经验教训、分析国内外发展趋势的基础上形成的，是针对我国发展中的突出矛盾和问题提出来的，是马克思主义发展观中国化的新境界。

（二）新发展理念的定位作用

深入理解新发展理念，习近平总书记提出五个"着力"，即着力实施创新驱动发展战略、着力增强发展的整体性协调性、着力推进人与自然和谐共生、着力形成对外开放新体制、着力践行以人民为中心的发展思想[1]。新发展理念是构建现代化经济体系的灵魂，深刻体现了人类经济活动的本真价值[2]，在深化"发展"内涵的同时，形成发展、改革、开放命题的有机统一[3]。

1. 创新发展居于国家发展全局核心位置

创新发展居于新发展理念的首要和引领地位，坚持创新发展，就是要把创新摆在国家发展全局的核心位置，不断推进理论创新、制度创新、科技创新、文化创新等各方面创新，让创新贯穿党和国家一切工作，让创新在全社会蔚然成风。必须把发展基点放在创新上，形成促进创新的体制架构，塑造更多依靠创新驱动、更多发挥先发优势的引领型发展。创新发展注重的是解决发展动力问题。

纵观人类的发展历史，三次科技革命均是依靠创新实现科技突

---

[1] 习近平：《深入理解新发展理念》，《求是》2019年第10期。
[2] 金碚：《在新发展理念引领下建设现代化经济体系》，《经济理论与经济管理》2018年第1期。
[3] 刘伟：《坚持新发展理念，推动现代化经济体系建设——学习习近平新时代中国特色社会主义思想关于新发展理念的体会》，《管理世界》2017年第12期。

破发展，大幅度提高了生产力，进而促使经济基础乃至上层建筑发生变化。西方经济学中描述经济增长的索洛模型，提出经济增长取决于资本积累、人口增长和技术进步，但只有技术进步才能导致人均产出永久性增长，技术进步所产生的贡献又称作"索洛剩余"。Porter 等（2002）[①]提出发展的三个阶段，第一阶段是生产元素为驱动力的发展，第二阶段是生产效率为驱动力的发展，第三阶段是创新生产为驱动力的发展。中国大部分地区已经进入由要素驱动转向创新驱动的关键时期。党的十八大明确提出，"科技创新是提高社会生产力和综合国力的战略支撑，必须摆在国家发展全局的核心位置"。因此，创新发展是目前化解"三期叠加"问题，实现增长速度变化、产业结构转化、增长动能转换的关键所在。

2. 协调发展成为解决不平衡不充分发展重要抓手

坚持协调发展，就是必须牢牢把握中国特色社会主义事业总体布局，正确处理发展中的重大关系，重点促进城乡区域协调发展，促进经济社会协调发展，促进新型工业化、信息化、城镇化、农业现代化同步发展，在增强国家硬实力的同时注重提升国家软实力，不断增强发展整体性。协调发展注重的是解决发展不平衡问题。

协调发展是解决我国不平衡、不充分发展的重要抓手。随着信息技术的快速发展和要素流动速度进一步加快，传统的经济学理论很难解释新出现的一些经济问题。Krugman（1998）[②]以区位论为基础，提出通过优化经济活动的空间布局和产业空间结构，取得经济规模效益，实现可持续发展，并以此为基础形成"新经济地理学"理论框架。中国协调发展的概念较"新经济地理学"更为宽泛，除了区域协调、产业协调之外，健全城乡发展一体化体制机制，实现

[①] Porter M. E., Sachs J., "McArthur J. Executive Summary: Competitiveness and Stages of Economic Development", *The Global Competitiveness Report*, 2002.

[②] Krugman, P., "What's New about the New Economic Geography?", *Oxford Review of Economic Policy*, Vol. 14, No. 2, 1998.

城乡协调；加强社会主义精神文明建设，实现物质文明和精神文明协调；实施军民融合发展战略，推动经济建设和国防建设融合发展也是其重要内涵。通过推动全面协调发展，平衡与整合各方利益，缓解国内不平衡、不充分的发展状况，能够推动经济全面发展和社会总体进步。

3. 绿色发展诠释节约资源环境保护基本国策

坚持绿色发展，就是必须坚持节约资源和保护环境的基本国策，坚持可持续发展，坚定走生产发展、生活富裕、生态良好的文明发展道路、加快建设资源节约型、环境友好型社会，形成人与自然和谐发展现代化建设新格局，推动美丽中国建设，为全球生态安全做出新贡献。绿色发展注重的是解决人与自然和谐共生问题。

绿色发展是实现从工业文明向生态文明跨越的必由之路。就经济发展与环境保护的关系而言，人类经济发展本真复兴的一个重要表现就是要走绿色发展的道路[①]。20世纪50—60年代，西方国家工业化和城市化的进程加快，重大环境污染事件频发。以 Carson (1962)[②] 的《寂静的春天》和 Meadows (1972)[③] 的《增长的极限》出版为代表，人们开始思考如何解决经济发展与环境保护之间的矛盾。1972年，联合国首次召开全球第一次综合性环境保护会议——人类环境会议，通过了《联合国人类环境宣言》和《人类环境行动计划》，环境保护的重要性上升到国际高度。1992年，联合国环境与发展大会通过了《里约环境与发展宣言》和《21世纪议程》，绿色发展的概念逐步在国际社会形成广泛共识，在气候变化、环境治理、生物多样性保护等多方面开展了有效合作。中国绿色发展的转型进程，整体上是从跳出"马尔萨斯陷阱"到突破工业文明发展极

---

① 金碚：《论经济发展的本真复兴》，《城市与环境研究》2017年第3期。
② Carson, R., *Silent Spring*, Boston: Houghton Mifflin Company, 1962.
③ Meadows, D., *Limits to Growth*, New York: Penguin, 1972.

限，再到迈向生态文明的和谐发展的过程①。这个进程的背后，伴随着我国生产力的迅速提高以及民众绿色发展意识的觉醒。2005年8月15日，时任浙江省委书记的习近平同志在浙江湖州安吉考察时，首次提出了"绿水青山就是金山银山"的科学论断。"两山"理论遵循自然规律、社会规律、经济规律，对绿色发展起到了指导和引领作用，绿色发展也成为对"两山"理论的深刻践行。绿色发展在解决好人与自然和谐共生问题的同时，推动中国不断向建设资源节约型、环境友好型社会迈进。

4. 开放发展重点解决发展内外联动问题

坚持开放发展，就是必须顺应我国经济深度融入世界经济的趋势，奉行互利共赢的开放战略，发展更高层次的开放型经济，积极参与全球经济治理和公共产品供给，提高我国在全球经济治理中的制度性话语权，构建广泛的利益共同体。开创对外开放新局面，必须丰富对外开放内涵，提高对外开放水平，协同推进战略互信、经贸合作、人文交流，努力形成深度融合的互利合作局面。开放发展注重的是解决发展内外联动问题。

开放发展是通往人类命运共同体的康庄大道。开放发展的研究雏形可以追溯到对于国际贸易理论的研究。从Adam Smith的绝对优势理论到David Ricardo的相对优势理论，从第二次世界大战后主张不完全竞争、规模经济、技术进步的新贸易理论到20世纪80年代后注重专业化分工的新兴古典国际贸易理论，认同贸易全球化对经济发展具有显著促进作用的观点在国际学术界一直是主流声音。1947年关贸总协定成立，作为世界贸易组织的前身，其宗旨就是以开放、平等、互惠的原则来降低成员贸易壁垒，增加有效需求，稳步提高收入和生活水平。中国自实行对外开放政策以来，不仅在贸

---

① 潘家华：《从生态失衡迈向生态文明：改革开放40年中国绿色转型发展的进程与展望》，《城市与环境研究》2018年第4期。

易方面一直寻求开放发展,也在不断致力于从封闭型经济转向开放型经济的全面发展。在经历了对外开放的初始阶段(1979—1991年)、以市场为基础的外向型经济体制的攻坚阶段(1992—2001年)、建立与国际通行规则接轨的开放性经济体制阶段(2002—2012年)之后,中国的开放发展进入了第四阶段——从开放型经济大国向开放型经济强国转变阶段[①]。随着国力的不断增强,中国正在走近世界舞台的中央。提升国际话语权和规则制定权,是我国实现和平崛起的必然要求。这就需要不断深化对外开放发展,坚持"引进来"与"走出去"相结合,以"一带一路"倡议为抓手,倡导人类形成相互依存的国际权力观、共同利益观、可持续发展观和全球治理观,构建人类命运共同体,全面形成对外开放新格局。

5. 共享发展坚持中国特色社会主义共同富裕本质要求

坚持共享发展,就是必须坚持发展为了人民、发展依靠人民、发展成果由人民共享,做出更有效的制度安排,使全体人民在共建共享发展中有更多获得感,增强发展动力,增进人民团结,朝着共同富裕方向稳步前进。按照人人参与、人人尽力、人人享有的要求,坚守底线、突出重点、完善制度、引导预期,注重机会公平,保障基本民生,实现全体人民共同迈入全面小康社会。共享发展注重的是解决社会公平正义问题。

共享发展是走向共同富裕的根本遵循。在西方经济学体系中,福利经济学主要关注社会福利的增进与分配问题。旧福利经济学派基于基数效用论主张国民收入总量愈大、分配愈平等,社会经济福利就愈大;新福利经济学派基于序数效用论主张个人间效用无法比较,帕累托改进增进社会整体福利。而在中国倡导的新发展理念中,共享发展不仅仅关注效率与公平问题,更是以人民为中心的重要体

---

① 张涛、姚慧芹:《新发展理念助推中国经济向高质量发展转型》,《河北学刊》2019年第3期。

现，直指社会主义的本质规定和奋斗目标——共同富裕。从党的十四届三中全会提出"效率优先，兼顾公平"，到党的十七大提出"把提高效率同促进社会公平结合起来，初次分配和再分配都要处理好效率和公平的关系，再分配更加注重公平"，再到党的十八届五中全会明确提出"共享发展"，国家发展思路越发凸显发展为了人民、发展依靠人民、发展成果由人民共享。2020年中国全面建成小康社会，实现幼有所育、学有所教、劳有所得、病有所医、老有所养、住有所居、弱有所扶的共享发展，将使全体人民得到更高的获得感，生活更为体面、更有尊严。

五大理念各有侧重，但同时又相互联系、相辅相成，构成了完整、统一的新发展理论体系，形成了可持续发展的中国方案。在贯彻和落实新发展理念的过程中，要坚持马克思主义的唯物辩证法，做到整体与局部的统一、共性与个性的统一、理论与实践的统一、现实与未来的统一，发挥其相互支撑、相互促进的作用，使五者真正形成强大发展合力[①]，共同促进中国经济实现高质量发展。

[①] 马健永:《论五大发展理念的科学内涵及其逻辑关系》，《经济与社会发展》2017年第4期。

第二章

新发展指数构建及评价

新发展理念包含创新发展、协调发展、绿色发展、开放发展和共享发展五个维度，这五个部分相互联系，相辅相成。作为代替 GDP 单一指标的新发展指数，以往的中外研究在每一个新发展理念的维度上都做出了一些量化工作，本章先整理了经济主流发展评价体系的演进路径，随后对每一个维度指标体系的文献进行了述评。

第一节 主流发展评价体系的演进

一 GDP 的演化与局限性

GDP（Gross Domestic Product）——国内生产总值，是经济学最著名的概念之一，曾被美国经济分析局称为"20 世纪最伟大的发明之一"。

GDP 核算的发展经过了西方经济学家一段跨越几十年的摸索与争论。1929 年大萧条时期，西蒙·库兹涅茨调查美国的经济状况，在当时艰巨的条件下，到每一个工厂调研，建立了 GDP 的核算体系与研究报告。但是关于 GDP 的核算模式是存在争议的。西蒙·库兹涅茨反对将政府开支纳入 GDP，在他看来，政府开支只是重新分配了已有的资源，并没有创造出新的财富。后来，第二次世界大战爆发，军费开支猛增，那么，为备战而开展的生产算不算财富，如果政府开支不能算GDP的话，对政府是一种不小的约束。库兹涅茨在进行GDP研究的时候发现，到1932年以私人消费和企业投资为主体的GDP缩水将近一半，而政府开支不减反升。库兹涅茨虽然是因接受政府委托的研究课题而"发明"了GDP，但是他反对将政府作为GDP的贡献者，最终与政府分道扬镳。而大西洋彼岸的凯恩斯从他的经济学主张出发，认为如果需求不够，政府就要创造需求，尤其是以政府举债的形式进行刺激，因此政府的支出当然应该算GDP的一部分。1944年，美国、加拿大和英国举行会议讨论政府开支算不算是GDP的一部分，库兹涅茨并没有被邀请出席。当时的与会代表一致同意了凯恩斯的定义，将政府支出纳入了GDP核算。第二次世界大战后，美国开始援助欧洲实行马歇尔计划，为了使这一计划能够取得像美国"新政"一样的效果，美国需要了解欧洲各国的发展水平，而方法就是统计各国GDP。欧洲得到美国的援助，必须要向美国展示援助的效果，GDP也应该每年有所增长，而政府开支和公众消费是容易增加的，于是欧洲各国发现经济中的公有成分越来越多，GDP水平高越来越等同于国家富强。目前我们使用的GDP核算方式基本依照联合国1953年公布的国民经济核算体系（SNA）。

1985年之前中国国民经济核算方法主要依据苏联使用的与计划经济相配套的物质平衡表体系（MPS），1985—1992年逐步与联合国推荐的源于市场经济的SNA接轨。MPS是国民经济核算体系的一种，以马克思主义的社会再生产理论为基础，以物质产品生产为核心，使用一整套概括的平衡表，描述社会再生产过程各个方面的具体特征，并通过各指标平衡表间的相互联系，综合反映国民经济全貌和各种重要的比例关系。核算内容包括物质产品流量核算、收支流量核算、劳动力资源和使用的核算、国民财富存量核算，以及非物质部门服务流量核算。然而 MPS 无法系统反映非物质生产领域的各项服务活动，越来越无法适应当代宏观管理的需要。同时 MPS 侧重每个平衡表内部门的平衡，但平衡之间的联系不够严谨。

SNA 更为适应现代经济的发展，该体系下的 GDP 核算被认定为"最不坏的"发展衡量指标。然而，该体系具有以下几大缺陷，限制了其作为发展衡量测度的有效性与准确性。第一，GDP 无法体现经济总量与发展的差别，在 GDP 增长的同时，很多行业很多地方充斥着产能过剩与产品过剩的问题。第二，GDP 无法良好体现新技术与新经济的价值，十几年前 5000 块钱的手机与现在 5000 块钱的手机对 GDP 的贡献是一样的，但是新技术革新下的手机带给人们生活与工作的便利远远高于过去。第三，金融危机过后，很多人反思现在 GDP 充斥着金融泡沫。1953 年版本的核算体系未将金融业视为"生产性活动"，只是将其作为企业的中间品投入，所以不归入最终产品核算范畴。1993 年新版本引进了一个新概念——"间接计算的银行中介服务产出"，认为银行的风险承担行为也是创造价值的手段，算入 GDP。第四，GDP 无法衡量经济的可持续性，追逐经济总值时造成的环境与资源破坏并不计入 GDP，但是对发展产生严重负面影响。

二 替代 GDP 的发展测度指数

GDP 的局限性一直是经济学界探讨的问题，很多学者提出了区别于 GDP 的发展测度指标，而这些指标往往是多维度的，提供经济总量之外的参考。本节研究 5 个国际组织提出的发展指标，总结它们的价值取向与测度方法，为建立新发展指标体系提供参考。

（一）人类发展指数（Human Development Index，HDI）

1990 年，联合国开发计划署（United Nations Development Programme，UNDP）创立了 HDI，即以"预期寿命、教育水平和生活质量"三项基础变量，按照一定的计算方法，得出的综合指标，并在每年的《人类发展报告》中发布。HDI 强调人和人的发展决定了一个国家的发展程度，并不仅仅是生产总值。HDI 作为综合指数，维度和指标数目较少，所以反映问题有一定局限性。但同时 HDI 由于计算简便、覆盖国家广、时间跨度长，成为社会科学领域使用最广泛的 GDP 替代指数之一。

（二）全球竞争力指数（Global Competitive Index，GCI）

GCI 于 2004 年首次使用，由总部设在日内瓦的世界经济论坛每年公布一次。该指数旨在衡量一个国家在中长期获得经济持续增长的能力。GCI 由 12 个竞争力支柱组成，包括制度、基础设施、宏观经济稳定性、健康与初等教育、高等教育与培训、商品市场效率、劳动市场效率、金融市场成熟性、技术设备、市场规模、商务成熟性、创新，为处于不同发展阶段的世界各国竞争力状态提供了解析。

瑞士长期居于全球竞争力排行榜首位。瑞士在公共卫生和初级教育方面基础雄厚，有着相对稳定的宏观经济环境和高度的灵活性，同时瑞士具有快速吸收新技术的能力、高度成熟的商业模式以及良好的创新环境，对其进一步提升总体竞争力有着很大的帮助。

GCI 的构成比起 HDI 更为复杂，每个维度均由多个数据组成。GCI 同时考虑到竞争力对于不同种类国家的内涵不同，因此根据国家发展程度等因素调整每个维度的权重，使横向比较更具有实际意义。例如，对于第十二个维度创新，在竞争力指数中可能占到 5% 至 30% 的权重。

（三）全球创业指数（Global Entrepreneurship Index，GEI）

GEI 由位于华盛顿的全球创业精神暨发展机构于 2011 年开始发布。企业是经济发展的重要引擎，创业指数是衡量中长期发展与发展潜力的重要指标。GEI 提供了一个衡量国家创业环境与现况的发展指数，由此我们更好地衡量一个国家的中长期增长动力与就业潜力。GEI 由三方面的 14 个支柱组成，其中创业态度包括机会感知、风险接受、创业技能、人际关系和文化支撑 5 项子指标，创业能力包括机会型创业、技术吸收、人力资本和竞争 4 项子指标，创业愿望包括产品创新、流程创新、高增长、国际化和风险资本 5 项子指标。每个支柱下由关于个人、机构及国家等多层面数据组成，经一定权构成支柱指数与 GEI。

（四）社会进步指数（Social Progress Index，SPI）

SPI 由美国非营利机构 Social Progress Imperative 于 2013 年起发布，从社会层面衡量发展。SPI 测量一个国家可以满足公民社会及社会及环境需求，指标的选择由哈佛、MIT 及联合国的多名专家商讨决定。指数涉及超过 40 个指标，主要测量三个维度：人类基本需求，幸福的基础与机会，每个维度由 4 个部分组成。人类指数与其他指数最大的不同有两点，第一，指数未使用任何经济变量；第二，指数更多使用结果衡量而非投入衡量。

（五）全球幸福指数（World Happiness Index，WHI）

WHI 由美国哥伦比亚大学和联合国共同发布，衡量哪一个国家的人最富有幸福感。WHI 衡量标准是根据各地公民的预期寿命、对生活的满意度计算，但也考虑各地人均消耗资源量。如何衡量一国幸福感，WHI 有一套非常复杂的标准，这套标准包括九大领域：心理健康、身体健康、时间、教育、文化多样性与韧性、政府、社区、环境多样性与韧性以及生活水准。在每个大领域下，又分别有 3—4 个分项，比如教育领域下有读写能力、学历、知识、价值观等，总计 33 个分项。依据 WHI 的框架，财富并不是幸福决定性因素。《全球幸福指数报告》主要作者、美国哥伦比亚大学经济学家杰弗里·赛克斯说过:"国民生产总值并不能代表幸福程度,尽管一般来说国家财富与国民快乐有一定联系,但两者之间没有内在必然关系。美国自 1960 年开始人均国民生产总值增长了三倍,但幸福指数却停滞不前。" WHI 使用了多项问卷调查数据,区别于传统指数构建。2016 年的 WHI 报告专门研究了中国的幸福感发展,报告显示在中国经济奇迹的情况下,中国的幸福感的增高并没有同比例提升。而且中国在经济发达到一定地步后,幸福指数排名呈现了"U"形发展。

三 中国在不同评价体系中的表现

表 2.1 列举了党的十八大以来中国在 5 大指数中的排名,并分别于 GDP 进行相关性分析。从得分来看,中国在人类发展、竞争力、创业、社会进步与幸福度上均有进步。各指数,包括不含有经济变量的 SPI 与中国这几年 GDP 的变动均呈正相关。其中,中国的 GDP 与 WHI 相关程度最高,与 GEI 相关程度最低。

表 2.1　　　　　　2012—2018 年各指数的中国得分

	HDI	GCI	GEI	SPI	WHI	GDP (in Bn $)
2012	0.72	4.83	0.20			7207.39
2013	0.72	4.89	0.26	47.92	4.98	7766.51
2014	0.73	4.89	0.42	58.67		8333.29
2015	0.74	4.89	0.36	59.01	5.14	8908.30
2016	0.74	4.95	0.35	62.10	5.25	9504.21
2017		5.00	0.36	63.72	5.27	
2018			0.41		5.25	
维度	3	12	14	3	9	1
发布机构	联合国	世界经济论坛	非营利机构	非营利机构	联合国	世界银行
与 GDP 相关性	0.9811	0.8954	0.7277	0.8896	0.9984	1.0000

表2.2列出了各指数2017年度排名前十的国家。可以看出，GDP排名高的国家并不一定在其他指数拥有高排名。以北欧四国及瑞士为代表的欧洲国家往往在社会进步、人的发展及幸福度上有更好的排名。而前十大经济体中中国、日本、印度、巴西及意大利均没有在多维度发展衡量指数中进入前十。中国在GDP的排名虽然居于世界首列，但在其他方面排名仍然较低。

表2.2　　　　　　　　2017年各指数及GDP排名

	HDI	GCI	GEI	SPI	WHI	GDP（IMF）
1	挪威	瑞士	美国	丹麦	芬兰	美国/欧盟
2	澳大利亚	美国	瑞士	芬兰	挪威	中国
3	瑞士	新加坡	加拿大	冰岛	丹麦	日本
4	德国	荷兰	英国	挪威	冰岛	德国
5	丹麦	德国	澳大利亚	瑞士	瑞士	英国
6	新加坡	香港	丹麦	加拿大	荷兰	印度
7	荷兰	瑞典	冰岛	荷兰	加拿大	法国
8	爱尔兰	英国	爱尔兰	瑞典	新西兰	巴西
9	冰岛	日本	瑞典	澳大利亚	瑞典	意大利
10	加拿大	芬兰	法国	新西兰	澳大利亚	加拿大
中国排名	90	27	43	83	86	2

注：依据各官网2017发布资料，得分排名相同时以首字母排序。

本节梳理了主流经济学中替代GDP的经济发展测度指数，以及各指数衡量发展的不同特点。总体而言，通过指数研究发现如下几个问题：第一，指数构建往往要在全面性和数据有效性中做取舍。当数据尽量涵盖更多的方面时，最终指标往往会因为数据降维的需要失去一定有效性。因此学者在使用指标时，一定要明确指数实际覆盖的方面并且明确指标有限的有效性，更多的维度不代表更精确的发展评测。第二，多维度的衡量方式涉及更多的数据，因此数据缺失是一个重要问题。部分指数使用插补方法来补充缺失数据，但是此方法建立在一定一些的现实数据很难满足的假设上。第三，这些指数均在国家层面构建，对于地理区域大与经济结构复杂的国家，有很强的局限性。以美国和中国为例，不同地区的经济发展现状，适合发展的产业均不相同，单一指数对地方政府制定政策缺乏指导意义。

无论是传统 GDP，还是现有的主流多维度的发展评测体系在衡量中国日新月异的发展时均有一定限度，因此需要构建更切合中国特色社会主义发展的评测方式。同时，具有中国特色且符合中国国情的发展指数的构建需要对省、市、县等区域进行区分，这样对当地的研究和政策指导才具有更切实的意义。

第二节 创新发展指数研究述评

不同阶段的发展有不同特征，例如发展中国家的 GDP 增长一般高于发达国家，然而这并不代表发展中国家的发展高于发达国家或者在赶超发达国家。因此衡量发展首先要确认发展的不同阶段。Rostow（1959）[1] 将发展分五个阶段，包括传统社会、飞速发展前期、飞速发展、走向成熟到最后的高消费时代。发达国家的标志之一就是高消费。而 Porter et al.（2002）[2] 提出发展的三个阶段，第一阶段是以生产元素为驱动力的发展，第二阶段是以生产效率为驱动力的发展，第三阶段是以创新生产为驱动力的发展。并不是所有

---

[1] Rostow W. W., "The Stages of Economic Growth", *The Economic History Review*, Vol. 12, No. 1, 1959.

[2] Porter M. E., Sachs J., "McArthur J. Executive Summary: Competitiveness and Stages of Economic Development", *The Global Competitiveness Report*, 2002.

经济体一定会走到更高阶的发展阶段。其中从效率到创新驱动经济是最难的一部分，很多时候需要政府的直接引导。因此，如何在不同阶段衡量追逐发展是许多高层次发展国家的重要研究命题，测量发展的创新这一维度也有重要的意义。以下将按照行政区域等级划分对创新发展指数的相关文献进行详细梳理和总结。

一 城市创新指数

城市层面上，目前已有学者和机构进行了一些研究工作，发布了一些地方创新指数。中国地域差异大，有些区域创新层面上起步早、发展快，也更早设立了创新发展的目标与明确其重要性。因此，从2008年开始，很多城市已经率先开始构建自己的创新指数。表2.3总结了中国城市层面的创新指数研究。

表2.3　　　　　　　中国城市层面创新指数研究汇总

年份	城市	论文或指数名称	作者或机构名称	一级指标
2008	浙江省杭州市	杭州创新指数	杭州市政府	创新投入 创新环境 创新绩效
2011	山西省太原市	太原市《城市创新指数研究报告》	太原生产力促进中心	
2012	北京市	首都科技创新发展指数	首都科技发展战略研究院、北京市科学技术委员会	创新资源 创新环境 创新服务 创新绩效
2013	广西壮族自治区柳州市	《基于主成分分析的广西柳州城市创新指数研究》	王紫陌、廖志高	知识创新指标 产业与技术创新指标 政策与制度创新指标 环境与服务创新指标

续表

年份	城市	论文或指数名称	作者或机构名称	一级指标
2013	山东省青岛市	《以创新指数视角透视青岛科技创新能力》	于春涛	创新潜能 创新环境 创新绩效
2016	广东省广州市	《城市创新指数设计与实证研究——以广东省广州市为例》	刘明广	创新投入 创新产出 创新主体 创新环境支撑
2016	辽宁省沈阳市	《沈阳城市创新指数研究》	王海军、成佳	创新体系 创新投入 创新绩效
2016	全国60个城市	中国城市创新指数	广东省社科院	发展基础 科技研发 产业化

杭州市是国内最早开展创新量化评价的副省级城市。"杭州创新指数"是由杭州市政府发布，主要是用来评价杭州市自主创新的现状、水平与差距。该指标体系为杭州市在创新层面的发展指明方向并为决策提供参考。杭州创新指数指标体系的一级指标有3个：创新基础、创新环境、创新绩效；二级指标有7个：科教投入、人才资源、经济社会环境、创业环境、创新载体、成果产出和经济社会发展；三级指标有23个。指标体系涵盖面较广，包括了投入、产出、环境、人才、社会影响等多个方面。与其他创新评价指标体系相比，"杭州创新指数"加入了杭州特色。例如，当前杭州正致力于打造"全国文化创意产业中心"，所以将"文化创意产业增加值占服务业增加值比重（%）"纳入了评价指标体系中。

太原是国家科技部2010年确定的第二批"国家创新型试点城市"之一。太原努力建设成为一流的自主创新基地，加快提升自主创新能力是关键。太原是国内继杭州之后第二家发布创新指数的城市，由太原生产力促进中心完成的《城市创新指数研究报告》每年发布相关信息。太原创新指数由 3 个一级指标、7 个二级指标和 17 个三级指标组成。3 个一级指标为：创新投入、创新环境和创新绩效；7 个二级指标为：科技投入、人才资源、创新载体、政策环境、经济社会环境、成果产出和经济社会发展等。

2012 年，首都科技发展战略研究院与北京市科学技术委员会发布"首都科技创新发展指数"，旨在连续监测首都科技创新发展状况，跟踪首都科技发展新动态，总体评价首都科技创新发展的变化和特征。该指数是一个"动态监测指标"，其主要手段是"大数据、新数据、解数据"，通过一个较长维度的历史数据和当期数据全面翔实地了解首都科技创新发展的趋势和当前的水平，并从中分析问题、总结规律、谋划和指导未来科技创新发展。指标体系由三个层次指标构成。其中，一级指标共 4 个，包括创新资源、创新环境、创新服务、创新绩效。二级指标共 15 个，包括创新人才、研发经费、政策环境、人文环境、生活环境、国际交流、科技条件、技术市场、创业孵化、金融服务、科技成果、经济产出、结构优化、绿色发展、辐射引领。三级指标共 64 个，包括创新资源三级指标 10 个、创新环境三级指标 15 个、创新服务三级指标 11 个、创新绩效三级指标 28 个。

近几年来，又有多位学者就广西壮族自治区柳州市、山东省青岛市、广东省广州市、辽宁省沈阳市的城市创新指数进行了研究和测评。2016 年广东省社科院发布了"中国城市创新指数"，从发展基础、科技研发和产业化三个方面对我国 60 个主要城市的创新能力进行了排名。结果显示，深圳、北京、上海、苏州和杭州位列前五。其中前两名领先后三名幅度较大，形成第一梯队；后三名为第二梯队；西安等 7 个城市位于第三梯队。前十名中，长三角城市占据 5 席，珠三角城市占据 3 席。

由此可见，城市层面上的创新指数研究已经取得了一批成果。从一级及二级指标来看，各城市创新指标体系存在一定的共性，如创新基础、创新环境、创新潜能、创新投入、创新产出、创新绩效等一级指标体系得到了广泛的认可，这为今后的研究提供了丰富的理论素材。

二　省际和国家创新指数

在省市区层面创新指数的研究上，中国人民大学赵彦云教授领衔的课题组取得了丰硕的研究成果，于2007年首次发布了"中国31省区市创新能力指数"，并进行了跟踪研究。课题组提出从资源能力、公共能力、技术实现、价值实现、人才实现、辐射能力、持续创新和网络能力八个方面衡量省际自主创新能力。通过对2001—2009年的数据分析研判，使用波士顿矩阵将31个省区市分为六大类别和四个阶段。西藏、青海、海南和新疆属于创新网络构建市场开拓驱动型起步阶段；广西、甘肃、内蒙古、江西、贵州、云南、宁夏、山西、重庆和黑龙江属于人才引进改善创新环境驱动型起步和崛起阶段；河北、安徽和湖南属于创新资源人才双向驱动型崛起阶段；天津、吉林、福建和广东属于创新市场需求辐射拉动型成熟阶段；河南、江苏、浙江和山东属于创新资源转化的技术驱动型崛起和繁荣阶段；辽宁、湖北、四川、北京、上海和陕西属于创新资源攻关水平强力驱动型的繁荣和成熟阶段。这套分析框架虽然过去了十年之久，各省市区的创新驱动模型发生了改变，但是今天看来，仍然具有重要的借鉴意义和学术价值。

国家层面创新指数的研究以国家统计局社科文司2013年开始编制并发布的"中国创新指数"（China Innovation Index）最为权威，最新的测算结果见图2.1。

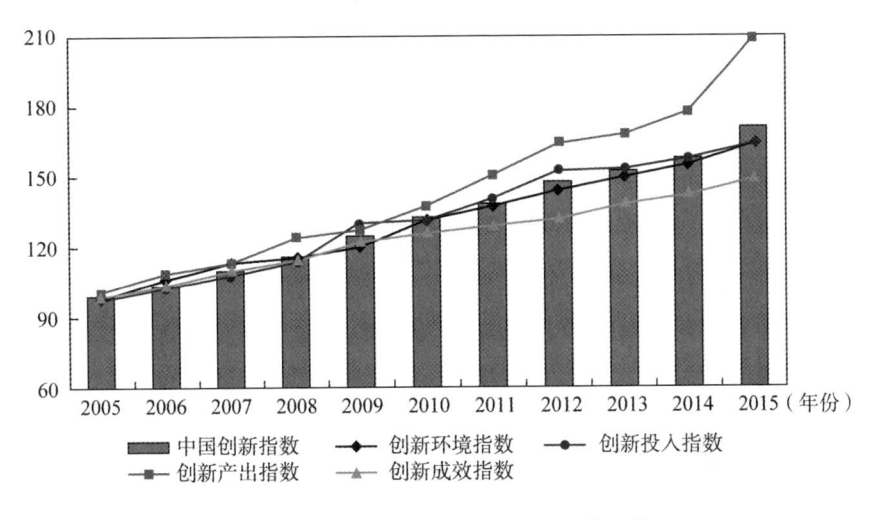

图 2.1　2005—2015 年中国创新指数走势

中国创新指数以公开发布的统计数据为基础，由创新环境指数、创新投入指数、创新产出指数和创新绩效指数合成。总指数方面，以 2005 年为基年，2015 年中国创新指数达到了 171.5，年均增长 5.54%。创新环境、创新投入和创新成效方面，十年间基本呈现平稳增长；创新产出方面，在 2015 年迎来拐点，同比增幅达到 17.6%，证明前期创新工作积累在 2015 年度集中显现。中国创新指数的四部分析架构，与诸多城市创新指数的构建思路有着异曲同工之妙，是对创新发展程度量化研究的凝练和升华。

三　国际创新指数

创新指数的国家研究及排名方面，"全球创新指数"（Global Innovation Index）具有重要的地位。该指数由世界知识产权组织、康奈尔大学和英士国际商学院联合发布，自 2007 年起年度更新，至 2016 年止。测评范围涵盖全球 128 个经济体，这些经济体共占世界总人口的92.8%，占世界GDP的97.9%。测评指标为创新投入次级指标和创新产出次级指标两大类、共82项具体指标，数据的主要来源为世界银行、国际电信联盟和世界经济论坛等。在全球创新指数排名中，中国作为最大的发展中国家和新型经济体，表现备受关注。中国历年的排名变化见图2.2。

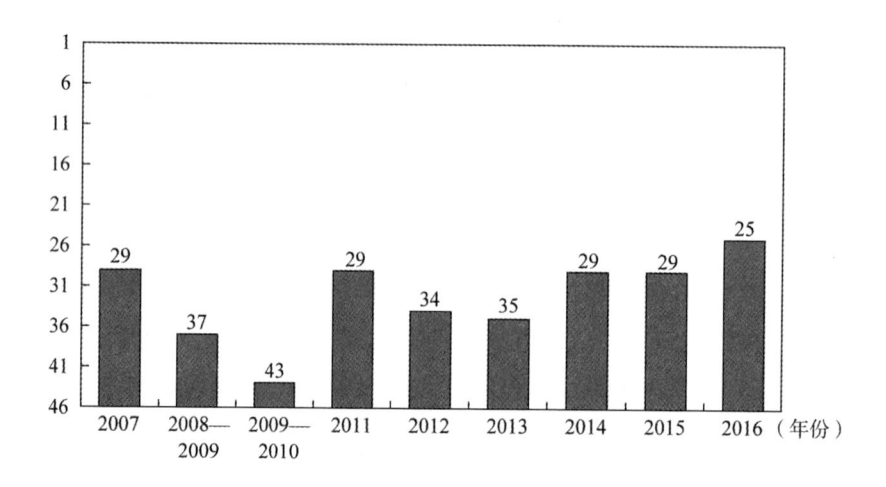

图2.2 中国在全球创新指数中的历年排名

由排名变化的趋势可知，在经历了2008—2010年、2012—2013年两个低谷后，中国的创新能力有所上升，最新排名升至第25位。值得注意的是，排名前24位的国家全部都是高收入国家，主要集中在欧洲、北美和东南亚。中高收入国家中，我国位列第一。在次级指标中，创新效率位列第7，大学质量、论文被引用数量位列第17。

国际创新指数与城市、省市区和国家层面创新指数有较大的区别，除了一些共性指标（如专利数据）之外，还特别关注国家全局角度、国际影响角度的指标。由此可见，国际创新指数的相关经验为创新指数研究提供了国际视野。

四 小结

以上研究分别从城市、省际、国家和国际层面对现有创新指数的文献和排名进行了系统梳理和总结，由此可以得到以下几个结论：第一，在国家、省及大型城市层面，创新指数的发展有一定历史和规模，在创新发展方面，提供了可追踪的素材。但是在我国最基础、最具活力的经济单位——县域层面上的创新指数研究仍为空白。第二，城市创新指数拥有一定的共性指标，如创新基础、创新环境、创新潜能、创新投入、创新产出、创新绩效等，这些指标上升到国家层面后进一步凝练，变得更为科学、合理。国际创新指数的指标体系与国内三层级体系具有明显区别，更具有国际视野，可做宏观指导之用。如何体现不同区域的硬件与软件设施在创新上发挥的作用，以及如何评价不同产业创新的成果，是创建多区域可比较的创新指数的关键。

第三节 协调发展指数研究述评

在协调发展理念研究中，协调发展程度量化研究占据重要地位。通过构建协调指数，可以对不同区域的协调发展程度进行横向对比，找寻区域差距和原因；也可以对某一特定区域的协调发展程度进行时间维度的纵向比较，发现地区发展规律。本节对协调发展指数的相关文献进行梳理，并对目前的研究状况进行评述。

一 产业协调指数

Krugman（1991）[①] 从新经济地理学视角出发，提出了地区专业化指数，又被称为 K‑spec 指数，用于考察不同地区产业结构的差异程度。唐志鹏、刘卫东、刘红光（2010）[②] 基于投入产出分析框架，从经济部门的角度出发，研究了我国产业结构的协调问题。通过将三产划分为 26 个经济部门，使用主成分分析、多项式回归，最终计算得到各部门的协调度。结果表明，石油加工及炼焦燃气业等 6 个部门协调程度较好，非金属矿采选业、金属制品业、纺织业、食品制造及烟草加工业协调程度较差，我国整体产业协调度不高。孙轩（2016）[③] 以城市群为研究对象，构建了协调发展多指标评价体系。一级指标包括经济性指标、专业性指标、平衡性指标和友好性指标四个大类。实证方面，以统计年鉴、统计公报、政府工作报告为数据基础，计算了 2005—2013 年京津冀、长三角和珠三角三大城市群的协调发展指数。结果表明，京津冀城市群的产业分工较为明确，但对周边的辐射带动较小，周边城市产业单一；长三角城市群产业同质化程度较高，对周边中小城市的带动作用明显；珠三角城市群产业分布合理，核心城市对周边城市带动作用明显，产业协调发展水平整体较高。吉亚辉和罗朋伟（2018）[④] 从专业化分工角度采用采掘业和制造业的数据计算了东部、中部、西部和东北地区的产业协调指数。

[①] Krugman, P., "Increasing Returns and Economic Geography", *Journal of Political Economy*, Vol. 99, No. 3, 1991.

[②] 唐志鹏、刘卫东、刘红光：《投入产出分析框架下的产业结构协调发展测度》，《中国软科学》2010 年第 3 期。

[③] 孙轩：《城市群产业协调发展的多指数评价与分析》，《城市与环境研究》2016 年第 3 期。

[④] 吉亚辉、罗朋伟：《产业协调与区域经济协调的耦合研究——基于中国四大板块制造业的实证分析》，《开发研究》2018 年第 5 期。

二 区域协调指数

在区域协调指数方面,韩兆洲(2000)[①]研究较早,研究成果较为系统。他提出"全国区域经济协调发展综合评价指标体系",其中包括经济水平与经济结构、科技进步与人口素质、社会发展与居民物质生活水平、生态环境与自然资源4个一级指标及下属16个二级指标,涵盖了经济、科技、社会和生态4个方面。对全国31个省、市、区进行了实证研究,发现上海、北京和天津分列前三位,云南、西藏和贵州居于末位。排位总体差距较大,前三名与第四名得分之间出现了明显断档,形成第一集团。此外与全国平均水平相比,有9个省位于平均水平之下。覃成林(2011)[②]从区域协调发展机制的角度来研究区域协调发展体系,认为区域协调发展机制体系应该由市场、空间组织、合租、援助和治理五个方面的机制构成,每个机制独立产生促进区域协调发展的作用的同时也通过相互的联系产生区域协调发展的合力。覃成林、郑云峰、张华(2013)[③]进一步利用区域经济协调发展模型,测算了2001—2010年全国、四大区域以及31个省区市的区域协调发展度指数,通过分析认为我国整体区域经济协调发展水平有显著性的提升,到2010年已经有较高的协调度,但中东西部地区之间存在差异,东部地区和东北地区协调度发展稳步上升,中部地区有所下降,西部地区协调发展则呈现较大的下降。

除了全国性的区域协调研究之外,多名学者对地方的区域协调

[①] 韩兆洲:《区域经济协调发展统计测度研究》,硕士学位论文,厦门大学,2000年。
[②] 覃成林:《区域协调发展机制体系研究》,《经济学家》2011年第4期。
[③] 覃成林、郑云峰、张华:《我国区域经济协调发展的趋势及特征分析》,《经济地理》2013年第1期。

发展量化测度做出了贡献。刘浩、张毅、郑文升（2011）[①]从城市土地集约利用的角度研究了环渤海地区27个市的协调发展情况，通过耦合协调发展模型定量构建耦合协调发展度指数和相对发展度指数来评价这些城市之间的协调发展情况，发现在研究期间环渤海地区城市耦合协调发展多处于磨合期，没有拮抗阶段，且相互耦合关系随着时间推移逐渐优化。贺菲菲（2012）[②]以河北省为研究对象，基于泰尔指数对环首都经济圈、沿海经济隆起带和冀中南经济区的协调发展状况进行测评。洪开荣、浣晓旭、孙倩（2013）[③]利用熵值法从资源、环境、经济、社会四个维度来衡量估算了中部地区1999—2010年的协调发展情况，测算结果表明中部地区整体处于协调发展初期，协调发展度不够，经济社会发展和资源之间的矛盾是中部地区协调发展的主要制约因素。刘兴远、储东涛（2014）[④]以江苏省为研究对象，测度了苏南、苏中和苏北的区域协调发展水平。张建秋（2015）[⑤]以中原经济区为研究对象，基于新型城镇化引领"三化"协调发展理念，计算了30个地市的"中原经济区发展指数"。刘建国（2016）[⑥]以北京市为研究对象，测算了北京市各区县的人口、经济和资源环境综合发展指数，并运用协调度模型，分析北京市各系统区域协调发展水平。

[①] 刘浩、张毅、郑文升：《城市土地集约利用与区域城市化的时空耦合协调发展评价——以环渤海地区城市为例》，《地理研究》2011年第10期。

[②] 贺菲菲：《基于泰尔指数的河北省区域协调发展现状分析》，《价值工程》2012年第35期。

[③] 洪开荣、浣晓旭、孙倩：《中部地区资源—环境—经济—社会协调发展的定量评价与比较分析》，《经济地理》2013年第12期。

[④] 刘兴远、储东涛：《江苏区域协调发展的进程测度与路径再探》，《唯实》2014年第9期。

[⑤] 张建秋：《中原经济区发展指数的编制与评价研究——基于新型城镇化引领"三化"协调发展理念的分析》，《河南商业高等专科学校学报》2015年第1期。

[⑥] 刘建国：《北京市区域协调发展的综合测度》，《区域经济评论》2016年第1期。

三 城乡协调指数

罗雅丽、李同昇（2005）[①]建立了城乡关联度评价指标体系，一级指标包括作用介质、作用强度和协调度；以西安市为例，进行实证研究；结果表明，1980—2003年西安市总体关联度提高，但协调度有所下降。徐丁（2014）[②]研究了辽宁省的城乡发展协调度，以经济性指标、空间性指标和教育生活指标为基础，建立了城乡经济协调发展指标体系。结果表明，沈阳、大连已经达到初步协调水平，其余地级市普遍处于失调水平。曹炳汝（2015）[③]建立了城乡发展协调度评价模型，对全国31个省市区2000年和2010年的城乡发展协调情况进行了评测。这套指标体系包括城市发展和综合指数和农村发展和综合指数两个次级指数，城市方面下辖经济发展水平、社会进步水平和基础设施水平；农村方面下辖农业生产条件、农村经济条件和农村生活条件。结果表明上海、北京、浙江城乡协调程度较高，甘肃、云南、贵州城乡协调程度较低。这套指标体系较为完备，在城乡协调测度研究之中处于较高水平。张立生（2016）[④]基于城市间经济协调发展的角度，利用中国333个城市的基础数据估算了我国城乡协调发展相关情况指数、增长差异指数、城乡协调度指数，通过分析认为中国城市尺度下的城乡协调度整体呈上升趋势，中等协调的空间格局占多数，且有扩展的趋势，中国呈现的协调度在时间和空间上行的演化因素多与中国的当前政策和经济因素相关。

[①] 罗雅丽、李同昇：《城乡关联性测度与协调发展研究——以西安市为例》，《地理与地理信息科学》2005年第5期。
[②] 徐丁：《辽宁省城乡协调发展的测度与评价研究》，硕士学位论文，东北大学，2014年。
[③] 曹炳汝：《中国城乡发展协调度测度》，《城市问题》2015年第11期。
[④] 张立生：《基于市级尺度的中国城乡协调发展空间演化》，《地理科学》2016年第8期。

四　经济与环境协调指数

关伟、刘勇凤（2012）[①]构建了辽宁沿海经济带经济与环境协调发展指数的评价指标体系，利用协调发展度模型研究了辽宁沿海经济带与环境区域协调发展度指数，为测算协调发展度，经济综合发展水平采用经济实力、经济结构、经济潜力、经济生活水平四个方面的指标来衡量；环境综合承载能力通过环境污染、环境治理和生态指标三个角度的指标来衡量，最终测算出2000—2009年辽宁沿海经济带地区经济与环境协调发展度指数。研究发现辽宁沿海经济带经济与环境协调发展呈"V"形发展趋势，区域综合协调发展呈稳步上升趋势，且各个城市协调发展程度较高。邹辉、段学军（2016）[②]研究了长江经济带经济环境协调发展的时空变化，经济采用经济实力、经济结构、经济活力、经济效率四个角度指标来衡量；环境从环境污染、环境治理两个角度指标来衡量，采用主成分分析方法计算得出经济与环境系统的综合水平指数，研究结果表明经济带协调发展度空间差异显著，东部地区明显大于中西部地区，沿江地区高于非沿江地区。高度协调型主要分布在长三角地区及少数中西部省会城市；高度失调型主要分布在重庆、皖北、滇西南、鄂中等地区；江西与四川是协调型转为失调型的集中地区。长三角核心城市经济地位依然凸显，但长三角边缘地区城市经济位序呈下降趋势，中西部地区部分城市经济位序上升明显。

[①] 关伟、刘勇凤：《辽宁沿海经济带经济与环境协调发展度的时空演变》，《地理研究》2012年第11期。

[②] 邹辉、段学军：《长江经济带经济—环境协调发展格局及演变》，《地理科学》2016年第9期。

五　小结

上文对国内较有代表性的协调发展量化文献进行了梳理和总结（见表2.4），由此可以得出以下几个结论：第一，以上文献都是基于协调发展的某一方面构建指数进行研究，基于协调发展理念研究经济社会全面发展的文献并不多见。第二，目前国内对于协调发展量化研究的文献数量较少，并未形成完整、成熟的体系。由此可见，协调发展指数的研究目前仍然处于发展阶段，这为后续的研究提供了充分的空间。

表2.4　　　　　　　　　协调发展指数代表性研究汇总

层面	年份	论文名称	作者
产业协调	2010	《投入产出分析框架下的产业结构协调发展测度》	唐志鹏等
	2016	《城市群产业协调发展的多指数评价与分析》	孙轩
区域协调	2000	《区域经济协调发展统计测度研究》	韩兆洲
	2011	《区域协调发展机制体系研究》	覃成林
	2011	《城市土地集约利用与区域城市化的时空耦合协调发展评价——以环渤海地区城市为例》	刘浩等
	2012	《基于泰尔指数的河北省区域协调发展现状分析》	贺菲菲
	2013	《我国区域经济协调发展的趋势及特征分析》	覃成林等
	2013	《中部地区资源—环境—经济—社会协调发展的定量评价与比较分析》	洪开荣等
	2014	《江苏区域协调发展的进程测度与路径再探》	刘兴远等
	2015	《中原经济区发展指数的编制与评价研究——基于新型城镇化引领"三化"协调发展理念的分析》	张建秋
	2016	《北京市区域协调发展的综合测度》	刘建国

续表

层面	年份	论文名称	作者
城乡协调	2005	《城乡关联性测度与协调发展研究——以西安市为例》	罗雅丽等
	2014	《辽宁省城乡协调发展的测度与评价研究》	徐丁
	2015	《中国城乡发展协调度测度》	曹炳汝
	2016	《基于市级尺度的中国城乡协调发展空间演化》	张立生
经济与环境协调	2012	《辽宁沿海经济带经济与环境协调发展度的时空演变》	关伟等
	2016	《长江经济带经济—环境协调发展格局及演变》	邹辉等

第四节　绿色发展指数研究述评

当代学术研究中，绿色发展程度指数化研究起源于对 GDP 不能涵盖环境代价这一缺陷。GDP 是指一个国家或者地区所有常驻单位在一定时期内生产的所有最终产品和劳务的市场价值。自 Kutznets（1934）[1] 在给美国国会提交的报告《国民收入 1929—1932》中首次提出这一概念以来，GDP 已经成为西方国家 SNA 核算体系中的核心指标。GDP 对衡量一个国家或地区的经济发展水平和宏观增长趋势有着重要的作用，但传统核算框架中并没有将资源损耗和环境污染计算在内。

为了解决这个问题，Nordhaus 和 Tobin（1972）[2] 首先提出了经济福利测度（Measure of Economic Welfare，MEW）这一概念。MEW 是 GDP 对个人休闲时间、未付报酬工作和生态环境破坏调整之后所

---

[1] Kutznets S. S., "National Income, 1929—1932", *National Bureau of Economic Research*, 1934.

[2] Nordhaus W. D., Tobin J., "Is Growth Obsolete? Economic Research: Retrospect and Prospect", *Economic Growth*, Vol. 5, 1972.

得到的新指标。该指标虽然较为简单，但为之后一系列复杂的绿色经济指标研究开了先河。Daly 和 Cobb（1989）[①] 主张使用可持续经济福利指数（Index of Sustainable Economic Welfare，ISEW）代替 GDP 作为衡量经济发展程度的标准。ISEW 以个人消费为基础，进一步调整公共支出、资本、环境代价等项目。通过对 1950—1986 年美国 ISEW 指数的计算，作者认为在 20 世纪 70 年代后，美国人均经济福利已经企稳，并未随着 GDP 的升高而增加，而主因就是外部效应和分配不公。

以上研究同时关注福利分配和环境代价对经济的影响，而 Rees（1992）[②] 主要把研究重点放在发展过程中资源环境的承载力上。他首次提出了"生态足迹"概念，并且经 Wackernagel（1994）[③] 的研究使得这一概念更为完善、成熟、可计算。生态足迹是指要维持一个人、一个地区、一个国家的生存所需要的或者指能够容纳人类所排放的废物的、具有生物生产力的地域面积。通过计算生态足迹，可以进一步认识人类的社会和经济活动对环境的影响程度。生态足迹这一指标以其简单明晰的属性，迅速得到学界的广泛认可，目前已经成为环境经济学研究的核心指标之一。

国内对于绿色发展相关的量化研究起步较晚，但研究进度较快，取得了一批丰富的学术成果。这些成果可以按照研究对象进行划分，分为县域级、城市级和省级绿色发展研究。

[①] Daly H. E., Cobb J. B. J., "For the Common Good: Redirecting the Economy towards Community, the Environment and a Sustainable Future", *Boston Massachusetts Beacon Press*, Vol. 4, No. 2, 2017.

[②] Rees W. E., "Ecological Footprints and Appropriated Carrying Capacity: What Urban Economics Leaves Out", *Environment and Urbanization*, Vol. 4, No. 2, 1992.

[③] Wackernagel M., *Ecological Footprint and Appropriated Carrying Capacity: a Tool for Planning toward Sustainability*, University of British Columbia, 1994.

一 县域绿色指数

郭永杰等（2015）[①] 基于2013年的统计数据运用熵值法和改进的TOPSIS模型对宁夏回族自治区22个县（市）的绿色发展水平进行了测度和分析，在绿色发展指标选择上，选择了绿色发展增长率指标、三个产业指标、资源与生态保护指标、环境与气候变量指标、绿色投资指标、基础建设和城镇建设指标、环境治理指标等9大类31种具体指标来衡量。研究发现宁夏22个县（市）绿色发展的内部差异明显，北部地区绿色水平贴近度较高；中部地区较低。

二 城市绿色指数

李琳等（2016）[②] 从工业绿色发展程度角度来分析了长江经济带三大城市群及内部工业绿色发展水平，从工业绿色增长效率、工业绿色增长潜力、工业资源消耗、工业污染排放、工业污染治理、基础设施建设6个项目评价层21个具体评价因子，用TOPSIS模型来综合评价工业绿色发展水平。黄跃等（2017）[③] 从城市群的角度来研究，采用了投影寻踪模型、变异系数及Theil指数等方法，从经济发展、社会进步、生态文明3个维度8个指标来衡量我国20个城市群的绿色发展水平，这些城市群包括：5个国家级城市群、9个区域性城市群以及6个地区性城市群。研究发现，城市群之间的绿色

[①] 郭永杰、米文宝、赵莹：《宁夏县域绿色发展水平空间分异及影响因素》，《经济地理》2015年第3期。

[②] 李琳、张佳：《长江经济带工业绿色发展水平差异及其分解——基于2004—2013年108个城市的比较研究》，《软科学》2016年第11期。

[③] 黄跃、李琳：《中国城市群绿色发展水平综合测度与时空演化》，《地理研究》2017年第7期。

发展水平差异较大，层级间差异是绿色发展差异的主要因素。

三 省际绿色指数

在众多的研究中，以北京师范大学经济与资源管理研究院李晓西教授领衔的课题组研究成果最为丰硕。课题组建立了中国省际绿色发展指数指标体系，该指标体系包括经济增长绿化度、资源环境承载能力和政府政策支持度3个一级指标及下属9个二级指标和62个三级指标。课题组运用该套指标体系对全国30个省（市、区）的绿色发展程度进行了连续跟踪评价。报告从2010年起以专著《中国绿色发展指数报告》的形式发布，最新成果更新至2016年。2013年，课题组在省际研究的基础上，进一步提出了中国城市绿色发展指数指标体系。与省际体系一脉相承，这套指标体系的一二级指标没有变化，三级指标减少至45个。至2016年，城市绿色发展指数的测评范围已经涵盖全国100个主要城市。

李琳等（2015）[①]借鉴李晓西课题组一级指标，运用产业绿色增长度、资源环境承载力和政府政策支持力3个维度一共27个具体评价指标，采用主成分分析方法评价了我国31个省（市）2007—2012年的产业绿色发展指数，研究发现我国产业绿色发展指数呈现上升趋势，但整体水平偏低，东、中、西部省份的问题存在差异，东部省份在绿色增长度和政府支持力方面有优势；西部省份在资源承载力方面有优势，而中部省份整体水平居中。张亚斌等（2017）[②]则采用资源效率、环境污染、生态治理及绿色财富四个维度6个指标衡量了全国31个省份的绿色指数，结果显示中国整体绿色发展水

[①] 李琳、楚紫穗：《我国区域产业绿色发展指数评价及动态比较》，《经济问题探索》2015年第1期。

[②] 张亚斌、赵景峰：《中国经济社会发展质量及对全面建成小康社会的影响——基于五大发展新理念的理论与实证》，《财贸研究》2017年第3期。

平呈现波动性进步的特点。钟水映等（2017）[①]则基于生态绩效理论，利用数据包络分析（DEA）方法与 Malmquist 指数方法，结合人类发展指数及绿色经济增长速度两个维度 13 个具体指标测算和评价了中国省际绿色发展情况。刘明广（2017）[②]采用绿色生产、绿色生活、绿色环境和绿色新政四个分类维度一共 42 个具体指标，并采用线性加权的综合法来测算绿色发展指数，利用空间自相关系数来分析省级绿色发展的空间结构关系，研究发现，中国省级绿色发展水平是整体逐年上升的，并且发现绿色发展水平较高的省份主要是经济较为发达的省份；另外，中国省份绿色发展呈现空间聚集效应。

此外，政府层面近年来也对绿色发展的量化考评体系十分关注。2016 年 12 月国家发展改革委、国家统计局、环境保护部、中组部制定并印发了《绿色发展指标体系》和《生态文明建设考核目标体系》，作为地方政府相关部门工作考评的重要依据。《绿色发展指标体系》涵盖了资源利用、环境治理、环境质量、生态保护、增长质量、绿色生活和公众满意度 7 个一级指标及下属 56 个二级指标。《生态文明建设考核目标体系》涵盖了资源利用、生态环境保护、年度评价结果、公众满意程度和生态环境事件 5 个一级指标及下属 23 个二级指标。两大指标体系的印发说明政府对绿色发展和生态文明建设极为重视，绿色发展理念在政府推动下由概念向实体转化迈进了坚实的一步。

四 小结

当前绿色发展定量化研究已经有了丰富的成果，为我国绿色发

[①] 钟水映、冯英杰：《中国省际绿色发展福利测量与评价》，《中国人口·资源与环境》2017 年第 9 期。

[②] 刘明广：《中国省域绿色发展水平测量与空间演化》，《华南师范大学学报》（社会科学版）2017 年第 3 期。

展建设提供了有力的理论依据和基础,但在这些研究中也依然存在一些局限和不足。当前对绿色发展指数的构建指标体系还是主要以李晓西教授建立的指标体系为蓝本,将这个指标体系应用于不同的地区,这样的研究有一定的价值,但缺乏创新,难以提供新的思路和视角来看到绿色发展问题;另外,当前对绿色发展指数的研究主要还是集中于省市级的研究,对县域级的绿色发展研究不足(见表2.5)。

表 2.5　　　　　　　　绿色发展指数代表性研究汇总

层面	年份	论文名称	作者	指标体系	
县域	2015	《宁夏县域绿色发展水平空间分异及影响因素》	郭永杰、米文宝、赵莹	绿色增长率效率指标 第一产业指标 第二产业指标 第三产业指标 资源与生态环境保护指标 环境与气候变化指标 绿色投资指标 基础设施与城镇建设指标 环境治理指标	
城市	2016	《长江经济带工业绿色发展水平差异及其分解——基于2004—2013年108个城市的比较研究》	李琳、张佳	工业绿色增长率 工业绿色增长潜力 工业资源消耗 工业污染排放 工业污染治理 基础设施建设	
	2017	《中国城市群绿色发展水平综合测度与时空演化》	黄跃、李琳	经济效率 经济结构 创新能力 人类发展	社会公平 资源利用 污染排放 环境保护

续表

层面	年份	论文名称	作者	指标体系
省级	2016	《2016中国绿色发展指数报告》	李晓西	绿色增长绿化度 资源环境承载潜力 政府政策支持度
	2015	《我国区域产业绿色发展指数评价及动态比较》	李琳、楚紫穗	产业绿色增长效率指标 产业绿色增长潜力指标 资源丰富指标 环境治理指标 基础建设指标
	2017	《中国经济社会发展质量及对全面建成小康社会的影响——基于五大发展新理念的理论与实证》	张亚斌、赵景峰	资源效率 环境污染 生态治理 绿色财富
	2017	《中国省际绿色发展福利测量与评价》	钟水映、冯英杰	人类发展指数 绿色经济增长速度
	2017	《中国省域绿色发展水平测量与空间演化》	刘明广	绿色生产　绿色环境 绿色生活　绿色新政

第五节　开放发展指数研究述评

开放发展理念践行中的一项重要工作是开放发展程度的量化比较分析，其核心是开放指数指标体系的构建与测度结果的评价。本节重点研究开放发展指数的以往研究成果，并对相关文献进行梳理和总结。我国改革开放40多年，对开放程度量化的系统研究大致始于2000年前后，按照城市、省际和国家层面进行划分。

一 城市开放指数

邵波等（2007）[1] 设计了三级指标体系，共 20 个具体指标，对我国 4 个直辖市和 15 个副省级城市的国际化水平进行了测评和比较，采用的技术方法为主成分分析法。结果表明上海、深圳、北京位列前三，重庆、西安和哈尔滨居于末位。王发明（2009）[2] 以杭州市为主要对象，采用绝对量指标体系对杭州市的国际化水平进行评测。结果表明杭州市城市国际化初级水平实现程度为 82%，中级水平为 56%，而高级水平仅为 43%。此外，采用相对量指标体系将杭州与北京、上海、深圳、广州、苏州和青岛的国际化水平相比较，表明杭州在上述城市中位于前列。张可云、项目（2011）[3] 挑选了 12 个宏观经济指标，使用因子分析方法对国内省会城市国际化水平进行排名。结果表明，上海、北京、广州居于前三位，贵阳、海口和西宁居于末位。

二 省际开放指数

徐朝晖、赵伟（2005）[4] 从市场开放、国际旅游、要素流动和信息流动四个方面测度了我国各省份 1998—2002 年的开放程度，发现上海、北京、广东居于前列，云南、贵州、海南居于末位。何智恒（2008）[5] 从货物贸易、利用外资和服务贸易三个维度出发，使用因子分析方法研究了河南、湖北、湖南、安徽、山西和江西六省

---

[1] 邵波、任运鹏、李星洲：《我国城市国际化水平比较研究》，《上海工程技术大学学报》2007 年第 2 期。
[2] 王发明：《城市国际化水平综合评价指标体系的构建》，《统计与决策》2009 年第 22 期。
[3] 张可云、项目：《中国省会城市国际化水平比较研究》，《地域研究与开发》2011 年第 4 期。
[4] 徐朝晖、赵伟：《中国区域经济国际开放指数探讨》，《统计与决策》2005 年第 17 期。
[5] 何智恒：《中部六省经济开放度的比较研究》，《统计与决策》2008 年第 1 期。

的开放程度。结果表明，湖北、湖南开放程度较高，江西、山西开放程度较低。赵健（2012）[①] 同样使用因子分析对 14 个内陆省份开放程度进行研究，指标体系构架与何智恒（2008）有着明显的区别，结论也大相径庭。江西、四川、湖北和山西开放程度位居前列，宁夏、内蒙古、青海和贵州的开放程度较低。高翔、黄建忠（2017）[②] 采用我国各个省份对外依存度来衡量我国的开放指数，采用的指标为各个省份 1997—2014 年的对外出口贸易量综合与省份 GDP 的比值来衡量，通过这种衡量方式得到各个省份的对外开放程度指数，测算得到北京、广东、上海为我国对外开放程度最大的三个省份，而黑龙江、山西、内蒙古三个省份对外开放程度最低。李青、黄亮雄（2014）[③] 采用专家打分与主成分分析法相结合的方法构建我国各省份的开放指数，从对内开放、引进来、走出去三个维度选择指标计算各个省份的对外开放程度指数，最终研究认为开放程度较高的主要有北京、上海、天津、广东、江苏、浙江这些经济发达省份，而开放程度较低的主要是湖北、广西、甘肃、河南、青海、西藏、贵州等省份。

三 国家开放指数

李翀（1998）[④] 对此方面开展的研究工作较早。作者实际上并未提出完整的开放指数指标体系，而是基于对外贸易、金融和投资比率加权平均，计算对外开放程度。赵三英（2006）[⑤] 和龚晓莺

---

① 赵健：《开放度量指标体系的构建——基于内陆省份的差异研究》，《天中学刊》2012 年第 2 期。
② 高翔、黄建忠：《对外开放程度、市场化进程与中国省级政府效率——基于 Malmquist - Luenberger 指数的实证研究》，《国际经贸探索》2017 年第 10 期。
③ 李青、黄亮雄：《中国省际开放度的经济指标体系与政策走向》，《改革》2014 年第 12 期。
④ 李翀：《我国对外开放程度的度量与比较》，《经济研究》1998 年第 1 期。
⑤ 赵三英：《中国对外开放度指数的构建与测度》，《统计与决策》2006 年第 21 期。

等（2008）[①] 的工作延续了李翀（1998）的研究思路，都是在贸易开放度、金融开放度和投资开放度一级指标框架下构建开放程度指标体系，只是二者的具体指标有所区别。胡智、刘志雄（2005）[②] 和孙丽冬等（2008）[③] 的研究是对李翀（1998）框架的扩展，除了贸易、金融和投资之外，前者加上了实际关税率和生产开放度，后者加上了经济合作开放度和旅游开放度。

四　开放发展指数的实践应用

在开放发展指数的实践层面上，国家发改委国际合作中心课题组取得了较为丰硕的成果。2012 年，课题组在博鳌发布《中国区域对外开放指数研究报告》，对全国 31 个省市区的开放程度进行了排名。2013 年，同样在博鳌发布《中国城市对外开放指数研究报告》，对全国 32 个省会和计划单列市进行了排名。2014 年研究将城市测评范围扩展到了 83 个，2015 年继续更新研究报告，2016 年出版专著《中国区域对外开放指数研究》。经过多年持续研究，国家发改委国际合作中心课题组已经形成了一套较为完备的评测体系，见图 2.3。

在国家发改委对外开放指数框架中，一级指标包括经济开放度、技术开放度和社会开放度，分别考察涉外经济活动水平、技术进步和社会整体开放水平。二级指标再次细化，形成"三乘三"的稳固结构。具体指标层面上，每年研究评测都略有微调，大致稳定在 30 多个。这套体系较为科学合理，在长期评测中取得了较好的效果。与诸多学术研究成果相比，这套指数体系的完成度和成熟度都较高，具有较为重要的学术价值和实践意义。

[①] 龚晓莺、胡忠俊、王昆：《关于对外开放度度量指标体系构建的几点思考》，《贵州大学学报》（社会科学版）2008 年第 4 期。

[②] 胡智、刘志雄：《中国经济开放度的测算与国际比较》，《世界经济研究》2005 年第 7 期。

[③] 孙丽冬、陈耀辉：《经济对外开放度指数的测算模型》，《统计与决策》2008 年第 14 期。

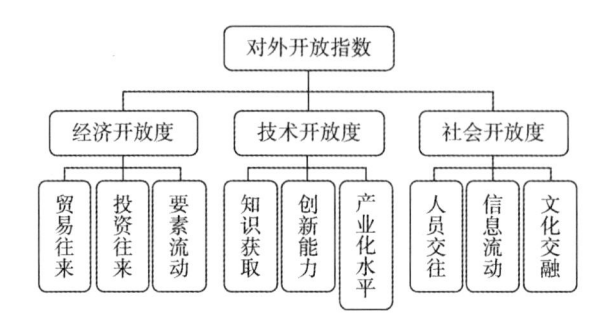

图 2.3　国家发改委国际合作中心课题组对外开放指数框架

资料来源：笔者根据相关资料整理。

五　小结

由城市、省际和国家层面的开放指数指标体系学术研究可以得到如下几个结论：第一，在城市、省际层面的研究上，目前研究成果较少，且已有成果不成体系，没有形成公认的研究框架。具体来说，研究多是提出一系列的具体指标，使用主成分分析或因子分析方法提取主成分或因子，再从经济学角度加以解释，并进行排名和分析。这种技术不具备通用性，不同作者的研究成果不可比（见表2.6）。

表2.6　开放发展指数代表性研究汇总

层面	年份	论文名称	作者	指标体系
城市	2007	《我国城市国际化水平比较研究》	邵波、任运鹏、李星洲	城市现代化质量 城市国际化职能
	2009	《城市国际化水平综合评价指标体系的构建》	王发明	绝对量指标体系 相对量指标体系
	2011	《中国省会城市国际化水平比较研究》	张可云、项目	国内生产总值等12项具体指标

续表

层面	年份	论文名称	作者	指标体系	
省际	2005	《中国区域经济国际开放指数探讨》	徐朝晖、赵伟	市场开放 国际旅游	要素流动 信息流动
	2008	《中部六省经济开放度的比较研究》	何智恒	货物贸易水平 利用外资水平 服务贸易水平	
	2012	《开放度度量指标体系的构建——基于内陆省份的差异研究》	赵健	对外开放度 对内开放度 旅游开放度 开放支撑度	
	2014	《中国省际开放度的经济指标体系与政策走向》	李青、黄亮雄	对内开放程度 引进来程度 走出去程度	
	2017	《对外开放程度、市场化进程与中国省级政府效率——基于Malmquist-Luenberger指数的实证研究》	高翔、黄建忠	对外出口贸易量 从外进口贸易量	
国家	1998	《我国对外开放程度的度量与比较》	李翀	对外贸易比率 对外金融比率 对外投资比率	
	2005	《中国经济开放度的测算与国际比较》	胡智、刘志雄	贸易开放度 实际关税率 金融开放度 投资开放度 生产开放度	
	2006	《中国对外开放度指数的构建与测度》	赵三英	贸易开放度 金融开放度 投资开放度	
	2008	《关于对外开放度度量指标体系构建的几点思考》	龚晓莺、胡忠俊、王昆		

续表

层面	年份	论文名称	作者	指标体系
国家	2008	《经济对外开放度指数的测算模型》	孙丽冬等	贸易开放度 金融开放度 投资开放度 经济合作开放度 旅游开放度

第二，在国家层面研究上，目前已经初步形成了贸易开放度、金融开放度和投资开放度三大核心指标。大部分研究所提出的指标体系都围绕上述三个方面展开，只不过略有增加，如生产开放度、旅游开放度等。相较于城市、省际层面上的研究，国家层面研究体系更为成熟一些。由此可见，学术层面上，对于开放指数指标体系的研究，目前还不是很成熟，研究框架处于形成和发展阶段，这为此问题的深入研究提供了借鉴和契机。

第六节　共享发展指数研究述评

共享的发展是一个相对较新的理念，有关的研究尤其是量化研究非常少。共享我国发展的立足点，是我国发展所追逐的重要目标。因此量化发展的共享维度是新发展评测体系的重要贡献之一。经济学中对共享经济的研究较少，但对平等的研究相对较多。传统经济学追求功利主义，但是 Smart 等（1973）[1] 很多学者都提出过功利主

---

[1] Smart, John Jamieson Carswell and Bernard Williams, *Utilitarianism: For and Against*, Cambridge University Press, 1973.

义的缺点，尤其是没有考虑到平等。Wilkinson and Pickett（2010）[1]认为现代社会问题的根源都是不平等，因此提高平等度有助于构建更好的社会。

一　单一指标的共享评价

共享发展很重要的一个衡量面是平衡平等的发展，国内外对平等发展研究主要使用两个重要系数：收入基尼系数与财富基尼系数。基尼系数是赫希曼根据洛伦茨曲线提出的判断分配平等程度的指标。收入分配越是趋向平等，洛伦茨曲线的弧度越小，基尼系数也越小，反之，收入分配越是趋向不平等，洛伦茨曲线的弧度越大，那么基尼系数也越大。不少学者对基尼系数的具体计算方法作了探索，提出了几十种不同的计算公式。如果使用收入进行测算，可以得到收入基尼系数；如果使用财富进行测算，则可以得到财富基尼系数。财富是收入的累计，所以往往更加极端。基尼指数通常把0.4作为收入分配差距的"警戒线"，根据黄金分割律，其准确值应为0.382。一般发达国家的基尼指数在0.24到0.36，美国偏高，为0.45。中国国家统计局公布的基尼系数2012年为0.474，2013年为0.473，2014年为0.469，2015年为0.462，2016年为0.465。随着"十四五"规划与开启全面建设社会主义现代化国家新征程的进展，我国有望近几年将收入基尼系数降至国际警戒线以下。

基尼系数具有直观、易测算的优点，无法显现出来在哪里存在分配不公。同时国际并无制定基尼系数的准则，一些问题如应否除税项、应否剔除公共援助受益者、应否剔除非本地居民并没有一致性，以致很难用于横向比较。

---

[1] Wilkinson R., Pickett K., *The Spirit Level: Why Equality is Better for Everyone*, Penguin UK, 2010.

二　合成指数的共享评价

指数方式衡量共享发展可以提供更多信息，然而不同于其他几大发展理念，共享发展的指数研究非常稀少。

易昌良等（2016）[1]从共享环境、共享绩效、知识共享三个层面构建了国家、省际和城市的共享指数指标体系，为共享指数的研究创立了一个样本。但以作者为首的课题组编制的指标体系在省际层面较为冗余，由476个三级指标构成，可操作性较差；此外共享环境、共享绩效和知识共享的二级指标结构体系仍然有待商榷。

褚福灵（2016）[2]认为何谓共享发展、衡量共享发展的标准是什么是需要深入研究的重要理论问题。研究认为，仅仅有共享发展的理念是不够的，要把共享发展的理念落到实处，还必须建立起共享发展的科学衡量标准体系。研究提出以"收入分配均衡、社会保障健全"为衡量标准，将"分配结构合理，收入增长同步，收入差距缩小；社会保障覆盖面扩大，社会保障待遇水平适中，社会保障可持续性增强"等方面的基础数据指标化，进而形成共享发展的评价指标体系。虽然作者对构建细节、数据选取、数据测算提出了很多意见，但是在数量化落实上既没有提出具体权重，也没有进行任何测算。

李晖等（2017）[3]提出了一套比之前研究更为完整而且在量化上更进一步的共享指数研究方法。研究构建了省际共享发展评价的指标体系，由经济普惠、社会公平、政治清明、生态和谐、文化繁

---

[1] 易昌良主编：《2015中国发展指数报告》，经济科学出版社2016年版。
[2] 褚福灵：《共享发展的内涵及衡量标准研究》，《中国社会保障》2016年第6期。
[3] 李晖、李詹：《省际共享发展评价体系研究》，《求索》2017年第12期。

荣五个维度的37项基础指标构成，并通过指标权重的设定、无量纲处理和加权求和对共享发展指数进行测度，最终形成一套完整的省际共享发展评价体系。作者指出应该从共享发展理念的内涵出发，尽可能扩大基础指标的备选范围，然后组织多位知名专家对每个基础指标在各自维度中的重要程度进行排序，运用肯德尔·理查德森系数法和克朗巴赫系数法对基础指标的重要程度进行量化汇总，并通过指标之间的相关性分析，在具有强正相关关系的基础指标中剔除掉重要程度相对较低的基础指标，以此优化共享发展评价指标体系。相较而言，作者的研究更为精练，不过依旧存在没有评估数据的覆盖度、没有提供实际测算评价结果等问题。

三　小结

共享发展不仅仅是我国国内发展的共享，我们追求在中国发展的同时，把机遇和资源与其他国家共享，目前有关国家发展共享的研究，无论是理论还是量化均处于萌芽阶段，有非常大的空间值得进一步探索。

第七节　新发展理念指标评价研究可能的扩展方向

新发展理念及五大维度发展理念的指标评价研究均取得了一定进展，但同时也存在研究程度深浅不一、系统性有待提高等问题。随着新发展理念在实践中进一步深化，相关理论及指标评价研究必然进一步丰富。未来的研究可能会在以下几个方面展开。

第一，以习近平新时代中国特色社会主义思想为指导，开展新发展理念理论与实践研究。新发展理念是习近平新时代中国特色社会主义思想中政治经济学的标志性成果[①],是党在中国特色社会主义时代背景下、在长期改革实践中逐步建立的中国特色发展理论。因此无论是新发展的理念研究、指标评价还是实践应用,均离不开习近平新时代中国特色社会主义思想的指导。

第二,以发展内涵、科学评价为导向,建立分层次的宏观—微观新发展理念指标评价体系。一方面,新发展理念均有各自独特的含义与指向,相互之间又存在紧密联系,相辅相成,形成了完整的理论闭环。因此需要在深刻理解新发展理念精髓的基础上,运用规范的经济学研究范式,构建新发展理念评价体系。另一方面,为了能够指导实践工作,需要构建一套由宏观到微观的分层级新发展理念指标评价体系(见图2.4)。首先,按照行政层级划分为国家、省域、城市、县域,构建新发展指标评价体系,辅助政府开展发展决策。其中国家层面为宏观指导,指明全国新发展方向;省域层面承上启下,贯通从中央到地方的新发展落实;城市层面为发展主体,构成承载中国经济新发展的中间力量;县域层面为基本单元,形成践行新发展理念的基础。其次,以城市群为主体,开展新发展指标评价研究,打破行政区域壁垒,推动新时代经济发展迈向高级空间组织形式。最后,城市或县域层面下设立行业和企业新发展指数,有利于政府摸清微观主体的新发展状况,并且基于量化得分,精准出台行业发展政策和企业奖惩政策,更高效地运用政策工具和财政补贴促进实体经济高质量发展。

第三,以宏观、微观数据为基础,结合舆情大数据,打造新发展智能评价平台。在构建新发展理念指标评价体系之时,其在不同层级上所表现出来的内涵和涉及的指标有所不同,因此不能以一套标准涵盖所有层级的评价工作,需要考虑不同层级的特点、数据的可取得性和可统计性、指标体系的简洁性等多方面因素,构建分层

---

① 顾海良:《新发展理念的新时代政治经济学意义》,《经济研究》2017年第11期。

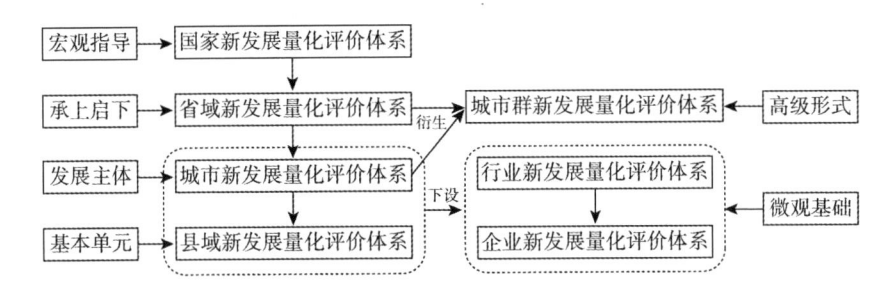

图 2.4 新发展理念指标评价体系构建设想

次的新发展评价体系。其中国家、省域、城市、县域和城市群的评价以宏观数据为主，行业和企业的评价以微观数据为主。此外，例如科技、环保、民生、观点、预期、热点事件等重点舆情同样影响着地方、行业和企业的发展走向，随着信息技术水平的提高，舆情大数据可以通过技术手段进行收集、清洗、挖掘，提取核心信息作为指标体系的重要组成部分，参与新发展理念的评价。将大数据与传统宏观、微观数据整合后，可以利用软件技术，开发和构建新发展智能评价平台，形成数据采集整理、新发展指数计算、研究报告推送的自动化、智能化，为利益相关者进行决策提供有力支持。

第三章

县域新发展指标体系构建

新发展理念评价体系的研究，核心在于新发展指数指标体系的构建。只有构建一套科学合理的新发展指标评价体系，才能使不同地区的新发展水平具有可比性，进一步夯实新发展理念的实践基础。本章以党的十八届五中全会提出的"创新、协调、绿色、开放、共享"的五大理念政策作为指导，以县域为研究对象，采用宏观经济指标，构建一套科学、易用的两级指标评价体系。

第一节 选用县域作为研究对象的意义

确立指导思想之后，构建新发展指数的另一个核心要素在于地域范围的界定。从宏观经济指标的数量和质量来看，依据我国统计制度的特点，在每一个层级行政区划上公布的宏观统计数据，其具体指标存在显著差异。一般来说，省级层面的宏观指标较为齐全，从《中国统计年鉴》及各省的统计年鉴上能够收集到数量众多、种类丰富的宏观经济指标；地市一级的指标稍显匮乏，各省公布的指标数量和口径存在一定差距，辅以《中国城市统计年鉴》，其宏观指标的完整程度尚能得到一定程度的保障；县域层面的指数数量和质量较差，发达地区的区县公布的指标数量多一些，欠发达地区的区县公布的指标数量少一些，个别西部区县的统计指标甚至少于 30 个。因此从指标体系的丰富程度来看，省级指标体系最易构建，其次为地市指标体系，县域指标体系最难构建。

从中外学者过往的理论研究来看，新发展理念在省级、地市层面的研究较为丰富，取得了一批成果，而在县域层面上，研究较为匮乏。这一方面基于数据约束，另一方面也有前些年对县域经济问题重视不够的原因。研究新发展理念在县域层面的量化问题，有利于推动新发展理念理论发展。

从不同行政区划指标体系构建的实践意义来看，县级行政单位是我国三级行政区，是地方政权基础，中国的经济版图由 2800 余个县级行政单位的经济发展状况组成。近年来，随着中国经验、中国智慧、中国力量的稳步提升，中央对于县域经济发展的重视程度与日俱增。2017 年国务院办公厅印发《关于县域创新驱动发展的若干意见》（国办发〔2017〕43 号）指出："新形势下，支持县域开展以科技创新为核心的全面创新，推动大众创业、万众创新，加快实现创新驱动发展，是打造发展新引擎、培育发展新动能的重要举措，对于推动县域经济社会协调发展、确保如期实现全面建成小康社会奋斗目标具有重要意义。"

因此，虽然县域经济数据收集难度较大、数据质量参差不齐，但是基于县域新发展指数研究具有重要的学术意义和应用价值，本章选用县域作为研究对象，构建县域新发展理念评价体系。

第二节　指标选取原则

县域新发展指数指标选取遵循以下几个原则：

第一，符合我国特色国情。我国的政治体制与资本主义国家、政教合一国家有着显著区别，因此在选取指标时，不能直接套用国外的指标体系，而是有针对性地借鉴国外的研究成果，牢牢把握我国仍处于并将长期处于社会主义初级阶段的基本国情，制定出符合我国现阶段国情的指标体系。

第二，行为导向性。指标具有一定的行为导向性，对于政府部门、企业、社会团体和个人都具有指导作用，如在政府制定政策改善公共服务、企业调整产业布局、个人实现自我发展等方面起到一定的借鉴意义。

第三，数据的可取得性和可统计性。摒弃以往部分相关研究中提出的过于理想化的测度指标，以能够从公开渠道和付费购买渠道取得的数据为主，同时充分关注数据的可统计性，构建能够实际测度落地的指标体系。

第四，科学合理性。在数据可取得、具有正确行为导向性的基础上，指标选取和体系制定须有相关的经济学理论基础作为支撑，能够较好地诠释县域新发展的状况，具有较强的理论性和科学性。

第五，简洁性。充分科学论证指标体系之后，选取具有代表性的经济指标，在简洁性、操作性强的基础上最大限度地体现新发展理念。

第三节　指标体系构建

对于多指标合成指数来讲，经济指标的选取直接影响指数评价的准确性和精度，目前常见的指标选择方法可以分为客观选择和主观选择两类。客观选择方法主要依托统计学方法筛选适合的经济指标，常见的方法有逐步判别法、主成分分析法、聚类分析法等。客观选择法的优点是排除了大部分的人为选择干扰，学理上具有统计支撑。主观选择法是按照所分析问题的内在逻辑和内容结构，挑选相关的经济指标，这种方法的优点是构造灵活，缺点是经验依赖。

对于县域新发展指数来说，一方面党的十八届五中全会对新发展理念的五个方面进行了权威指导，一级指标层面有明确的标准可以参照；另一方面对于县域新发展指数的系统性研究匮乏，只能根据主观经验选择二级指标。有鉴于此，在咨询多位相关领域专家之后，以浙江省的县域经济指标为主要参考对象，构建县域新发展指数指标体系见表3.1。

表3.1　　　　　　县域新发展指数指标体系

一级指标	二级指标	权重	方向
创新发展（20%）	教育支出占财政支出的比重	5%	正向指标
	科学研究和技术服务业占城镇就业人数的比重	5%	正向指标
	万人专利申请授权量	5%	正向指标
	中高等学校在校学生数占总人口的比重	5%	正向指标
协调发展（20%）	第三产业占GDP的比重	5%	正向指标
	第三产业就业人数与整体就业人数的比重	5%	正向指标
	城乡人均可支配收入的比重	5%	逆向指标
	房地产开发投资占固定资产投资的比重	5%	逆向指标
绿色发展（20%）	人均农村用电量	5%	逆向指标
	人均农业机械总动力	5%	正向指标
	地均农用化肥施用量	5%	逆向指标
	地均主要农产品产量	5%	正向指标
开放发展（20%）	进口依存度	5%	正向指标
	出口依存度	5%	正向指标
	实际使用外资占GDP的比重	5%	正向指标
	外资企业工业产值的比重	5%	正向指标

续表

一级指标	二级指标	权重	方向
共享发展（20%）	人均GDP	2.5%	正向指标
	人均客货运量	2.5%	正向指标
	人均境内公路里程	2.5%	正向指标
	人均电话用户	2.5%	正向指标
	万人医院卫生院数量	2.5%	正向指标
	万人公共图书馆图书藏量	2.5%	正向指标
	人均社会福利院床位数	2.5%	正向指标
	居民最低生活保障线以下人数占总人口的比重	2.5%	逆向指标

第四节 指标体系解读

由表3.1可知，县域新发展指数指标体系由5个一级指标、24个二级指标构成。5个一级指标分别对应新发展理念的五大维度，二级指标设计的原则为全部使用比重、人均、地均等相对指标，避免使用绝对指标，以使得各县区之间指标可比。下面将对每个一级指标的构成及二级指标的计算方法进行解读。

一 创新发展指数

创新发展指数包括教育支出占财政支出的比重、科学研究和技术服务业占城镇就业人数的比重、万人专利申请授权量、中高等学校在校学生数占总人口的比重4个二级指标，计算方法见表3.2。

表 3.2　　　　　　　　创新发展所辖二级指标计算方法

二级指标	计算公式
教育支出占财政支出的比重	教育事业费/地方财政预算内支出
科学研究和技术服务业占城镇就业人数的比重	科学研究和技术服务业就业人数/年末城镇就业人员数
万人专利申请授权量	专利申请受理量/年末常住人口×10000
中高等学校在校学生数占总人口的比重	（高等学校在校学生数＋中等职业学校在校学生数）/年末常住人口

创新离不开财力投入，教育支出占财政支出的比重说明财政投入对于教育事业的支持力度，从侧面反映财政对于创新的支持力度；科学研究和技术服务业占城镇就业人数的比重体现目前整个创新的就业环境；万人专利申请授权量反映创新成果产出情况；中高等学校在校学生数占总人口的比重体现了"大众创业、万众创新"的后备力量。

二　协调发展指数

协调发展指数包括第三产业占 GDP 的比重、第三产业就业人数与整体就业人数的比重、城乡人均可支配收入的比重、房地产开发投资占固定资产投资的比重 4 个二级指标，计算方法见表 3.3。

表 3.3　　　　　　　　协调新发展所辖二级指标计算方法

二级指标	计算公式
第三产业占 GDP 的比重	第三产业生产总值/地区生产总值
第三产业就业人数与整体就业人数的比重	第三产业就业人员数/全社会就业人员数
城乡人均可支配收入的比重	城镇居民人均可支配收入/农村居民人均可支配收入
房地产开发投资占固定资产投资的比重	房地产开发投资/固定资产投资

第三产业占 GDP 的比重、第三产业就业人数与整体就业人数的比重从规模和人员上反映三产发展状况,对于大多数县域来说,三产占比越高,其产业现代化程度越高;城乡人均可支配收入的比重说明城乡收入之间的差距,二者差距越大,说明城乡收入协调程度越小;房地产开发投资占固定资产投资的比重体现房地产投资对当地固定资产投资的影响程度,现阶段房地产市场过热,宏观政策对房地产行业的调控日趋严格,鼓励资金流入以制造业为代表的实体经济,因此将其设计成为一个逆向指标。

三 绿色发展指数

绿色发展指数包括人均农村用电量、人均农业机械总动力、地均农用化肥施用量、地均主要农产品产量 4 个二级指标,计算方法见表 3.4。

表 3.4　　　　　　　绿色发展所辖二级指标计算方法

二级指标	计算公式
人均农村用电量	农村用电量/年末常住人口
人均农业机械总动力	农业机械总动力/年末常住人口
地均农用化肥施用量	农用化肥施用量/农作物播种面积
地均主要农产品产量	粮食、油菜籽、棉花、水果、茶叶产量之和/农作物播种面积

人均农村用电量、人均农业机械总动力从能耗和动力角度反映能源利用效率;地均农用化肥施用量、地均主要农产品产量从环保和产出角度反映土地绿色发展情况。从理论上来说,如人均二氧化碳和二氧化硫排放量、一般工业固体废物综合利用率等工业指标同

样应该包含在绿色发展指数之中，但因为数据约束，在此暂时不加入实际测算。

四 开放发展指数

开放发展指数包括进口依存度、出口依存度、实际使用外资占GDP的比重、外资企业工业产值的比重4个二级指标，计算方法见表3.5。

表3.5　　　　　　　　开放发展所辖二级指标计算方法

二级指标	计算公式
进口依存度	进口总额/地区生产总值
出口依存度	出口总额/地区生产总值
实际使用外资占GDP的比重	实际使用外资金额/地区生产总值
外资企业工业产值的比重	（港澳台商投资企业产值+外资投资企业产值）/工业总产值

进口依存度、出口依存度从进出口两个方面反映贸易规模；实际使用外资占GDP的比重、外资企业工业产值比重从资金效率和产出水平两个方面体现对外开放程度。

五 共享发展指数

共享发展指数包括人均GDP、人均客货运量、人均境内公路里程、人均电话用户、万人医院卫生院数量、万人公共图书馆图书藏量、人均社会福利院床位数、居民最低生活保障线以下人数占总人口的比重8个二级指标，计算方法见表3.6。

表 3.6　　　　　　　共享发展所辖二级指标计算方法

二级指标	计算公式
人均 GDP	
人均客货运量	（客运量＋货运量）/年末常住人口
人均境内公路里程	境内公路里程/年末常住人口
人均电话用户	（固定电话用户＋移动电话用户）/年末常住人口
万人医院卫生院数量	医院卫生院床位数/年末常住人口×10000
万人公共图书馆图书藏量	公共图书馆图书藏量/年末常住人口×10000
人均社会福利院床位数	社会福利院床位数/年末常住人口
居民最低生活保障线以下人数占总人口的比重	居民最低生活保障线以下人数/年末常住人口

人均 GDP 说明了县域经济的总体发展水平，在做大蛋糕的基础上，共享发展可以更有力地提升全民福祉；人均客货运量、人均境内公路里程、人均电话用户分别从物流、交通和通信层面反映基础设施建设水平；万人医院卫生院数量、万人公共图书馆图书藏量、人均社会福利院床位数分别从医疗、文化和社会保障角度体现基本公共服务水平，理论上来说科技和教育指标同样应该加入，但相关指标已经体现在创新发展指数之中，因此不再重复计入；居民最低生活保障线以下人数占总人口的比重反映共享发展的整体不平衡程度，在此设计为逆向指标。

第五节　指数计算方法

县域新发展指数指标体系具有较多的评价条目，指数计算方法选取综合评价指数法较为适当。综合评价指数法首先需要将所有的二级条目去量纲，计算出每个县域在每个二级指标上的得分，使不同单位的指标可比。去量纲的计算方法如下：

设有 n 个县域，m 个二级指标，则第 i 个县域在第 j 个指标上的得分为

$$y_{ij} = \frac{x_{ij} - \min\limits_{1 \leq i \leq n} x_{ij}}{\max\limits_{1 \leq i \leq n} x_{ij} - \min\limits_{1 \leq i \leq n} x_{ij}} \times 100 \qquad (3.1)$$

其中，y_{ij} 为第 i 个县域第 j 个二级指标 x_{ij} 的标准化得分，$\max\limits_{1 \leq i \leq n} x_{ij}$ 和 $\min\limits_{1 \leq i \leq n} x_{ij}$ 分别为 n 个县域中第 j 个二级指标的最大值和最小值。若二级指标为逆向指标，则标准化方式为

$$y_{ij} = \frac{\max\limits_{1 \leq i \leq n} x_{ij} - x_{ij}}{\max\limits_{1 \leq i \leq n} x_{ij} - \min\limits_{1 \leq i \leq n} x_{ij}} \times 100 \qquad (3.2)$$

得到去量纲化的二级指标评分后，选取适当的权重，对二级指标逐层加权就可得到一级指标评分，进而得到每个县的新发展指数评分。

合成指数的另一个重要问题在于确定各个指标权重。确定权重目前有两大类方法，一类是客观确权法，通过主成分分析、因子分析和路径回归等统计学方法确定权重；另一类是主观确权法，使用经验判断、德尔菲专家打分等方法确定权重。两类方法各有优缺点，对于新发展指数来说，新发展理念的五个方面居于同等重要地位，应做等权重处理。二级指标方面，单个指标对于新发展指数影响不大，因此同样采用等权重处理方案，具体情况见表3.1。

第 四 章

浙江县域新发展指数测算及空间效应分析

上一章构建了包含五大维度的县域新发展指数指标体系，本章以浙江作为研究对象，对浙江县域的新发展情况进行测算，并对测算结果进行整体和单向分析。在此基础上，使用聚类技术进一步对浙江县域的新发展状况进行分类，找出其共性；并使用空间计量方法测度新发展状况的溢出效应。

第一节 新发展指数测算结果与排名

一 新发展指数排名分析

表4.1展示了浙江省新发展指数①的排名，其中杭州市区排名第1，得分为58.75分；泰顺县排名末位，得分为28.14分，前者是后者的2.09倍。排名前十的区县可以划分为三个集团，第一集团为杭州市区，得分大幅领先第2名5.11分；第二集团为2—4名：嘉兴市区、溵泗县和宁波市区，得分在53.64—51.48分；第三集团为

---

① 浙江省共有89个县级行政区，包括37个市辖区、19个县级市、32个县、1个自治县。《2016浙江统计年鉴》将部分市辖区合并计为本市市区，因此评测单位缩减至73个。

5—10名：舟山市区、嘉善县、岱山县、海宁市、余姚市和绍兴市区，得分在48.56—43.91分。对比表4.2浙江区县人均GDP情况来看，新发展指数排名前十的区县中，有6个区县的人均GDP同样位于前十名；嘉兴市区、嘉善县、海宁市和余姚市的GDP排名分布在第17—28名，其新发展排位分别为第2名、第6名、第8名和第9名。值得注意的是上虞区、柯桥区和奉化区等人均GDP水平较高的区域新发展情况并不乐观，排名分列第34位、第40位和第56位。

表4.1　　　　　　　　　浙江县域新发展指数排名

区县名称	新发展指数	排名	区县名称	新发展指数	排名	区县名称	新发展指数	排名
杭州市区	58.75	1	象山县	39.89	26	龙游县	34.66	51
嘉兴市区	53.64	2	金华市区	39.77	27	青田县	34.38	52
嵊泗县	52.32	3	富阳区	39.04	28	庆元县	34.35	53
宁波市区	51.48	4	衢州市区	38.87	29	东阳市	34.25	54
舟山市区	48.56	5	海盐县	38.78	30	龙泉市	34.17	55
嘉善县	46.80	6	天台县	38.55	31	奉化区	34.11	56
岱山县	45.41	7	诸暨市	38.39	32	玉环县	34.01	57
海宁市	44.77	8	嵊州市	38.34	33	瑞安市	33.89	58
余姚市	44.56	9	上虞区	38.08	34	平阳县	33.89	59
绍兴市区	43.91	10	临安市	37.94	35	开化县	33.66	60
桐庐县	43.83	11	景宁自治县	37.55	36	永康市	33.66	61
鄞州区	43.58	12	台州市区	37.32	37	淳安县	33.45	62
平湖市	43.58	13	温岭市	37.06	38	苍南县	33.42	63
安吉县	43.56	14	建德市	36.89	39	遂昌县	32.34	64
萧山区	43.17	15	柯桥区	36.70	40	松阳县	31.86	65
湖州市区	42.94	16	宁海县	36.28	41	磐安县	31.86	66
余杭区	42.91	17	仙居县	36.04	42	兰溪市	30.90	67
丽水市区	42.86	18	临海市	35.77	43	武义县	30.77	68
桐乡市	41.92	19	乐清市	35.75	44	浦江县	30.26	69
德清县	41.85	20	三门县	35.63	45	文成县	30.05	70

续表

区县名称	新发展指数	排名	区县名称	新发展指数	排名	区县名称	新发展指数	排名
长兴县	41.28	21	慈溪市	35.62	46	永嘉县	29.02	71
义乌市	40.63	22	缙云县	35.42	47	金东区	28.91	72
温州市区	40.45	23	常山县	35.19	48	泰顺县	28.14	73
新昌县	40.32	24	江山市	35.08	49			
洞头区	39.94	25	云和县	34.85	50			

表 4.2　　2016 年浙江县域人均 GDP 排名

区县名称	人均 GDP	排名	区县名称	人均 GDP	排名	区县名称	人均 GDP	排名
宁波市区	135769	1	洞头区	83598	26	瑞安市	56298	51
杭州市区	134798	2	嘉善县	80771	27	三门县	55282	52
嵊泗县	133546	3	嘉兴市区	78576	28	兰溪市	54660	53
柯桥区	129391	4	建德市	78439	29	仙居县	54391	54
萧山区	124748	5	长兴县	77492	30	云和县	52714	55
岱山县	115601	6	平湖市	77073	31	天台县	52684	56
鄞州区	115075	7	湖州市区	76369	32	遂昌县	51521	57
余杭区	110611	8	玉环县	74834	33	浦江县	51227	58
舟山市区	103395	9	台州市区	72961	34	临海市	50777	59
绍兴市区	102575	10	宁海县	71572	35	松阳县	50470	60
上虞区	99841	11	永康市	70762	36	龙泉市	50469	61
新昌县	98754	12	嵊州市	70571	37	金东区	49281	62
奉化区	97178	13	安吉县	69073	38	常山县	48636	63
富阳区	96966	14	淳安县	67454	39	平阳县	47866	64
诸暨市	95413	15	温岭市	65273	40	温州市区	47486	65
海盐县	93551	16	丽水市区	65068	41	磐安县	47033	66
海宁市	92270	17	衢州市区	64613	42	开化县	46249	67
义乌市	89146	18	金华市区	61804	43	景宁自治县	45792	68
桐庐县	88379	19	武义县	61391	44	庆元县	45507	69
临安市	88232	20	青田县	61322	45	永嘉县	44379	70
余姚市	86954	21	东阳市	60873	46	苍南县	37849	71

续表

区县名称	人均GDP	排名	区县名称	人均GDP	排名	区县名称	人均GDP	排名
桐乡市	86266	22	乐清市	60489	47	文成县	33802	72
德清县	86198	23	龙游县	57781	48	泰顺县	33014	73
慈溪市	85135	24	江山市	57556	49			
象山县	84694	25	缙云县	56629	50			

二 创新发展指数排名分析

在创新发展指数方面，杭州市区排名第1，得分为69.46分；岱山县排名末位，得分为5.94分，前者是后者的11.69倍。排名前10的区县中，杭州市区遥遥领先，远超第2名21.44分；相比而言第2名新昌县与第10名台州市区的差距只有12.60分。对比人均GDP情况，创新前10名的区县中7个区县的人均GDP高于28位，其他3个GDP较低的区县均为市区，由此可见，经济基础与发展环境是推动创新的重要因素。值得注意的是，宁波市区作为人均GDP排名第1的地区，其创新能力排名第33，处于中游水平；宁波市的其他区县，如余姚市、慈溪市、象山县等，排名同样不高。究其原因，宁波制造业大多处于全球产业链的中低端，与国内同级别城市相比较，R&D投入强度不足。创新能力排名后两位的分别是嵊泗县和岱山县，而这两个地区的人均GDP分别为第3名和第6名。嵊泗县和岱山县地形较为特殊，均为群岛构成，其主要支柱产业为渔业和旅游业（见表4.3）。

表4.3　　　　　　　　浙江县域创新发展指数排名

区县名称	创新发展指数	排名	区县名称	创新发展指数	排名	区县名称	创新发展指数	排名
杭州市区	69.46	1	桐乡市	30.21	26	建德市	19.63	51

续表

区县名称	创新发展指数	排名	区县名称	创新发展指数	排名	区县名称	创新发展指数	排名
新昌县	48.02	2	湖州市区	29.95	27	东阳市	19.23	52
绍兴市区	45.93	3	萧山区	29.39	28	三门县	19.22	53
温州市区	44.20	4	嵊州市	29.08	29	青田县	19.12	54
嘉兴市区	41.02	5	苍南县	28.62	30	义乌市	18.32	55
丽水市区	40.46	6	长兴县	28.56	31	仙居县	18.13	56
诸暨市	37.50	7	瑞安市	28.23	32	奉化区	17.78	57
余杭区	36.40	8	宁波市区	27.26	33	玉环县	17.47	58
桐庐县	36.18	9	云和县	26.91	34	松阳县	16.97	59
台州市区	35.42	10	上虞区	26.49	35	武义县	16.74	60
海宁市	34.99	11	平湖市	26.31	36	龙泉市	16.44	61
天台县	34.58	12	宁海县	26.00	37	洞头区	16.16	62
嘉善县	34.56	13	慈溪市	25.89	38	遂昌县	16.11	63
富阳区	34.36	14	舟山市区	25.79	39	浦江县	15.96	64
金华市区	33.92	15	江山市	25.42	40	龙游县	15.47	65
临海市	33.38	16	兰溪市	25.36	41	景宁自治县	15.46	66
海盐县	33.34	17	衢州市区	25.28	42	常山县	13.93	67
永康市	33.25	18	平阳县	25.19	43	文成县	12.14	68
安吉县	32.11	19	缙云县	24.85	44	泰顺县	11.49	69
鄞州区	32.11	20	温岭市	24.74	45	淳安县	10.16	70
柯桥区	32.06	21	余姚市	24.23	46	开化县	7.23	71
乐清市	31.71	22	庆元县	21.27	47	嵊泗县	6.32	72
德清县	31.22	23	磐安县	21.08	48	岱山县	5.94	73
临安市	30.72	24	金东区	20.61	49			
永嘉县	30.34	25	象山县	20.55	50			

三 协调发展指数排名分析

在协调发展指数方面（见表4.4），嵊泗县排名第1，得分为

92.89 分；磐安县排名末位，得分为 29.12 分，前者是后者的 3.19 倍。排名前 10 位的区县中，舟山市所辖的嵊泗县、舟山市区和岱山县分列第 1 位、第 2 位和第 7 位，说明舟山市整体的协调发展水平较高。总体来看，协调发展水平与人均 GDP 之间没有特别强的相关关系，例如，协调水平较高的乐清市、丽水市区、常山县、温岭市人均 GDP 较低；协调水平较低的上虞区、诸暨市、奉化区、新昌县人均 GDP 较高，其他区县在协调水平和人均 GDP 水平中的位置没有特别强的规律可循。

表 4.4　　　　　　　浙江县域协调发展指数排名

区县名称	协调发展指数	排名	区县名称	协调发展指数	排名	区县名称	协调发展指数	排名
嵊泗县	92.89	1	瑞安市	55.87	26	衢州市区	47.81	51
舟山市区	73.27	2	景宁自治县	55.77	27	庆元县	47.67	52
洞头区	70.40	3	天台县	55.45	28	诸暨市	47.65	53
嘉兴市区	68.88	4	金华市区	55.14	29	台州市区	47.46	54
绍兴市区	68.83	5	温州市区	54.93	30	临安市	46.99	55
杭州市区	65.86	6	仙居县	54.81	31	象山县	46.81	56
岱山县	65.75	7	开化县	54.51	32	金东区	46.66	57
宁波市区	64.68	8	柯桥区	54.48	33	临海市	45.68	58
义乌市	63.89	9	文成县	54.29	34	淳安县	44.00	59
桐乡市	63.58	10	平湖市	53.91	35	奉化区	43.90	60
乐清市	62.75	11	鄞州区	53.00	36	青田县	43.26	61
丽水市区	62.10	12	富阳区	52.97	37	新昌县	43.23	62
湖州市区	61.76	13	龙游县	51.95	38	兰溪市	42.87	63
安吉县	61.44	14	嘉善县	51.51	39	泰顺县	42.78	64
常山县	60.47	15	海盐县	51.35	40	嵊州市	42.70	65
温岭市	59.73	16	宁海县	51.25	41	玉环县	42.45	66
桐庐县	59.20	17	苍南县	50.72	42	松阳县	40.69	67
余姚市	58.02	18	萧山区	50.41	43	遂昌县	40.67	68
长兴县	57.99	19	建德市	49.68	44	永康市	40.03	69

续表

区县名称	协调发展指数	排名	区县名称	协调发展指数	排名	区县名称	协调发展指数	排名
余杭区	57.75	20	龙泉市	49.61	45	永嘉县	39.41	70
海宁市	57.68	21	缙云县	49.37	46	武义县	39.18	71
德清县	57.58	22	慈溪市	49.21	47	浦江县	37.46	72
平阳县	57.46	23	云和县	48.99	48	磐安县	29.12	73
东阳市	57.43	24	江山市	48.87	49			
三门县	55.93	25	上虞区	47.98	50			

四　绿色发展指数排名分析

在绿色发展指数方面（见表4.5），排名第1位的区县与协调发展指数的相同，为嵊泗县73.32分；柯桥区排名末位，得分为27.47分，前者是后者的2.67倍。排名前10位的区县中，嵊泗县和岱山县形成了第一集团，得分领先第3名10分左右；第3名的象山县到第10名的龙泉市构成了第二集团，极差大约为5分。绿色发展指数的前10名中，除了第1名、第2名之外，其他区县的人均GDP排名基本不高。并且人均GDP排名较高的萧山区、杭州市区、余杭区、宁波市区、柯桥区等均位于绿色发展指数排名后30名。总体来看，绿色发展指数排名与人均GDP排名呈现出较弱的负相关性。其原因可能有两个方面：第一，由于人均二氧化碳和二氧化硫排放量、一般工业固体废物综合利用率等工业指标的缺失，绿色发展指数的二级指标以农业指标为主，与县市真实的绿色发展水平存在一定程度的偏差，致使该套指标体系较为有利于农业县市；第二，我国早期的经济发展方式以粗放式为主，在目前的经济结构转型阶段，经济发展的动力由要素驱动向科技驱动转变。但难以避免的一个事实是：前期以牺牲环境和资源为代价的增长方式对于现阶段的影响并未完全消除，GDP 与绿色发展之间仍存在一定程度的负向替代。

表4.5　　　　　　　　　浙江县域绿色发展指数排名

区县名称	发展指数	排名	区县名称	发展指数	排名	区县名称	发展指数	排名
嵊泗县	73.32	1	缙云县	50.89	26	桐庐县	47.66	51
岱山县	69.15	2	遂昌县	50.74	27	新昌县	47.48	52
象山县	59.54	3	东阳市	50.67	28	余杭区	47.47	53
磐安县	58.70	4	湖州市区	50.32	29	温州市区	47.45	54
淳安县	56.21	5	文成县	50.18	30	临安市	47.06	55
云和县	55.83	6	松阳县	50.17	31	嘉兴市区	46.35	56
衢州市区	55.62	7	丽水市区	50.11	32	义乌市	46.20	57
龙游县	54.95	8	玉环县	50.00	33	上虞区	46.19	58
江山市	54.65	9	洞头区	50.00	34	嘉善县	45.30	59
龙泉市	54.57	10	宁海县	49.95	35	金东区	45.14	60
开化县	54.48	11	武义县	49.80	36	兰溪市	44.97	61
景宁自治县	54.10	12	永康市	49.12	37	宁波市区	44.90	62
三门县	54.06	13	嵊州市	48.84	38	诸暨市	44.03	63
青田县	53.80	14	鄞州区	48.75	39	海盐县	43.21	64
舟山市区	53.53	15	临海市	48.38	40	台州市区	42.96	65
仙居县	53.35	16	余姚市	48.36	41	永嘉县	42.52	66
安吉县	52.66	17	瑞安市	48.31	42	桐乡市	40.73	67
长兴县	52.48	18	德清县	48.18	43	奉化区	40.41	68
常山县	52.16	19	金华市区	48.13	44	平湖市	40.19	69
浦江县	52.12	20	萧山区	48.02	45	富阳区	39.92	70
苍南县	51.70	21	乐清市	47.99	46	绍兴市区	39.62	71
温岭市	51.48	22	海宁市	47.94	47	慈溪市	39.15	72
天台县	51.22	23	泰顺县	47.84	48	柯桥区	27.47	73
建德市	50.97	24	平阳县	47.80	49			
庆元县	50.94	25	杭州市区	47.67	50			

五 开放发展指数排名分析

在开放发展指数方面（见表4.6），嘉兴市区排名第1位，得分为64.47分；泰顺县排名末位，得分为0.28分，前者是后者的230.25倍，这种现象说明不同区县在进出口贸易、外资的使用和转化方面存在巨大差异。进一步来看，排名前10的区县中，嘉兴市区、宁波市区、嘉善县和平湖市的差距不大，构成了第一集团；余姚市和杭州市区构成了第二集团；海宁市、义乌市、鄞州区和萧山区的得分均位于40—30分，构成了第三集团。并且开放发展指数排名前10位的区县经济基础普遍较好，人均GDP较高；排名后10位的区县人均GDP水平普遍较低。总体来看，浙江作为沿海省份，其经济发展程度与开放程度的关联性较为密切，经济发展和对外开放呈现出一定的相互促进的关系。

表4.6　　　　　　　　　浙江县域开放发展指数排名

区县名称	开放发展指数	排名	区县名称	开放发展指数	排名	区县名称	开放发展指数	排名
嘉兴市区	64.47	1	海盐县	24.25	26	瑞安市	9.15	51
宁波市区	63.51	2	长兴县	24.21	27	遂昌县	8.95	52
嘉善县	62.28	3	柯桥区	24.02	28	景宁自治县	8.87	53
平湖市	59.52	4	象山县	23.73	29	东阳市	8.85	54
余姚市	51.45	5	奉化区	21.15	30	永康市	8.66	55
杭州市区	44.49	6	金华市区	20.02	31	苍南县	8.27	56
海宁市	38.65	7	衢州市区	19.10	32	缙云县	8.09	57
义乌市	34.89	8	诸暨市	18.79	33	磐安县	7.55	58
鄞州区	33.97	9	临安市	17.97	34	乐清市	7.50	59
萧山区	32.61	10	宁海县	16.78	35	开化县	7.44	60

续表

区县名称	开放发展指数	排名	区县名称	开放发展指数	排名	区县名称	开放发展指数	排名
桐乡市	32.53	11	金东区	15.92	36	淳安县	7.44	61
余杭区	31.21	12	台州市区	15.64	37	天台县	7.36	62
安吉县	29.98	13	建德市	15.57	38	仙居县	6.84	63
湖州市区	29.91	14	临海市	13.44	39	三门县	6.65	64
德清县	29.86	15	青田县	13.20	40	云和县	5.70	65
慈溪市	29.23	16	兰溪市	12.15	41	松阳县	5.66	66
舟山市区	28.91	17	武义县	11.92	42	江山市	5.30	67
岱山县	28.25	18	温州市区	11.88	43	庆元县	5.26	68
桐庐县	27.56	19	浦江县	11.34	44	龙泉市	4.13	69
富阳区	26.70	20	龙游县	11.34	45	常山县	3.70	70
玉环县	25.56	21	洞头区	11.11	46	永嘉县	3.69	71
嵊泗县	25.42	22	平阳县	10.90	47	文成县	1.03	72
绍兴市区	25.05	23	温岭市	10.03	48	泰顺县	0.28	73
嵊州市	24.88	24	新昌县	9.70	49			
上虞区	24.41	25	丽水市区	9.60	50			

六 共享发展指数排名分析

在共享发展指数方面（见表4.7），杭州市区排名第1，得分为66.28分；金东区排名末位，得分为16.23分，前者是后者的4.08倍，由于共享发展指数的设计主要倾向于关注民生、关注基本公共服务，杭州市区排名第1的结果较为合理。共享发展指数排名前6的区县其人均GDP水平均在前10名的范围内，进一步说明在做大蛋糕的基础上，才能更好地使全体人民共享发展改革成果。

表4.7　　　　　　　　　浙江县域共享发展指数排名

区县名称	共享发展指数	排名	区县名称	共享发展指数	排名	区县名称	共享发展指数	排名
杭州市区	66.28	1	柯桥区	45.46	26	绍兴市区	40.12	51
嵊泗县	63.65	2	上虞区	45.30	27	义乌市	39.83	52
舟山市区	61.30	3	遂昌县	45.26	28	龙游县	39.61	53
岱山县	57.95	4	台州市区	45.13	29	温岭市	39.31	54
宁波市区	57.06	5	开化县	44.65	30	泰顺县	38.31	55
萧山区	55.44	6	海宁市	44.58	31	平湖市	37.96	56
景宁自治县	53.54	7	天台县	44.16	32	临海市	37.95	57
新昌县	53.17	8	诸暨市	44.01	33	宁海县	37.43	58
洞头区	52.02	9	缙云县	43.90	34	永康市	37.25	59
丽水市区	52.02	10	温州市区	43.78	35	云和县	36.83	60
鄞州区	50.07	11	长兴县	43.17	36	武义县	36.22	61
淳安县	49.45	12	湖州市区	42.78	37	东阳市	35.07	62
象山县	48.82	13	桐乡市	42.55	38	慈溪市	34.61	63
建德市	48.58	14	青田县	42.49	39	玉环县	34.55	64
桐庐县	48.55	15	德清县	42.39	40	浦江县	34.44	65
嘉兴市区	47.48	16	三门县	42.30	41	文成县	32.60	66
奉化区	47.33	17	海盐县	41.75	42	永嘉县	29.16	67
仙居县	47.09	18	余杭区	41.70	43	兰溪市	29.14	68
临安市	46.96	19	金华市区	41.62	44	乐清市	28.80	69
庆元县	46.64	20	安吉县	41.59	45	平阳县	28.10	70
衢州市区	46.53	21	富阳区	41.25	46	瑞安市	27.89	71
嵊州市	46.19	22	江山市	41.17	47	苍南县	27.80	72
龙泉市	46.12	23	余姚市	40.77	48	金东区	16.23	73
松阳县	45.80	24	嘉善县	40.37	49			
常山县	45.72	25	磐安县	40.36	50			

七 浙江县域新发展的特点

表4.8对新发展指数及五大维度指数排名前15位的区县进行了汇总，结合上文每个部分的分析，可以得到浙江县域新发展的几个特点：

第一，在创新发展层面，排名前15位的主要是以杭州市区为首的市区。市区拥有较多大学与高科技产业，也因此吸引了更多科研人员并创造了更多科研成果，良好的创新环境是促进区域创新发展的重要保障。

第二，在协调发展层面，第三产业更为发达的市区具有较大优势，占据了排名前15位的大部分席位，但是排名第1位的是嵊泗县。位于长江口的嵊泗县拥有优渥的鱼类资源与港口，第一、第二、第三产业较为平衡，城乡发展互相促进，在协调发展方面的得分较高。

表4.8　　　　　　　　新发展指数前15位分类排名

排名	新发展	创新发展	协调发展	绿色发展	开放发展	共享发展
1	杭州市区	杭州市区	嵊泗县	嵊泗县	嘉兴市区	杭州市区
2	嘉兴市区	新昌县	舟山市区	岱山县	宁波市区	嵊泗县
3	嵊泗县	绍兴市区	洞头区	象山县	嘉善县	舟山市区
4	宁波市区	温州市区	嘉兴市区	磐安县	平湖市	岱山县
5	舟山市区	嘉兴市区	绍兴市区	淳安县	余姚市	宁波市区
6	嘉善县	丽水市区	杭州市区	云和县	杭州市区	萧山区
7	岱山县	诸暨市	岱山县	衢州市区	海宁市	景宁自治县
8	海宁市	余杭区	宁波市区	龙游县	义乌市	新昌县
9	余姚市	桐庐县	义乌市	江山市	鄞州区	洞头区
10	绍兴市区	台州市区	桐乡市	龙泉市	萧山区	丽水市区
11	桐庐县	海宁市	乐清市	开化县	桐乡市	鄞州区
12	鄞州区	天台县	丽水市区	景宁自治县	余杭区	淳安县
13	平湖市	嘉善县	湖州市区	三门县	安吉县	象山县
14	安吉县	富阳区	安吉县	青田县	湖州市区	建德市
15	萧山区	金华市区	常山县	舟山市区	德清县	桐庐县

第三，在绿色发展层面，嵊泗县同样为第一名。人均 GDP 水平与绿色发展水平呈现弱的负相关，经济较为发达的地区会产生资源环境方面的代价，相较而言，农业大县的绿色发展水平较高。

第四，在开放发展层面，排名前 15 位的区县大多位于沿海一侧。沿海地区具备天然的地理优势，浙江沿海区县充分利用了这种优势。同时开放发展指数与人均 GDP 水平呈现一定程度的正相关，利用好外贸外资可以有效提升人民生活水平。

第五，在共享发展层面，排名靠前的区县大多人均 GDP 较高。这也进一步说明提供高质量高效率的基础设施和基本公共服务离不开强有力的经济基础。

第二节　浙江县域新发展聚类分析

计算得到 73 个区县的新发展指数及五大维度指数之后，一个核心问题在于这些区县是否能够分为几个类型，以便能够总结其发展共性与发展模式，进而为政策指导与制定提供量化分类参考。为了实现浙江县域新发展情况的分类研究，在此使用 K-Means 方法进行聚类分析。

K-Means 是基于距离的聚类算法，使用距离作为相似性的评价指标。两个对象的距离越近，其相似度就越大。通过设定聚类个数与数据对象，依据式（4.1）得出满足方差最小标准的 K 个聚类。其中 K 是提前设定的聚类个数，c 是中心点，公式得出的 SSE 为误差平方和。

$$SSE = \sum_{i=1}^{K} \sum_{x \subset c_i} (c_i - x)^2 \qquad (4.1)$$

使用 K-Means 算法需要提前设定聚类个数，观察区县指标间距离。绘制聚类分析图（见图 4.1），研究发现，聚类个数为 3 和 4 时，每个聚类的距离相对平均合理，当聚类间距离不大于 0.5 时，可得 4 个类别，具体区县分类见表 4.9。

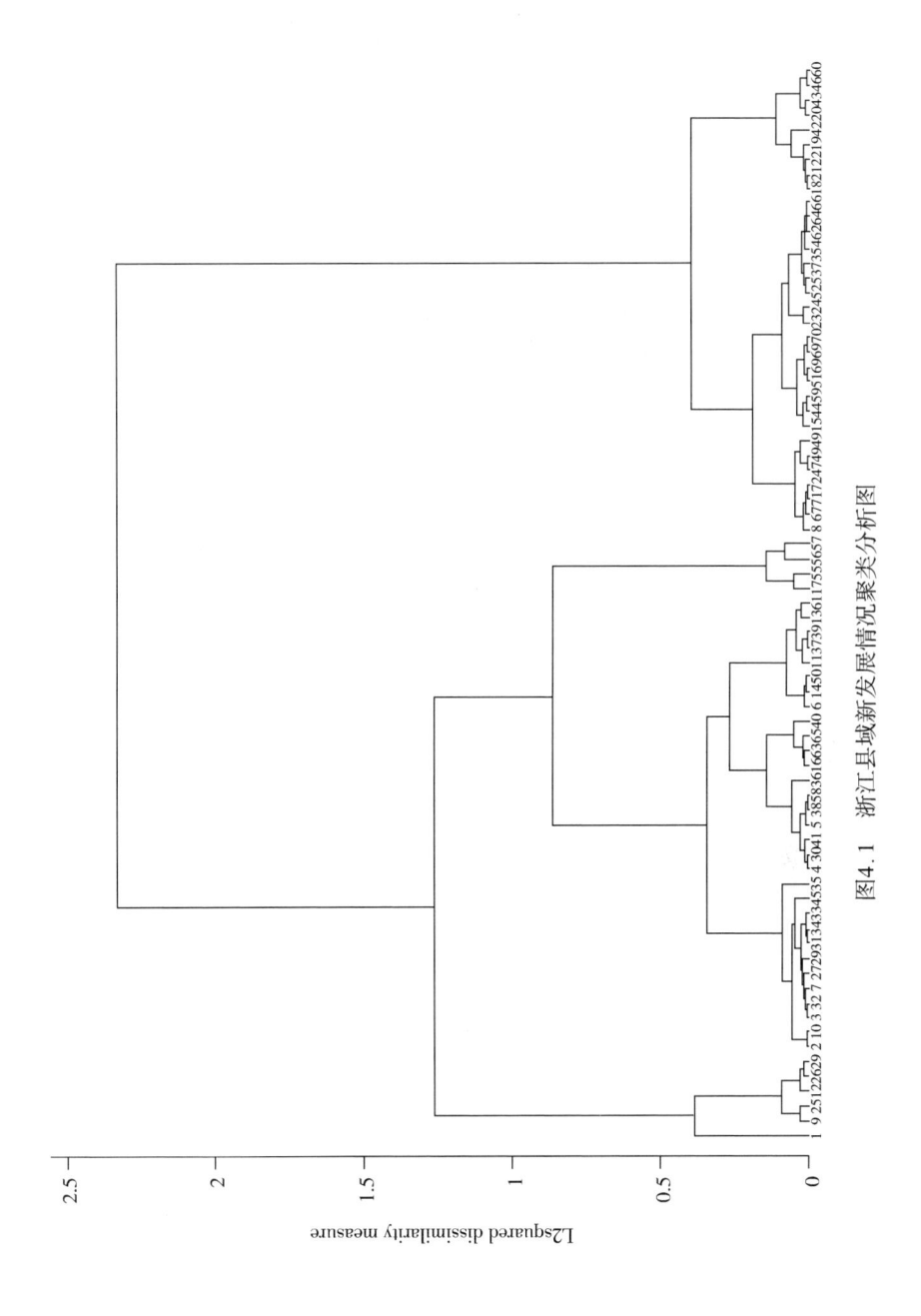

图4.1 浙江县域新发展情况聚类分析图

表4.9　　　　　　　浙江县域新发展情况 K – Means 聚类分组

资源经济型			高度发达型	全面发展型		海岛经济型
象山县	景宁自治县	开化县	杭州市区	海宁市	海盐县	舟山市区
衢州市区	建德市	淳安县	嘉兴市区	绍兴市	诸暨市	嵊泗县
温岭市	仙居县	遂昌县	宁波市区	鄞州区	嵊州市	岱山县
宁海县	三门县	松阳县	嘉善县	萧山区	上虞区	洞头区
临海市	缙云县	磐安县	余姚市	湖州市区	临安市	
乐清市	常山县	兰溪市	平湖市	余杭区	台州市区	
东阳市	江山市	武义县		桐乡市	柯桥区	
奉化区	云和县	浦江县		德清县	慈溪市	
玉环县	龙游县	文成县		长兴县	桐庐县	
瑞安市	青田县	永嘉县		义乌市	安吉县	
永康市	庆元县	金东区		温州市区	丽水市区	
苍南县	龙泉市	泰顺县		金华市区	新昌县	
天台县	平阳县			富阳区		

通过聚类分析可以发现，第一组包括象山县等38个区县；第二组包括杭州市区等6个区县；第三组包括海宁市等25个区县；第四组包括舟山市区等4个区县；进一步分析，计算每类区县每一个五大发展指数的平均值，进而分析每一类的代表特征，得到雷达图（见图4.2）。

第一组的区县为资源经济型，主要依靠自身资源禀赋发展经济。一方面，以景宁自治县为例，景宁自治县土地资源丰富，第一产业发达，种植茶叶、黑木耳、茯苓、香菇等具有地方特色产品；同时拥有丰富矿产资源与湿地资源，为其发展第二产业与第三产业奠定了基础。但是，景宁自治县依托资源驱动的发展模式致使其在创新和开放发展方面有所不足。同时其产业附加值较低，工资与福利在浙江省属低水平，因此在共享发展方面也得分较低。另一方面，以青田县为例，青田县拥有世界农业遗产——青田稻鱼共生系统，农业极度发达，素有"九山半水半分田"之称。青田县在资源经济组

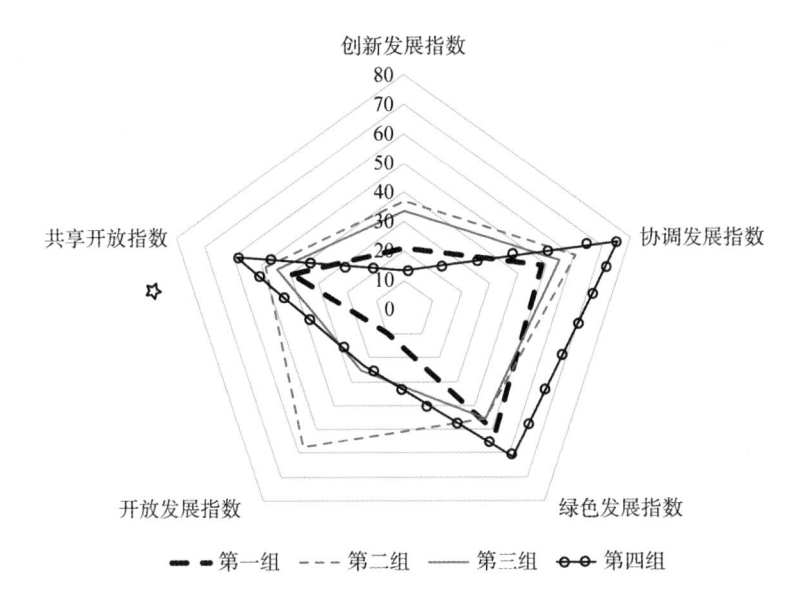

图 4.2　浙江县域新发展情况聚类分组雷达图

中处于高水平发展，第二产业与第三产业虽主要依托资源，但是注重在教育、文化、开放等发展，增加了劳动力附加值，提升了产业水平。

第二组的区县为高度发达型，新发展理念的贯彻实施走在前列。杭州市区为这一组显著代表，杭州市区是浙江省的政治、经济、文化、教育、交通和金融中心，物产丰富。杭州也是中国重要的商务中心之一，阿里巴巴、康恩贝、同花顺等高新技术企业的总部均设立在杭州。杭州以旅游、贸易、金融为首的第三产业也十分发达，闻名中外。而杭州的教育与科研发展为产业提供了学业，福利发展为地区留住了人才。高度发达型的地区不仅在五大维度中总体得分高，在五大维度中表现均较为良好。

第三组的区县为全面发展型，没有明显短板，具备全面发展条件。组内地区每一个维度发展程度均等于或者高于浙江省平均水平，但是低于高度发达型，尤其是在开放发展层面。以安吉县为例，安吉县土地资源丰富，第一、第二及第三产业均十分发达，但是安吉县开放程度偏低，限制了第二产业与第三产业的发展。从总体来看，全面发展型已经具备了向高度发达型转型的必备要素，其中部分区县有可能在近几年内跻身高度发达型行列。

第四组的区县为海岛经济型，依托旅游海洋资源打造生态经济。以嵊泗县为例，嵊泗县除了土地、矿产资源，还拥有岛礁、气候与鱼类资源，第一产业物产丰厚，第二产业成熟，而嵊泗县不仅拥有旅游资源，其交通、仓储也发展良好，不仅是重要组合港，还拥有水上飞机厂。由于岛礁、渔业资源相对稀缺，嵊泗县第一产业从业人员工资丰厚，因此城乡收入差距较小。这一组地区的新发展表现十分具有特色，在绿色、共享、协调发展层面，平均分为四组最高，但是在创新与开放方面，平均分低于高度发达型和全面发展型。

整体而言，高度发达型和海岛经济型的人均 GDP 水平最高；全面发展型表现出向高度发达型转型的潜质；资源经济型可能会出现分化，一部分区县沿着全面发展—高度发达的路径发展；另一部分区县转向类似海岛经济型，打造特色观光农业和特色旅游业。值得注意的是，海岛经济型的发展模式较为难以模仿，资源经济型区县向此类型发展时要特别注意资源禀赋的合理配置。

第三节　浙江县域新发展空间效应分析

地区之间的经济发展一般具有一定程度的联动性，当一个地区注重某个方面的发展时，其政策决策和发展趋势可能会影响到周边地区的联动发展，而这种影响是具有正向溢出效应，还是反向虹吸效应，抑或是缺乏相关性，值得深入研究。本节将以新发展指数及其五大维度指数作为研究对象，建立空间自回归模型，进一步探究浙江县域的空间效应。

一 莫兰指数分析

莫兰指数（Moran's I）是衡量空间相关性的重要指标，数值介于 -1 到 1 之间，代表着空间是正相关性（0，1）、负相关性（-1，0）还是随机性（0）。莫兰指数的计算方法见式（4.2）。

$$I = \frac{n}{S_o} \frac{\sum_{i=1}^{n} \sum_{j=1}^{n} w_{i,j} z_i z_j}{\sum_{i=1}^{n} z_i^2} \tag{4.2}$$

其中 n 为要素总数，$z_i = x_i - \hat{X}$ 是要素 i 与其平均值的偏差，w 是要素间的空间权重，而 S_o 是所有空间权重的聚合。研究采集了浙江各个区县的坐标，计算得到区县两两之间的距离，并使用该距离平方倒数作为区县之间的空间权重。以新发展指数、五大维度发展指数及地区生产总值作为研究对象，计算得到莫兰指数见表4.10。

表4.10　　　　　　　　　莫兰指数结果

	I	E(I)	sd(I)	z	p-value*
新发展指数	0.179	-0.014	0.020	9.719	0.000
创新发展指数	0.084	-0.014	0.020	5.006	0.000
协调发展指数	0.043	-0.014	0.020	2.920	0.002
绿色发展指数	0.086	-0.014	0.019	5.158	0.000
开放发展指数	0.274	-0.014	0.020	14.555	0.000
共享发展指数	0.089	-0.014	0.020	5.182	0.000
地区生产总值	0.053	-0.014	0.015	4.359	0.000

由莫兰指数的计算结果可知，新发展指数、五大维度发展指数及地区生产总值均表现出显著的正相关性。其中开放发展指数的正

相关性最为明显，符合浙江作为沿海省份的地理特征和产业分布特征；新发展指数的空间正相关性同样较高；相对而言，协调发展指数和地区生产总值的空间正相关虽然显著但程度较弱。为了进一步探寻影响机制，使用空间自回归模型对上述指数进行建模分析。

二 空间自回归模型分析

莫兰指数结果认为各指数均存在空间正相关性，不过创新、协调、绿色、开放和共享的发展是一个复杂的协同联动过程，在此过程中多种要素的投入会对其起到关键的作用，进而可能影响到研究对于空间效应的判断。在此参考方陈平（2013）[①]与王建康等（2016）的做法，通过建立空间自回归模型，在控制相关重要因素的基础上，考察浙江县域新发展是否存在空间效应。模型设定如下：

$$Y = f(K, L, E, G, F, S) \quad (4.3)$$

式（4.3）中，Y 是被解释变量，K 是资本要素投入，L 是劳动力要素投入，E 表示经济发展水平，G 表示政府能力，F 表示基础设施要素投入，S 表示产业结构水平。空间自回归模型的具体函数形式，见式（4.4）。

$$y = \rho Wy + \beta X + \epsilon \quad \epsilon \sim N(0, \sigma^2 I_n) \quad (4.4)$$

式（4.4）中，ρ 是空间自回归系数，W 是空间权重矩阵，X 包含式（4.3）中的解释变量，β 为系数，ϵ 是误差项服从多元正态分布。在此使用似然法对模型进行估计，见式（4.5）。

$$L(y \mid \rho, \beta, \sigma^2) = \frac{1}{2\pi \sigma^2} |I_n - \rho W| \exp\left\{ -\frac{\epsilon' \epsilon}{2\sigma^2} \right\} \quad (4.5)$$

遵循代表性和数据可取得性原则，在实际测算空间自回归模型

[①] 方陈平：《基于空间计量分析的浙江省经济空间结构研究》，硕士学位论文，浙江理工大学，2013年。

时，以内资企业、港澳台商投资企业和外商投资企业的投资总额表示资本要素投入，以全社会就业人员数量表示劳动力要素投入，以人均生产总值表示经济发展水平，以地方财政支出表示政府能力，以人均境内公路里程表示基础设施要素投入，以第三产业占GDP的比重表示产业结构水平，使用区县之间距离平方倒数构建空间权重矩阵，回归结果见表4.11。

表4.11　　　　　　　　　空间自回归模型结果

Y	新发展指数	创新发展指数	协调发展指数	绿色发展指数	开放发展指数	共享发展指数	生产总值对数
K	3.213	9.102	14.37	-16.21*	10.24	-7.226	229.4***
	(4.845)	(9.394)	(8.721)	(6.771)	(13.05)	(6.501)	(50.60)
L	1.363	6.451**	-5.158*	2.149	0.714	3.507*	22.00
	(1.238)	(2.405)	(2.233)	(1.738)	(3.413)	(1.654)	(12.92)
E	1.565***	-0.673	1.786***	0.528	1.943**	3.084***	1.052
	(0.233)	(0.452)	(0.422)	(0.335)	(0.666)	(0.311)	(2.430)
G	-0.0872	-0.471**	-0.179	0.108	0.117	0.117	-4.870***
	(0.0792)	(0.155)	(0.143)	(0.111)	(0.210)	(0.105)	(0.831)
F	0.0380	0.130	-0.0490	0.0372	-0.139	0.204***	-0.398
	(0.0443)	(0.0861)	(0.0798)	(0.0623)	(0.121)	(0.0593)	(0.461)
S	0.0498*	0.0622	0.229***	0.0000929	-0.0439	0.0171	0.744**
	(0.0230)	(0.0447)	(0.0416)	(0.0324)	(0.0636)	(0.0307)	(0.240)
cons	0.306***	0.207**	0.564***	0.577***	-0.0857	0.256***	5.856***
	(0.0364)	(0.0650)	(0.0687)	(0.0548)	(0.0652)	(0.0493)	(0.377)
rho	-0.277*	0.597*	-0.692***	-0.485***	1.209***	-0.510***	0.0894
	(0.116)	(0.273)	(0.157)	(0.130)	(0.279)	(0.142)	(0.0736)
N	73	73	73	73	73	73	73
log*l*	141.0	92.46	97.76	116.1	65.97	119.9	-30.09

注：*、**、***分别表示在10%、5%、1%水平上显著，( )里的数字表示标准差。

空间自回归结果显示，在新发展总体层面上，经济发展水平与产业结构水平参数显著为正，对区县的新发展水平能够起到促进作用。在对解释变量进行控制之后，新发展指数的空间自回归系数为 -0.227 并且在 10% 的水平上显著，说明在浙江省内的区县中，一个地区的新发展水平较高时，相邻地区的新发展水平较低，表现出了虹吸效应。由此可见，莫兰指数中的空间正相关很可能是多个解释变量共同造成的，而控制相关要素后，区县间新发展的空间影响为负。经济水平与产业结构正面促进了高质量新发展，而其他要素的影响不显著。

在创新发展层面上，劳动力要素投入对创新发展具有显著的促进作用，地方财政支出对创新发展具有显著的抑制作用。这种现象一个可能的解释是：大量的人力资源投入为创新发展提供了人才基础，而政府财政支出一方面在创新支持方面力度不足，另一方面存在挤出效应，抑制了创新发展。在对解释变量进行控制之后，创新发展指数的空间自回归系数为 0.597 并且在 10% 的水平上显著，这说明浙江区县创新发展具有显著的溢出效应，一个地区的创新能够带动周边地区协同创新。

在协调发展层面上，劳动力要素投入的系数显著为负，经济发展状况、产业结构水平的系数显著为正，其他要素影响不显著。在协调发展指数的设计中，产业结构协调与城乡发展协调占据了主要位置。浙江的民营制造业非常发达，大量劳动人口流入到第二产业，除了杭州市区这种中心城区之外，许多区县的第二产业产值和就业人数均超过第三产业，因此得出了劳动力要素投入支持创新发展抑制协调发展的结论。在对解释变量进行控制之后，协调发展指数的空间自回归系数为 -0.692 并且在 1% 的水平上显著，存在虹吸效应。一个地区协调发展程度高，往往会抑制其周边地区的协调发展。

在绿色发展层面上，资本要素投入为唯一显著要素，资本要素投入越高，绿色发展程度越低。浙江是制造业强省，并且正处于由资源驱动向创新驱动转型的关键阶段。从现实情况看，浙江的制造业仍然存在附加值较低、污染能耗较高等问题，因此资本要素投入会对绿色发展水平起到抑制作用。在对解释变量进行控制之后，绿色发展指数的空间自回归系数为 -0.485 并且在 1% 的水平上显著，存在虹吸效应。浙江作为整体，有完整产业结构，一个地区低端制造业越少，其附近地区则需要相应承接以保证产业完整，绿色发展在空间上表现出了互相抑制。

在开放发展层面上，经济发展水平为唯一显著要素，并且对开放发展起到促进作用。浙江作为沿海省份，具有开放贸易的天然优势，经济水平提高与开放发展水平提升之间形成了良性的促进循环。在对解释变量进行控制之后，开放发展指数的空间自回归系数为 1.209 并且在 1% 的水平上显著，区县间的开放发展表现出了相互溢出。一个地区外贸程度高，吸引外资多，可以带动周边地区的进出口水平和利用外资效率。

在共享发展层面上，劳动力要素投入、经济发展水平与基础设施要素投入均促进地区的共享发展，共享发展的前提是经济规模提升，只有做大蛋糕，才有可能为人民提供更好的基础设施和更高质量的公共服务，实现发展成果由人民共享。在对解释变量进行控制之后，共享发展指数的空间自回归系数为 -0.510 并且在 1% 的水平上显著，一个地区共享发展水平高，吸引了周边地区人口和资本的流入，抑制了共享发展水平的共同提高。

以地区生产总值作为对比分析，资本要素投入与产业结构水平对地区生产总值具有正的显著影响，而地方财政支出对地区生产总值具有负的显著影响。进一步说明政府支出的挤出效应较为明显。在对解释变量进行控制之后，共享发展指数的空间自回归系数为 0.0894，但是不显著。浙江区县间地区生产总值之间不存在明显的空间效应。

总体而言，以生产总值为衡量的体量发展与新发展指数为衡量的高质量发展存在明显区别，具体表现在决定二者发展程度的要素不完全相同，空间效应亦不同。同时，发展的五大维度——创新、协调、绿色、开放与共享的决定要素同样存在差异，其空间效应也呈现不同形式。因此，在追求高质量发展的过程中，地方政府要因地制宜，依据其资源禀赋与当前状况，寻求适合本地的新发展模式。总体而言，浙江县域之间的新发展存在一定的虹吸效应。因此，从浙江发展的总体布局来看，需要努力消除新型城镇化过程中的重复建设和恶性竞争，齐头并进地追求高质量发展。

第五章

以新发展理念引领高质量发展

党的十九大报告做出了中国特色社会主义进入新时代的重大判断，揭示了中国发展所处的新的历史方位，并且提出了"我国经济已由高速增长阶段转向高质量发展阶段"的论述，推动经济高质量发展具有重大意义。同时，新发展理念与高质量发展也有着深刻紧密的联系。因此，本章对高质量发展的由来和内涵进行探讨研究，并且对新发展理念与高质量发展的关系进行论述。

第一节 从新发展到高质量发展的跃迁

近几十年来中国共产党发展理念的演进过程经历了从以毛泽东同志为核心的党的第一代中央领导集体对于发展理念的早期探索，到以邓小平同志为核心的党的第二代中央领导集体对发展才是硬道理的深刻论述，从以江泽民同志为核心的党的第三代中央领导集体关于发展是执政兴国的第一要务的阐述，到以胡锦涛同志为总书记的党中央提出的科学发展观，再到以习近平同志为核心的党中央形成的治国理政的新理念新思想新战略的长过程，高质量发展则又是以新发展理念为指导的经济发展质量状态。从中不难看出，新发展理念和高质量发展与中国共产党关于发展理念的认识具有一脉相承之处，同时又与时俱进。

党的十九大报告做出了中国特色社会主义进入新时代的重大判断，揭示了中国发展所处的新的历史方位，报告还指出："我国经济已由高速增长阶段转向高质量发展阶段，正处在转变发展方式、优化经济结构、转换增长动力的攻关期。"2017年召开的中央经济工作会议更加明确地提出："中国特色社会主义进入新时代，我国经济发展也进入新时代，基本特征就是我国经济已由高速增长阶段转向高质量发展阶段"。推动高质量发展具有重大意义，这不仅是"保持经济持续健康发展的必然要求"，而且是"适应我国社会主要矛盾变化和全面建成小康社会、全面建设社会主义现代化国家的必然要求"。会议还指出："推动高质量发展是当前和今后一个时期确定发展思路、制定经济政策、实施宏观调控的根本要求，必须加快形成高质量发展的指标体系、政策体系、标准体系、统计体系、绩效评价、政绩考核，创建和完善制度环境，推动中国经济在实现高质量发展上不断取得新进展"。

李克强总理在2018年两会政府工作报告中指出新一年的政府工作要按照高质量发展的要求，统筹推进"五位一体"总体布局和协调推进"四个全面"战略布局，坚持以供给侧结构性改革为主线，统筹推进稳增长、促改革、调结构、惠民生、防风险各项工作，大力推进改革开放，创新和完善宏观调控，推动质量变革、效率变革、动力变革，特别在打好防范化解重大风险、精准脱贫、污染防治的攻坚战方面取得扎实进展，引导和稳定预期，加强和改善民生，促进经济社会持续健康发展。

第二节 高质量发展的内涵

目前社会各界尚未就高质量发展的内涵达成完全一致，任保平和文丰安（2018）[①]认为高质量发展是经济发展质量的高级状态和最优状态，是以新发展理念为指导的经济发展质量状态：创新是高质量发展的第一动力，协调是高质量发展的内生特点，绿色是高质量发展的普遍形态，开放是高质量发展的必由之路，共享是高质量发展的根本目标。高质量发展是经济发展的有效性、充分性、协调性、创新性、持续性、分享性和稳定性的综合，是生产要素投入低、资源配置效率高、资源环境成本低、经济社会效益好的质量型发展水平。在实践上，高质量发展是通过质量变革、效率变革、动力变革来实现生产效率提升，以实体经济发展为核心，以科技创新、现代金融、人力资本协同发展的产业体系为基础，以市场机制有效、微观主体有活力、宏观调控有度的经济体制为特征。

高质量发展与高速增长之间的差别在于高速增长强调增长的数量，而高质量发展更注重经济发展质量。我国在追求经济增长的过程中，出现了一些经济增长之外的问题，如资源短缺、经济社会结构失衡、分配不公、环境恶化等，这些问题会影响到经济增长的可持续性。我国需要从追求经济增长的数量向追求经济发展的质量转变。一方面应加大自主创新，加大教育和研发投入，提高国民受教育程度和劳动力素质，进而大幅度提高全要素生产率。另一方面要深化改革，消除资源有效配置中的障碍，通过体制改革和制度创新，推动生产要素从效率较低的部门向效率较高的部门转变，促进经济结构升级，实现从要素驱动到创新驱动的转型。

金碚（2018）[②]认为高速增长转向高质量发展必须基于新发展理念进行新的制度安排，即高质量发展必须通过一定的制度安排和形成新的机制才能得以实现。他认为高质量发展需要让市场在资源

[①] 任保平、文丰安：《新时代中国高质量发展的判断标准、决定因素与实现途径》，《改革》2018年第4期。

[②] 金碚：《关于"高质量发展"的经济学研究》，《中国工业经济》2018年第4期。

配置中发挥决定性作用，而这一作用的有效发挥取决于产权制度和交易制度的有效性和合理性。在强调市场机制的同时，也需要政府更好地发挥作用，但要注意不要过分干涉市场，增加市场的交易成本。金碚（2018）[①]还指出高质量发展是一个多维度的指标，未来的评价指标应能够催生出多元发展方向的区域经济体，各地区特色可以成为高质量发展的基础性因素，在充分发挥地区差异化优势的同时不断提升经济竞争力。

白重恩（2017）[②]认为我国高质量的经济增长动力尚未形成，中国政府需要同时注重供给侧和需求侧的改革。龚六堂（2017）[③]则更为细致地讨论了中国的高质量发展应在短期内解决的一些问题，中国的高质量发展首先要在短期内决胜全面建成小康社会，服务于精准脱贫目标。然后，高质量的经济增长应能够解决人民日益增长的美好生活需要和不平衡不充分的发展之间的矛盾，而不平衡问题包括区域发展不平衡、产业结构不平衡、增长结构不平衡、收入分配不平衡等，我国经济的不充分则体现在供给不足，特别是高端供给不足方面。实现高质量经济增长需要做好以下几点：围绕新发展理念，以创新为引领，以建立创新型国家为增长动力；围绕供给侧结构性改革，进一步推动结构优化；主动化解经济风险，特别要注意防范系统性金融风险；注意控制不良贷款等。

经济增长有两种变动形式，一种是在技术条件不变的情况下，资源要素投入的增加引起经济产出规模的扩张带来了增长；另一种是在技术管理创新条件下，资源要素配置效率提高、产出的数量增加、品质也得到明显提升。这种情况下，尽管投入的资源要素不增加或者少有增加，但经济仍然取得了增长。同第一种经济增长相比，

---

① 金碚：《关于"高质量发展"的经济学研究》，《中国工业经济》2018年第4期。
② 白重恩：《高质量的经济增长动力尚未形成，新周期未至》，《金融经济》2017年第19期。
③ 龚六堂：《高质量的经济增长以什么"论英雄"》，《人民论坛》2017年第36期。

第二种经济增长是一种更有质量的增长。

经济高质量增长应有窄口径和宽口径之分。从窄口径看，经济高质量发展，就是经济体在投入上能利用科技进步科学配置资源要素，推动效率变革，实现资源要素配置从过去的粗放经营转向集约经营，使得资源要素的利用效率明显提高；在产出上，能通过科技进步和管理创新推动质量变革、动力变革，使产出的品质明显提升，效益大大提高。从宽口径看，理解经济高质量发展不仅仅限于经济范畴之内，还应考虑社会、政治、文化、生态等方面的影响因素。因此，在新时代，经济高质量发展应体现产业产品的创新性、城乡地区以及经济与其他领域的协调性、环境资源利用的可持续性、经济发展的对外开放性和发展成果的可共享性。

我国已经进入高质量发展阶段，但是距实现高质量发展还有相当大的差距。主要表现为：在供给侧，资源要素配置还未完全实现从粗放型转向集约型，生态环境压力比较大。产业实现高端化程度低，产品优质化程度也不高，企业经济效益还有待提升。在需求侧，我国经济对外依赖度偏高，出口中低端产品比重过大；国内需求中，投资率高过常规值，投资结构偏离居民消费福利，在体制制约下消费空间拓展受到城镇化滞后、中等收入阶层成长慢的影响，消费增长潜能难以释放。在体制方面，初步建立的市场经济法制化程度还不高，各级政府强力干预微观经济活动，行政性审批事项多、许可发放烦琐，行业垄断多，民营企业进入市场门槛高，企业税费负担还相对较重，企业实现经济转型遇到较大阻力；在创新上，社会原始创新动力不足，尽管近几年我国 R&D 投入、科技贡献率、社会专利申请量等增长都比较快，但在核心领域、关键环节、重要基础性零部件等方面，领军人才短缺，技术瓶颈突破缓慢，制约经济新动能形成和高质量发展。

实现宽口径意义上的高质量发展，主要应抓好以下几方面：第一，贯彻落实创新、协调、绿色、开放、共享的新发展理念，实现和保持总体经济的平稳健康可持续发展。正视当前我国发展不平衡不充分问题，特别是发展质量和效益不够高、创新能力不够强、实体经济水平有待提升、生态环境保护任务艰巨等问题，努力寻求解决之道。第二，提高总体经济的投入产出效益，把各项成本特别是各层次的管理成本切实降下来。重点是通过使市场在资源配置中起决定性作用，更好发挥政府作用，降低企业生产成本和行政管理成本。第三，在宏观经济管理方面，进一步增强对可能发生的市场风险、外部风险特别是金融风险等各类经济风险的预判和识别能力，及时采取有效措施，避免风险形成，化解风险冲击或减缓风险影响。第四，进一步增强应对经济领域重大突发事件特别是外部重大突发事件的能力。应对重大突发事件能力主要包括：物质能力，如应对能源、粮食、外汇储备等方面突发事件的能力；政策反应能力，如信息搜集处理能力、突发事件预案储备等。在对风险的预判、识别以及重大突发事件应对方面，宏观调控水平是国家总体经济发展质量的一个重要体现。

高质量发展的判断标准。一个国家或地区的经济发展质量可以用投入产出效率高低、经济结构合理性、经济发展潜力、可持续发展程度、经济增长成果分享程度等指标来综合衡量，更为关键的点在于经济发展不止是经济量的增长，还包括了质的飞跃。对于经济发展质量的评价标准应该与新发展理念相契合，针对效率、创新、协调、绿色、开放、共享等方面专门构建指标体系，并在此基础上综合考虑，形成科学完备的经济高质量发展测度指数。

第三节 高质量发展的指导性文件

结合高质量发展的内涵，本书简要地收集了一些党和政府推动中国经济高质量发展的指导性文件，罗列在表 5.1 中。

表 5.1　　　　　　　　　"高质量发展"的指导性文件

文件	时间	简介
《关于深化体制机制改革加快实施创新驱动发展战略的若干意见》①	2015 年 3 月	中共中央、国务院印发《关于深化体制机制改革加快实施创新驱动发展战略的若干意见》，指出：要使市场在资源配置中起决定性作用和更好发挥政府作用，破除一切制约创新的思想障碍和制度藩篱，激发全社会创新活力和创造潜能。要营造激励创新的公平竞争环境；建立技术创新市场导向机制；强化金融创新的功能；完善成果转化激励政策；构建更加高效的科研体系；创新培养、用好和吸引人才机制；推动形成深度融合的开放创新局面；加强创新政策统筹协调
《关于落实发展新理念加快农业现代化实现全面小康目标的若干意见》②	2015 年 12 月	中共中央、国务院印发《关于落实发展新理念加快农业现代化实现全面小康目标的若干意见》，要求：持续夯实现代农业基础，提高农业质量效益和竞争力；加强资源保护和生态修复，推动农业绿色发展；推进农村产业融合，促进农民收入持续较快增长；推动城乡协调发展，提高新农村建设水平；深入推进农村改革，增强农村发展内生动力；加强和改善党对"三农"工作领导
《关于贯彻落实区域发展战略　促进区域协调发展的指导意见》③	2016 年 8 月	国家发改委印发《关于贯彻落实区域发展战略　促进区域协调发展的指导意见》，要求：优化经济发展空间格局，完善创新区域政策，加强区域合作互动，健全区域协调发展机制，切实加强组织领导

---

① 详见中国政府网，http://www.gov.cn/xinwen/2015-03/23/content_2837629.htm。
② 详见中国政府网，http://www.gov.cn/zhengce/2016-01/27/content_5036698.htm。
③ 详见中国政府网，http://www.gov.cn/xinwen/2016-08/24/content_5102018.htm。

第六章

高质量发展评估

推动经济高质量发展具有重大意义，对于高质量发展状况如何进行评估，是值得研究和思考的问题。本章首先就高质量发展评估方法进行综述，其次，我们概括性地总结了若干已率先发布高质量发展指数或建立高质量发展指标体系的省、市、县的实际案例，作为具有示范带动作用的实践样本。

第一节 评估方法综述

有学者将高质量发展与西方经济学当中的"经济增长质量"等同起来，尝试使用某个单独的统计指标来度量高质量发展水平，如劳动生产率[1]、全要素生产率对经济增长的贡献份额[2]、第二第三产业就业人员占比[3]等。尽管这些单独的指标不能充分反映高质量发展水平，但依然可以为构建高质量发展测度体系提供丰富的参考与启示。

---

[1] 陈诗一、陈登科：《雾霾污染、政府治理与经济高质量发展》，《经济研究》2018年第2期。
[2] 徐现祥、李书娟、王贤彬、毕青苗：《中国经济增长目标的选择：以高质量发展终结"崩溃论"》，《世界经济》2018年第10期。
[3] 汪增洋、张学良：《后工业化时期中国小城镇高质量发展的路径选择》，《中国工业经济》2019年第1期。

构建中国经济的高质量发展测度体系成为近期研究的热点，这些测度体系视角丰富，各具特色。国际货币基金组织（IMF）开发了一个仅包含经济基本面与社会发展两个维度的测度体系，用于衡量发展中国家的经济发展水平[1]，一些国内学者借鉴并拓展了这个指标体系用于测度中国经济高质量发展水平[2]，然而，较少的指标体系维度使其只能测度经济发展水平，没有考虑到社会生活的其他领域，无法充分反映高质量发展水平。任保平和李禹墨（2018）[3]认为中国经济高质量发展评价体系应由经济发展高质量、改革开放高质量、城乡建设高质量、生态环境高质量和人民生活高质量五个维度构成，但并未给出具体可操作的指标体系。魏敏和李书昊（2018）[4]构建了一个涵盖经济结构、创新驱动、资源配置、市场机制、增长稳定、协调共享、产品质量、基础设施、生态文明和经济成果惠民十个维度、共53项指标的高质量发展测度体系，并测度了中国各省高质量发展水平，认为东部省份具有较高的高质量发展水平，中部其次，西部最差。李金昌等（2019）[5]从"人民美好生活需要"和"不平衡不充分发展"两方面着手，构建了一个包含经济活力、创新效率、绿色发展、人民生活与社会和谐五个维度、共27项指标的评价体系。师博和张冰瑶（2019）[6]构建了包含发展基本面、发展的社会

---

[1] M. Mlachila, R. Tapsoba, SJA Tapsoba, "A Quality of Growth Index for Developing Countries: A Proposal", *Social Indicators Research*, 2017.

[2] 师博、任保平：《中国省际经济高质量发展的测度与分析》，《经济问题》2018年第4期。
徐瑞慧：《高质量发展指标及其影响因素》，《金融发展研究》2018年第10期。

[3] 任保平、李禹墨：《新时代我国高质量发展评判体系的构建及其转型路径》，《陕西师范大学学报》（哲学社会科学版）2018年第3期。

[4] 魏敏、李书昊：《新时代中国经济高质量发展水平的测度研究》，《数量经济技术经济研究》2018年第11期。

[5] 李金昌、史龙梅、徐蔼婷：《高质量发展评价指标体系探讨》，《统计研究》2019年第1期。

[6] 师博、张冰瑶：《全国地级以上城市经济高质量发展测度与分析》，《社会科学研究》2019年第3期。

成果、发展的生态成果三个维度、共10个指标的地级以上城市的高质量发展测度体系，研究结果认为经济增长仍是驱动城市高质量发展的核心动力。

上述研究都是在宏观层面上对中国经济高质量发展进行测度，鲁继通（2018）[①]设计了能够综合测度宏观、中观、微观三个层面的高质量发展评价体系，宏观层面包含经济发展、社会进步与生态文明3个二级指标，中观层面包含产业升级、结构优化与区域协调3个二级指标，微观层面包含动力变革、质量变革与效率变革3个二级指标，9个二级指标下共有52个三级指标，多层次全方位地涵盖了社会生活的各个领域。辛岭和安晓宁（2019）[②]为测度中国农业的高质量发展设计了包含绿色发展、供给提质增效、规模化生产和产业多元融合四个维度、共22个指标的测度体系，研究认为东部地区农业的高质量发展水平要高于中西部地区。黄速建等（2018）[③]开创性地专门为测度微观国有企业的高质量发展构建了包含发展系统、价值实现与价值对象三个维度的评价体系，望能够通过促进微观国有企业的高质量发展来推动中国经济在宏观层面上的高质量发展。

高质量发展测度成果的不断完善和累积，使得学者能够依据比较科学的高质量发展评估结果，进一步开展空间尺度和时间维度上的计量经济学分析。付晨玉、杨艳琳（2020）[④]利用1997—2016年全国和30个省份的工业数据以及行业数据进行测度。研究发现，随着工业化进程的推进，中国产业发展质量总体上呈平稳上升趋势，

[①] 鲁继通：《我国高质量发展指标体系初探》，《中国经贸导刊》（中）2018年第20期。
[②] 辛岭、安晓宁：《我国农业高质量发展评价体系构建与测度分析》，《经济纵横》2019年第5期。
[③] 黄速建、肖红军、王欣：《论国有企业高质量发展》，《中国工业经济》2018年第10期。
[④] 付晨玉、杨艳琳：《中国工业化进程中的产业发展质量测度与评价》，《数量经济技术经济研究》2020年第3期。

产业发展速度总体上呈先上升后下降趋势；产业的经济效益、环境效益和社会效益发展不平衡，产业的技术进步效率和国际竞争力较低；不同区域和不同行业的产业发展质量水平也存在较大差距。吴志军、梁晴（2020）[1]发现我国经济高质量发展呈现出东—中—西依次递减的阶梯状空间分布格局，各省份的经济高质量发展状况存在明显的区域分布不均衡。北京、上海、广东、江苏和天津评分最高，重庆在众多中西部省份中一枝独秀，也是唯一进入全国前十的西部地区；广大中西部地区，尤其西部地区在综合质效、创新、协调、开放和共享等维度评分均相对较低。聂长飞、简新华（2020）[2]发现，2001—2017年中国高质量发展指数以1.6%的年均增长率稳步提升，但等级跃迁难度较大，各省份之间高质量发展指数差异有所减小，且表现出空间正向集聚的特征。

总的来看，已有的高质量发展指标体系具有以下几个基本共性：第一，重视全面性的考量，能够结合经济发展、社会发展、生态发展等不同方面或结合新发展理念，通盘考虑指标体系的维度框架；第二，指标体系的总体结构较为简单，大部分已有指标体系表现为宏观单层结构，未能将指标体系的末梢触及经济发展的微观方面，致使指标体系的稳定性有余而动态性不足；第三，数据来源主要基于传统的经济统计资料，数据实时性不强，颗粒度不高，未重视在可得性原则容许的范围内将大数据纳入指标体系的新方法；第四，对异质性的关注不够，未能赋予指标体系良好的包容性和灵活性，降低了各个地方政府因地制宜、因势利导、灵活调整的可能性，难以引领不同地区走上独具特色、优势鲜明的高质量发展道路。

---

[1] 吴志军、梁晴：《中国经济高质量发展的测度、比较与战略路径》，《当代财经》2020年第4期。

[2] 聂长飞、简新华：《中国高质量发展的测度及省际现状的分析比较》，《数量经济技术经济研究》2020年第2期。

第二节　高质量发展指数的实践探索

中国经济由高速增长阶段转向高质量发展阶段，迫切需要建立起能够体现和反映高质量发展要求的指标体系，建立与高质量发展相适应的统计体系、绩效评价体系和政绩考核体系。迫切地要求调整现有指标体系，增加反映经济运行质量的各项指标，如全要素生产率、劳动生产率、土地利用率、资本利润率、资源效率、城镇调查失业率、政府债务率等。同时，还要抓紧建立贯彻新发展理念的指标体系，增加如基尼系数、恩格尔系数、收入中位数、收入倍差率等指标。

目前，各地区在建立高质量发展测度体系上尚处于理论和实践的初期探索阶段，地区之间缺乏协调统一和相互参照，信息发布和交换的透明度较差。基于这些原因，本书概括性地总结了若干已率先发布高质量发展指数或建立高质量发展指标体系的省、市、县的实际案例[①]，作为具有示范带动作用的实践样本。

一　上虞高质量发展指数

2018年8月28日，浙江省绍兴市上虞区召开高质量发展指数发布大会，宣告国内首个县市级层面的高质量发展指数——上虞高质量发展指数正式发布。上虞高质量发展指数由第三方负责编制，运用了多指标综合评价方法，由质量效率、创新动能、结构优化、绿色发展、开放环境、民生幸福六个模块构成，每个模块下再由若干

---

① 本书未提及的许多省、市、县级行政单位也在逐步开始构建高质量发展测度体系，如雄安新区、宁波市、嘉峪关市等。但出于资料可获得性方面的考虑，未对它们进行更详细的介绍。

相关指标组成。编制指数的数据来源于当地统计局、人社局、金融办、经信局、环保局、民政局等20多个部门，通过设计统一的调查表，由专人沟通对接获得。指数以2016年为基期，基期指数为100点，每半年编制发布一次，每年编制发布年度指数。

有别于以往的指标体系，上虞高质量发展指数更注重指标的先进性与高质量，如强调新经济、亩均产出，使用了大量的相对指标，并不一味地强调增速。特别是在六大模块中，把民生幸福的指标设得最多、权重最大，强调人民群众的获得感。包含人均GDP、亩均产出率、R&D投入占GDP之比、数字经济增加值占GDP的比重、乡村经济振兴、单位GDP综合能耗、企业信用指数、公共服务均等化等近40个指标。指数不仅直观展示上虞高质量发展的建设水平、发展方向、动态趋势、变动周期等数据信息，还包括收入与福利、就业形势、环境保护等与老百姓密切相关的民生问题，涵盖影响居民幸福的多方面重要因素。

2018年上半年上虞区的高质量发展指数六大模块对拉动总指数上行的贡献率中，创新动能指数达133.53点，对总指数上行拉动贡献率达到34.59%，居六大模块首位。其次是质量效益指数，为120.15点，贡献率为22.08%。民生幸福贡献率是14.53%，开放环境是14.52%，绿色发展是7.81%，结构优化是6.46%。表明上虞区经济发展正从速度效益型向质量效益型转变，数字经济增加值占GDP的比重不断提升，但同时也有结构优化指数稍显不足。上虞区在高质量发展中的成绩和不足一目了然，更能有的放矢、解决问题。

二 武汉高质量发展统计监测体系

目前，国家和湖北省的高质量发展指数尚在研究中，并未正式出台。武汉市在全国、全省率先建立和实施高质量发展统计监测制度，在指标体系设置上体现质量第一、效益优先，体现"质量变革、效率变革、动力变革"的高质量发展内涵，使"创新、协调、绿色、开放、共享"新发展理念在指标设置上得到充分体现，并把"污染防治、扶贫攻坚、风险防范"三大攻坚战内容纳入统计监测。经多方查阅、搜集资料，武汉市统计局遵循体现新发展理念、彰显武汉特色、力求综合简约、突出可操作性的基本原则，既要符合武汉实际，又要与全国、湖北省接轨，经过反复探讨论证，最终形成了包含提质增效、创新驱动、民生保障、绿色发展、风险防范五个维度、共44个二级指标的高质量发展统计监测体系，采用"综合指数法"测算了2013—2017年武汉高质量发展指数，并在2018年8月29日向全社会公开发布，此外还公布了"三新"经济、数字经济、投资结构等统计监测数据。统计数据显示，2013—2017年，武汉高质量发展指数稳步提升，累计增长10.7%。

武汉高质量发展指数有五个不同的维度，其中创新驱动指数累计增长14.2%，增长幅度居五个领域之首；绿色发展指数累计增长12.9%，提高显著；提质增效指数累计增长8.5%；民生保障指数累计增长8.5%，与提质增效指数保持同步；风险防范指数累计增长8.7%。2017年，风险防范指数达到五年来最佳水平。

以新产业、新业态、新商业模式为代表的"三新"经济蓬勃发展。2017年，武汉实现"三新"经济增加值3652.45亿元，占GDP的比重为27.2%，比2016年提高0.4个百分点，"三新"经济发展势头良好。数字经济占GDP的比重为36.8%，同比提高0.4个百分点。

投资结构方面，2017年武汉固定资产投资增长11.0%，投资结构不断优化。战略性新兴产业投资占比33.8%，比上年提高1.6个百分点。文化产业投资增长67.9%。补短板惠民生领域投资持续发力，工业加速转型升级，高技术制造业投资增长38.0%，占制造业的比重为27.5%。工业技改投资高速增长，占工业投资的比重高达48.7%。绿色发展理念深入践行，高耗能行业投资持续收缩，仅增长3.6%。

武汉高质量发展统计监测指标体系的创建，既为找准当前武汉发展过程中存在的不平衡、不充分的问题和薄弱环节提供依据，也为推动高质量发展制定相关政策措施提供决策参考。

三 成都高质量发展评价指标体系

成都市统计局对比过去的高速增长，将高质量发展的内涵阐述为"三新两优一控"。"三新"是从推动转变发展方式、优化经济结构、转换增长动力等方面着力，从而实现更高质量、更有效率、更加公平、更可持续的发展。具体来看，"三新"包括新的发展方式、新的经济结构、新的发展动能。"两优"是始终坚持以人民为中心的发展思想，不断优化发展环境质量和民生福祉，满足人民日益增长的美好生活需要，是检验高质量发展价值取向的重要内容。"一控"即"风险可防控"，是从底线思维角度，防控化解重大风险，为高质量发展提供持续稳定的保障。

2018年7月26日，成都市统计局在分析研究了许多城市的经济发展经验后，结合成都市实际，出台了《关于探索建立〈成都市高质量发展评价指标体系（试行）〉的工作方案》。成都市将从质效提升、结构优化、动能转换、绿色低碳、风险防控、民生改善六个维度构建高质量发展评价指标体系，包括52个二级指标，涉及GDP增长、空气质量、发明专利、绿道建设、预期寿命等方方面面。此外，成都还将进一步完善评价指标体系，开展年度综合评价和比较分析，逐步将高质量发展综合评价结果纳入年度目标综合考评系统，并作为区（市）县党政领导班子和领导干部政绩考核的重要组成部分。

具体来看,质效提升维度从宏观、微观两个层面,选取反映经济增长质量和效益情况的二级指标10个,包括人均地区生产总值、税收增长率、全员劳动生产率等。结构优化维度从产业结构、出口结构、城乡结构等方面选取二级指标8个,包括服务业增加值占GDP的比重、常住人口城镇化率、居民恩格尔系数等。动能转换维度从创新投入水平、经济增长活力等方面选取二级指标8个,包括"三新"经济增加值占GDP的比重、R&D经费投入强度、民间投资占固定资产投资的比重等。绿色低碳是可持续发展的必要条件,该维度突出成都市的公园城市特点,体现人民对美好生活的向往,从环境质量、节能降耗、绿色出行等方面选取二级指标11个,包括空气质量优良天数比例、清洁能源消费比重、人均公园绿地面积等。风险防控维度从政府债务、企业负债、居民负债等方面选取7个二级指标,重点反映金融、房地产领域风险状况。民生改善是经济高质量发展的根本目的,该维度从收入分配、消费升级、民生支出等方面选取8个二级指标,全面反映民生改善成效。

成都高质量发展评价指标体系在指标设置上注重传统指标与创新指标相结合,保留趋势性和代表性强的传统指标,新增体现新发展理念的新指标,紧扣产业结构、新经济和社会主要矛盾变化,通过过程评价与结果评价的结合,引导成都未来高质量发展方向。传统评价指标体系侧重于经济发展的"量"和"速",高质量发展评价指标体系则更多地反映经济发展的"质"与"效",在评价领域上有所创新,加入了传统评价指标体系很少涉及的质效提升、结构优化、动能转换、绿色低碳、风险防控及民生改善等维度,能够更好地诠释"高质量发展是能够很好满足人民日益增长的美好生活需要的发展,是体现新发展理念的发展"。

在指标设置上,成都高质量发展评价指标体系同样做出了双重创新。一方面创新了具体指标设置，增加体现新发展理念的新指标。比如增加了反映新经济新动能发展情况的"三新"经济增加值占GDP的比重、反映经济增长活力的新经济企业数等指标。另一方面创新指标权重设置，充分发挥"指挥棒"作用。将指标分为引领性指标、短板性指标、一般性指标和其他指标，并按3分、2分、1分赋予不同权重，以更有效发挥结果导向作用和补齐高质量发展短板。

四 江苏高质量发展监测评价指标体系

2018年5月，江苏省委、省政府为落实中央要求，监测评价和考核各地"经济发展、改革开放、城乡建设、文化建设、生态环境、人民生活"六个高质量发展的实际成效，推动江苏省高质量发展走在全国前列，出台了《江苏高质量发展监测评价指标体系与实施办法》和《设区市高质量发展年度考核指标与实施办法》。

《江苏高质量发展监测评价指标体系与实施办法》，以"六个高质量"发展为基本框架，用于监测评价全省及各设区市、县（市、区）和城区高质量发展水平和总体情况，共设置三个基本架构相同、指标有所区别、数量有所不等的指标体系。其中，全省和设区市由六大类共40项指标构成，各县、县级市和成建制转成的区由六大类共35项指标组成，城区由六大类共25项指标组成。监测考核指标体系着重体现高质量发展新任务、新要求、新动力，围绕建设现代产业体系、三大攻坚战、乡村振兴等新任务，引导各级干部牢固树立新发展理念，努力在推动高质量发展中彰显新作为。

《设区市高质量发展年度考核指标与实施办法》用于考核衡量各设区市年度推动高质量发展进展情况。考虑到高质量发展的普遍性要求和各地功能定位的个性差异，考核指标由18个共性指标和每个市6个个性指标两部分组成。考核另设加减分项。其中"营商环境指数""城市建成区黑臭水体整治达标率""行政村双车道四级公路覆盖率""村（社区）综合性文化服务中心建成率"等多项指标在江苏省监测考核指标体系中首次出现。这些指标的设置，充分体现时效性要求，注重当前高质量发展的薄弱环节。以"营商环境指数"为例，设置这一指标有助于深化"放管服"改革，打造国际一流、公平有序的营商环境。

与传统评价指标体系相比，许多指标均为首次出现，如江苏省和设区市高质量发展监测评价指标体系，该指标体系由经济发展、改革开放、城乡建设、文化建设、生态环境、人民生活六大类共40项指标构成。经济发展高质量共设置12项指标，其中不少指标都是首次出现。比如，围绕农产品质量安全问题，首设"绿色优质农产品比重"指标；围绕经济高质量发展，首设"'三新'经济增加值占GDP的比重""金融支持实体经济水平"等指标；围绕开发区高质量发展，设置"园区经济对经济增长贡献率"指标。为推进教育优质均衡发展，江苏省在监测评价指标体系中设置"学前教育资源配置率""义务教育优质均衡比例"等指标。医疗健康水平是老百姓最为关注的领域之一。在监测评价指标体系中，江苏省在卫生服务方面同样设置了一系列指标，包括"每万常住人口全科医生数""重大慢性病过早死亡率"等。

五 扬中工业企业高质量发展统计监测体系

2018年5月，江苏省扬中市统计局率先在江苏省创新建立工业企业高质量发展统计监测体系。该指标体系充分体现江苏省委省政府"六个高质量"发展精神，也是《江苏高质量发展监测评价指标体系与实施办法》在企业的深化和生动实践。

该工业企业高质量发展统计监测体系主要包括单位效益、科技创新、财务金融、职工权益、加分指标和一票否决六大维度共 30 项指标，构筑起了点线面多维度、全流程的监测体系，不仅可以全面系统地反映工业企业高质量发展实际水平，还将进一步引导扬中工业企业深化高质量理念，加快经济转型升级步伐；不仅可以全面系统地反映全市工业企业高质量发展实际水平，还将进一步推进工业企业深化"亩均论英雄"的理念，加快经济转型升级发展步伐。

工业企业高质量发展统计监测体系由扬中市统计局首创。该监测体系核心指标主要为亩均效益和科技创新类指标，通过完善统计标准、制度、指标，弥补监测短板，构筑起了点线面多维度、全流程的监测体系，将成为全市工业企业推进新旧动能转换过程中宏观研判、精准施策的主要依据。

2018 年 7 月 17 日，扬中市统计局召开"六十强"工业企业高质量发展指标监测填报动员会，强调开展工业企业高质量发展统计监测的重要意义，要求工业企业准确把握工业企业高质量发展统计监测的主要内容和基本要求，切实加强对工业企业高质量发展统计监测的协调配合和成果运用。此外，该填报动员会上还讲解了各项指标和填报要求。自此，扬中工业企业高质量发展统计监测体系正式进入试填试报阶段，将为下一阶段的全面推广积累有益经验。

将各地区指标体系作简要对比，罗列在表 6.1 中。

表 6.1　　　　　　　各地区高质量发展指标体系汇总

地区	时间	类别	一级指标	二级指标简介
上虞区	2018 年 8 月	地区指标	质量效率、创新动能、结构优化、绿色发展、开放环境、民生幸福	人均 GDP、亩均产出率、R&D 经费占 GDP 之比、数字经济增加值占 GDP 的比重、乡村经济振兴、单位 GDP 综合能耗、企业信用指数、公共服务均等化等近 40 项二级指标

续表

地区	时间	类别	一级指标	二级指标简介
武汉市	2018年8月	地区指标	提质增效、创新驱动、民生保障、绿色发展、风险防范	44项二级指标，未具体发布
成都市	2018年7月	地区指标	质效提升、结构优化、动能转换、绿色低碳、风险防控、民生改善	人均地区生产总值、税收增长率、全员劳动生产率、服务业增加值占GDP的比重、常住人口城镇化率、居民恩格尔系数、空气质量优良天数比例、清洁能源消费比重、人均公园绿地面积等52项二级指标
江苏省	2018年5月	地区指标	经济发展、改革开放、城乡建设、文化建设、生态环境、人民生活	学前教育资源配置率、义务教育优质均衡比例、每万常住人口全科医生数、重大慢性病过早死亡率等40项指标
扬中市	2018年5月	行业或企业指标	单位效益、科技创新、财务金融、职工权益、加分指标、一票否决	30余项二级指标，未具体发布

第七章

东莞制造业高质量发展指数三级模型及其测度

本章以新发展理念为指导,以东莞制造业为研究对象,基于宏观、中观、微观三个层次构建东莞制造业高质量发展指数三级模型(东莞制造业企业高质量发展指数、行业高质量发展指数和区域高质量发展指数),并且展开实证测算。

第一节 东莞制造业高质量发展指数三级模型

改革开放以来,东莞以"敢为天下先"的实干精神,走出了一条独具特色的外向型经济发展道路,创造了令世人瞩目的"东莞奇迹"和"东莞模式",成为具有全球影响力的现代制造名城,形成了电子信息、电气机械及设备、纺织服装鞋帽、食品饮料、造纸及纸制品等支柱产业,培育出智能手机、新能源、LED光电、新型平板显示等新兴产业,构建了配套齐全的现代工业体系。

在大力扶持实体经济发展的过程中,东莞坚持改革创新精神,推动企业服务体系变革,构建了全市大数据企业综合服务体系平台,建立了实时的重点能耗企业监测管理平台,积累了海量的企业数据。为进一步用好、用活这些数据资源,把握产业需求,优化供给结构,推动东莞制造业高质量发展,本章特编制东莞制造业高质量发展指数。

东莞制造业高质量发展指数紧紧围绕高质量发展的内涵，紧紧抓住制造业这个实体经济主体，分层次、多维度地反映东莞制造业的运行情况。确保东莞制造业高质量发展指数编制的科学性，是准确掌握企业发展状况、经济发展质量的重要抓手，能够为精准研判产业运行情况和发展趋势、出台配套政策资源提供科学决策参考，有助于提高政府服务的水平以及为企业高质量发展提供指引，从而进一步为提高供给体系质量、加快建设现代化经济体系、推动经济高质量发展提供有力支撑。

一 总体设计思路

东莞制造业高质量发展指数三级模型本质就是要以大数据为手段，构建一个高质量发展的生态闭环，实现政府端与企业端的实时对接、政策端与产业端的完美匹配、需求端与供给端的有效配置，从而让各主体、各要素、各环节相互引导、相互支撑、相互印证，为制造业高质量发展提供强大的数据、政策以及服务支撑。

其中，东莞制造业高质量发展指数三级模型具有四个特点。

一是跨领域协作。高质量发展本质为质量、效率与动力变革，相关数据涉及多个部门、多个领域。因此，东莞制造业高质量指数内涵延伸较为丰富，涉及劳动效率、资本效率、土地效率、资源效率、环境效率等产出要素，包含投资回报、利润、营业收入、税收等经营指标，也包括了供应链等产业结构信息。因此，我们将构建一个跨部门、跨领域、跨要素的数据采集系统，通过部门主动报送、平台自动抓取、系统并联分析等手段，打通部门间的信息孤岛，确保数据的系统性及开源性。

二是大数据运作。与过去传统的统计运行分析指数不同，东莞制造业高质量发展指数是制造业企业的综合性实时指数，立足于"智造东莞"平台、PMI直通车企业平台、能管中心监测平台等制造业大数据库，同时购买国内专业的数据服务机构（公司）所提供的海量数据资源及数据服务作为东莞制造业大数据库的重要补充，以制造业企业生产活动的实时数据为主维度，抓取足够数量、不同维度、不同侧面、不同局部的基础数据，通过大数据算法、云计算等现代信息手段完成对结构性、非连续性等各类数据的分析，形成一套"灵敏、高效、分层次、多维度"的高质量发展指标体系。东莞制造业高质量发展指数具有实时性、准确性、特异性和颗粒度高等特点，与经济发展高度相关，既实现对宏观经济的分析支撑，又实现对微观企业的反馈互动，对制造业高质量发展实现立体式、全流程和不间断的大数据支撑。

三是互动式对接。建立企业数据申报与政策扶持联动机制。一方面，要求企业申报专项资金的同时，提供必要的经营数据，确保权利与责任的对等。另一方面，建立数据申报激励系统，鼓励企业通过主动申报经营数据提升会员等级，根据会员等级为企业提供相应服务，配置相应资源。企业提供数据越及时和完整，大数据平台将为其推送越有针对性的政策资源，并为其提供企业微观的经营分析数据评估，切实增强企业数据利用获得感，实现数据申报与政策配置的良性循环。

四是闭环型发展。东莞制造业高质量发展指数的编制目的在于通过大数据驱动，实现产业高质量要素供给结构的持续优化。需要跳出数据看数据，切实利用企业数据推动产业扶持资源的闭环提升，主要表现为"四个一"的资源整合。一是一笔资金。通过"宽进严管"的申报机制和金融财政联动的扶持手段，全面扩大产业扶持面和大力提升财政资金的乘数效应。二是一个平台。大力构建基于大数据技术的重点企业服务及运行监测平台，利用信息化手段把握企业需求、承接产业数据、优化政府服务，为"大数据＋对企服务"融合创新提供良好的平台支持。三是一批企业。强化政企纽带，利用专项资金与上万家核心企业形成深度对接，并通过对一定量的核心企业提供资源配置、政策引导、产需对接和监测服务，以点带面实现政府部门对产业经济的切入扶持。四是一份报告。充分发挥大数据平台的信息优势，利用大数据分析体系，形成真实、实时、智能化的分析报告，切实为需求研判、政策制定、对企服务提供准确的决策依据，让政府能根据企业需求及经济运行情况，及时调整、优化以及出台产业政策，切实提升政策精准度，优化供给要素结构。

二 可行性分析

（一）东莞拥有高质量发展的产业基础

经过多年的产业发展，东莞已发展成为世界产业制造中心、全球信息产品制造基地。全市拥有制造业企业16.7万户，形成了涉及30多个行业和6万多种产品的完整制造业体系。全国1/5的服装，世界1/10的运动鞋、1/3的玩具、1/5的电脑和1/6的智能手机产自东莞。东莞拥有全球500强企业89家、国家高新技术企业4058家、主营业务超50亿元工业企业25家、主营业务超100亿元工业企业10家、超千亿工业企业3家。2017年东莞全市实现规模以上工业增加值3316.97亿元，增长10%，高于全国和全省平均水平。全市先进制造业实现工业增加值1675.49亿元，同比增长13.7%，占全市规模以上工业增加值的50.5%；高技术制造业实现工业增加值1292.23亿元，增长15%，占全市规模以上工业增加值的39%。

（二）东莞拥有优质的法治化国际化营商环境

历年来，东莞市委、市政府均高度重视营商环境建设，优良的营商环境一直是东莞发展的重要法宝。特别是近年来，东莞紧紧围绕实体经济发展，充分发挥政府和市场的共同作用，营造市场化法治化国际化营商环境，构建政府服务"加一"、综合成本"减一"的优势，有力促进了企业稳定健康发展，增强了经济发展活力和动力，建立了健康的新型政商关系。在全国 285 个城市中，政商关系健康指数方面东莞位列第一，政商亲近指数方面东莞同样位列第一。

（三）东莞拥有全国领先的企业大数据服务平台

为加快推进大数据战略，东莞自 2014 年起着手构建具有服务管理、专项资金申报、运行监测分析、产业资源共享等功能的大数据综合企业服务平台，目前已取得显著成效。平台已有 7300 家企业会员、6000 名个人会员（企业高管）登录使用。资讯门户每年浏览量超 30 万人次，微信公众号关注超 6000 个用户，累计向企业精准推送产业政策资讯信息超 400 条。数据中心收录了全市 80 万家经营主体的基本信息，专项资金申报子系统接受项目申报超 7500 宗，对项目实行全生命周期管理，合计管理专项资金高达 10 亿元。每季度线上发放各类型调查问卷累计超 8000 份，为经济运行监测提供了有力保障。同时，东莞 PMI 样本库每月填报问卷的企业超过 800 家，问卷内容涵盖了企业在生产、订单、原材料库存、从业人员数量、供应商配送时间、原材料采购价格、产成品库存、出口订单、进口量等方面当月与上月对比变化情况。

（四）东莞拥有海量的企业实时能耗数据资源

2012 年东莞启动建设"东莞能源管理中心云平台"，强化全市重点能耗企业监管及服务。目前，云平台已构建能耗监测、能效对标、用能考核、节能服务等多项功能板块，实现对 840 家重点用能单位的生产活动和能源消耗状况实时监测，监测数量位居全国地市第一。目前能耗实时数据主要由两大部分组成。一是业务功能性数据，包括800多家重点用能单位的年度节能考核数据（自2015年起）、"十三五"节能规划数据、电机能效提升申报企业数（涉及540家企业、702个项目）等。二是常规性数据，包括重点用能单位的能源利用状况报告月报数据、800多家企业能耗在线监测数据，采集的能源品种主要为煤、电、油、气。数据采集周期为5分钟到60分钟（视需要而定），并且可以在数据中心系统中进行设置。

（五）东莞拥有庞大的线下企业服务信息数据

为了以信息化管理手段加速推进重点企业发展，东莞大力构建"倍增计划"政府服务平台，打造线上线下结合的服务机制。线上，打造"问题在线收集—领导跟踪督办—部门后台办理"的信息化工作机制，全流程在线跟踪企业要素申请和问题处理过程，企业利用移动终端可24小时反映政策诉求、反映意见建议，相关问题将流转部门解决，并通过限时处理及匿名评价等方式，倒逼行政效能提升。线下，将千家以上重点企业纳入市镇两级领导挂点服务范围，每季度由挂点市镇领导开展走访座谈，面对面解决企业生产经营难题，并将问题及解决情况及时上传大数据中心，形成线上线下闭环。目前，线上已累计收集市镇两级试点企业需求问题共1054条，办结及正常推进率达96.3%，满意率达96.1%。线下市镇两级挂点领导重点推进解决产权补办等个性化难题，累计走访试点企业1500多家次，举办企业座谈协调会600多场。建立涵盖倍增各条路径领域的专业资源池，纳入专业服务机构57家，为企业诊断服务。通过这些线上线下的对接服务，东莞积累了大量的企业一手信息资源，可为高质量发展指数构建提供宝贵的数据支持。

三 指数编制的总体原则

一是坚持以高质量发展理念为指导。在习近平新时代中国特色社会主义思想指导下，东莞市高质量发展评价指标体系的制定需要牢牢把握高质量发展理念和指数，通过发挥指数"指挥棒"作用，引导企业更加自觉实现高质量发展，充分发挥市场配置资源的决定性作用和更好发挥政府作用。

二是坚持行为导向，从宏观、中观、微观三个层次引导发展。以宏观、中观和微观相结合，分年、季、月适时掌握和发布总体制造业、分行业以及企业的有关情况。指标体系对于东莞市政府部门、企业、社会团体和个人都具有指导作用，如在政府制定政策改善公共服务、企业调整产业布局、个人实现自我发展等方面具有一定的借鉴意义。

三是坚持指标选取科学合理和操作可行。在数据可取得、具有正确行为导向的基础上，指标选取和体系制定须有相关的经济学理论基础作为支撑，能够较好地诠释东莞高质量发展的状况，具有较强的理论性和科学性。

四是坚持统计数据和大数据相结合相匹配。要充分利用好经信信息平台，完善平台企业数据报送机制，保证平台数据的连续性和完整性，同时要努力实现与市政务平台工商、税收、用工等各类数据拓展互联，通过借助大数据手段来快速、精准抓取处理数据，实现制造业监测的基础数据从"抽样、局部、片面"向"全面、完整、系统"转变。

四 东莞制造业高质量发展指数三级模型

按照微观、中观、宏观三个层级，构建东莞制造业高质量发展指数三级模型（见图7.1和表7.1、表7.2、表7.3）。

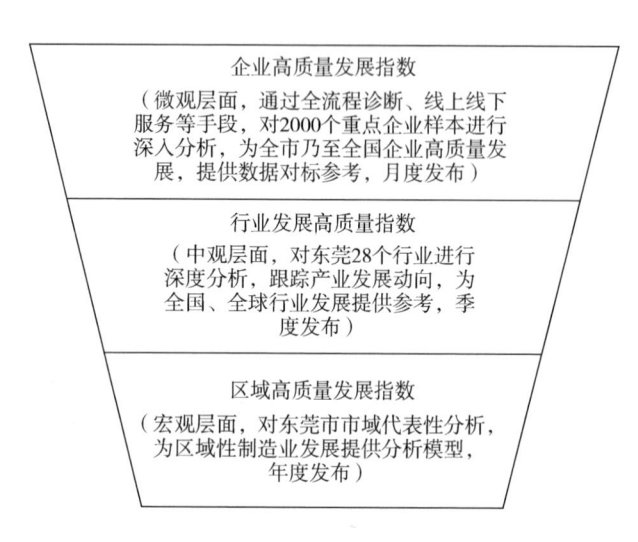

```
企业高质量发展指数
（微观层面，通过全流程诊断、线上线下
服务等手段，对2000个重点企业样本进行
深入分析，为全市乃至全国企业高质量发
展，提供数据对标参考，月度发布）

行业发展高质量指数
（中观层面，对东莞28个行业进行
深度分析，跟踪产业发展动向，为
全国、全球行业发展提供参考，季
度发布）

区域高质量发展指数
（宏观层面，对东莞市市域代表性分析，
为区域性制造业发展提供分析模型，
年度发布）
```

图7.1　东莞制造业高质量发展指数三级模型

东莞制造业高质量发展指数三级模型的内在统一性和联系如下。

企业的微观数据全面地反映了企业高质量发展的现状，通过能源平台系统监测能够反映企业创新、绿色、开放、共享、效率及内外部风险的相应指标数据，结合相应算法，测算出每个企业的高质量发展指数，在此过程中可以通过指标和测算指数的结果反映情况，评估出企业相应方面能力的缺失或不足，政府部门可以就此对企业经营和发展情况做出诊断，并提供相应的服务。

基于同行业、不同企业高质量发展指数计算结果，通过合并、加总可以集合成行业高质量发展指数的重要组成部分。这样一来，对行业高质量发展的评估就具备了强大的微观基础。通过微观的实时数据可以及时评估并跟踪行业发展的效率、创新程度、绿色发展水平和风险防控能力。从企业高质量发展指数加总到行业高质量发展指数的过程中，还要注意行业自身的产业组织特性（诸如规模效应，产业政策、行业协会的作用）。因此，行业发展高质量指数还应适当增加这些反映行业特点的中观指标。同样，行业高质量发展指数模型对区域高质量发展指数的影响和企业对行业的影响逻辑类似。

三级模型的基础模型是企业层面微观数据支撑的企业高质量发展指数测算模型，由此来计算、评估及诊断相应企业是否满足高质量发展要求。三级模型的核心模型是由企业加总后的指标体系和体现行业发展外部性的指标体系两部分支撑的行业高质量发展指数测算模型，通过此测算模型反映出相应行业是否满足高质量发展要求。三级模型的终极模型是由能够反映行业高质量发展指标体系和体现区域发展外部性的指标体系两部分支撑的区域高质量发展指数测算模型，通过此测算模型反映出东莞区域是否满足高质量发展要求。从此逻辑上来看，三级模型的构建具有内在统一性，其核心整体统一且有区别，正负反馈关系也有一定程度的内部统一性和差异性，企业的基础微观测算、行业的中级宏观测算及区域的高级宏观测算作为一个整体由此联结体现出来。

表 7.1　　东莞企业高质量发展评价指标体系（理论版）

维度	一级指标	二级指标	三级指标	频率	方向	数据来源
创新发展	创新投入水平	经费投入	R&D 经费投入占主营业务收入的比重	月	正	企业财务报表
		人力投入	R&D 部门人员占企业员工人数的比重	月	正	电子信息制造业统计报表—电制统企 X 表
			硕士以上学位员工占企业员工人数的比重	季	正	电子信息制造业统计报表—电制统企 X 表
	协同创新能力	产学研合作	是否与高校或科研单位合作研发	月	正	企业报送数据
	知识产权能力	知识产权创造	企业发明专利占专利申请量的比重	年	正	企业报送数据
			每十万元 R&D 投入发明专利申请量	季	正	企业报送数据

续表

维度	一级指标	二级指标	三级指标	频率	方向	数据来源
创新发展	知识产权能力	知识产权运用	已投入使用的发明专利占全部发明专利数的比重	年	正	企业报送数据
			专利许可和转让收入占企业营业收入的比重	季	正	企业报送数据
	创新驱动能力	创新价值实现	新产品销售收入占主营业务收入的比重	季	正	企业报送数据
		创新生产能力	单位能耗产值	月	正	能源利用状况报告表
	创新影响力	政府认可度	企业得到政府资助的项目数量	年	正	能源利用状况报告表+财务报表
绿色发展	绿色治理	行政违规	企业当月是否受到环保处罚	月	负	企业报送数据
			当月企业因为环境问题被罚款金额	月	负	企业报送数据
	环保投入及成果	环保设备	环保设备投资占企业投资的比重	季	正	企业报送数据
		社会认可	企业环境资格认证个数	年	正	企业报送数据
开放发展	国际化水平	人员交流	公司派遣国外学习交流人数	月	正	企业报送数据
		资金投入	公司派遣国外学习交流费用	月	正	企业报送数据
		外贸依存度	公司产品外销占全部销售的比重	月	正①	生产企业出口货物免、抵、退税申报汇总表、能源利用状况报告表
	行业交流	人员交流	企业在国内参加行业交流次数	月	正	企业报送数据
		资金投入	企业国内行业交流费用	月	正	企业报送数据
	资本开放	资本合作	是否有外资参股	年	正	企业报送数据

---

① 外贸依存度在企业和区域层级指标中被用为开放性指标，此处设置一个阈值A，低于A值时，定义为开放度低。在区域中也是这样设计，不再单独列出。

续表

维度	一级指标	二级指标	三级指标	频率	方向	数据来源
共享发展	收益共享	收益分配	企业工资总额占营业收入的比重	月	正	财务报表+企业报送
		收入差距	企业管理层平均工资与基层员工平均工资之比	月	负	企业报送数据
	资本共享	管理层	管理层员工是否持股	年	正	企业报送数据
		基层员工	基层员工是否持股	年	正	企业报送数据
	社会共享	企业实际社会税负贡献	实际应纳所得税额与营业收入之比	月	正	年度纳税申报表（A类）
高效发展	节能生产	节能生产能力	单位产值综合能耗	月	负	能源利用状况报告表
		能源回收能力	能源回收率	月	正	能源利用状况报告表
		废水处理率	企业污水处理量占企业废水产生量的比重	月	正	企业报送数据
	财务效率	盈利效率	利润率	月	正	企业财务报表
		运营效率	三大期间费用占营业成本的比重	月	负	企业财务报表
	资本使用效率	总资产使用效率	总资产周转率	月	正	企业财务报表
		库存运转效率	存货周转率	月	正	企业财务报表+企业报送数据
		人力资本生产效率	企业单位员工产出	月	正	企业财务报表
风险防控	内部风险	信用风险	企业流动性资产与企业流动性负债之比	季	负	企业财务报表
			经营现金流量净额与流动负债之比	季	负	企业财务报表
		运营风险	资产收益率	月	正	企业财务报表
			资产负债率	月	负	企业财务报表

续表

维度	一级指标	二级指标	三级指标	频率	方向	数据来源
风险防控	外部风险	市场风险	企业产品价格增长率	月	正	企业报送数据
			企业原材料价格增长率	月	负	企业报送数据
			企业平均员工工资总额增长率	月	正	企业报送数据
		政策风险	政府补贴总额与企业净利润总额之比	年	正	企业财务报表+企业报送数据

表7.2　东莞行业高质量发展评价指标体系（理论版）

维度	一级指标	二级指标	三级指标	频率	方向	数据来源
创新发展	创新投入水平	经费投入	R&D经费投入占主营业务收入的比重	季	正	微观加总
		人力投入	R&D部门人员占行业员工总数的比重	月	正	微观加总
	创新产出水平	知识产权创造能力	行业发明专利占行业专利申请量的比重	年	正	微观加总+行业数据
	创新环境	行业研发经费占总产值的比重	行业研发经费占产值的比重	年	正	行业数据
绿色发展	环保投入	环保设备	环保设备投资占行业投资的比重	季	正	微观加总
	环保监控	社会认可	行业当季是否受到环保处罚	季	负	微观加总
开放发展	行业开放水平	行业外资企业占比	行业外资企业占比	年	正	微观加总+行业数据
共享发展	收益共享	收益分配	行业工资总额占营业收入的比重	季	正	微观加总
		收入差距	行业管理层平均工资与基层员工平均工资之比	季	负	微观加总

续表

维度	一级指标	二级指标	三级指标	频率	方向	数据来源
共享发展	资本共享	管理层资本共享	管理层员工是否持股	年	正	微观加总
		员工资本共享	基层员工是否持股	年	正	微观加总
	社会共享	上市企业占比	上市企业占比	年	正	行业数据
高效发展	劳动效率	行业全员劳动生产率	行业全员劳动生产率	年	正	行业数据
	资本使用效率	行业投资收益率	行业投资收益率	年	正	行业数据
	能源效率	行业单位产值综合能耗	行业单位产值综合能耗	年	负	行业数据
风险防控	企业风险	企业风险指标	企业风险指标	月	正	微观加总
	政策风险	政策风险	政府补贴总额与净利润总额之比	月	正	微观加总
	市场风险	外贸依存度	行业产品外销占行业全部销售的比重	季	阈值①	微观加总

表 7.3　　东莞区域高质量发展评价指标体系（理论版）

维度	一级指标	二级指标	三级指标	方向	数据来源
创新发展	创新投入	R&D 经费投入	全部企业 R&D 经费投入总额与全部企业主营业务收入总额之比	正	微观数据
		R&D 人力投入	全部企业 R&D 部门人员总数与全部企业员工总数之比	正	微观数据
	创新产出	发明专利	全部企业发明专利总量与全部企业专利申请总量之比	正	微观数据

---

① 外贸依存度在企业层级指标中被用为开放性指标，在行业高质量发展指标中被用为风险指标。外贸依存度用作风险指标时，有一个阈值，我们设定为 B。当行业产品外销占行业全部销售比重超过 B 时，可以认为风险度较高，此时风险为正。

续表

维度	一级指标	二级指标	三级指标	方向	数据来源
创新发展	创新产出	高新技术企业产出能力	高新技术企业总产值与东莞地区生产总值之比	正	东莞统计年鉴
绿色发展	环境保护	环保设备投入力度	全部企业环保设备投资总额与全部企业投资总额之比	正	微观数据
		废物利用	一般工业固体废物综合利用率	正	东莞统计年鉴
	宜居程度	空气质量	空气质量达标率	正	东莞市环境状况公报
		绿化水平	人均建成区绿地面积	正	东莞统计年鉴
开放发展	外企贡献	外资企业产值贡献率	外资企业产值贡献率	正	微观数据
	贸易往来	进出口依存度	进出口总额占地区生产总值之比	阈值	东莞统计年鉴
共享发展	收益共享	企业工资水平	全部企业工资总额与全部企业营业收入总额之比	正	微观数据
		企业收入差距	全部企业管理层平均工资与全部企业基层员工平均工资之比	逆	微观数据
	资本共享	管理层持股	管理层持股企业占比	正	微观数据
		员工持股	基层员工持股企业占比	正	微观数据
	公共服务共享	教育资源共享	万人中小学专任教师数量	正	东莞统计年鉴
		文化资源共享	万人公共图书馆图书藏量	正	东莞统计年鉴
		卫生资源共享	万人卫生事业机构病床床位数量	正	东莞统计年鉴

续表

维度	一级指标	二级指标	三级指标	方向	数据来源
高效发展	劳动效率	全员劳动生产率	全部企业工业增加值总额与全部企业员工总数之比	正	微观数据
高效发展	资本效率	总资产周转率	全部企业主营业务收入总额与全部企业资本总额之比	正	微观数据
高效发展	能源效率	单位产值综合能耗	全部企业工业综合能耗总额与全部企业工业总产值之比	逆	微观数据
风险防控	信用风险	流动资产负债率	全部企业流动性资产总额与全部企业流动性负债总额之比	正	微观数据
风险防控	金融风险	本外币存贷款比率	各项本外币存款余额与各项本外币贷款余额之比	正	东莞统计年鉴

第二节 东莞制造业高质量发展指数

一 企业高质量发展指数

本指标体系从六个维度反映东莞制造业企业高质量状况：创新发展、绿色发展、开放发展、共享发展、高效发展和风险防控。每一个维度均由三级指标体系构成，为清晰表明各个指标的构成、数据来源以及对应指标的衡量正负效应，将指标体系按照不同的维度分别列示并说明。

（一）创新发展

创新发展维度衡量的是企业创新能力及其在技术进步、促进企业创新发展方面的努力和能力。一级指标包含创新投入水平、协同创新能力、知识产权能力、创新驱动能力以及创新影响力。

创新投入水平。包含经费投入和人力资源投入。企业在创新发展方面的努力体现在物和人两个方面，通过 R&D 经费投入占主营业务收入的比重能看到企业对创新的重视程度；同样，R&D 部门人员占企业员工人数的比重以及硕士以上学位员工占企业员工总数的比重也说明了企业的创新发展能力。

协同创新能力。企业的创新不能仅仅依靠自己人员的力量，也需要依靠科研单位的力量，借助科研单位的能力，能极大程度地提高企业的创新能力，采用是否与高校或科研单位合作研发来衡量。

知识产权能力。企业产权能力由产权创造和产权运用两方面来定义衡量，企业通过创新生产或研发活动最终需要形成创新的成果，这也衡量了企业从创新投入到创新产出的能力。用两个指标来衡量企业的知识产权创造能力：企业发明专利占专利申请量的比重和每十万元 R&D 投入发明专利申请量。知识产权运用能力表现出企业应用知识创造企业价值的能力，采用已投入使用的发明专利占全部发明专利数的比重和专利许可和转让收入占企业营业收入的比重来衡量。

创新驱动能力。创新驱动能力主要衡量企业利用知识创造成果为企业生产带来的效益，包括两个方面——创新价值实现和创新生产能力，分别用新产品销售收入占主营业务收入的比重和单位能耗产值来衡量。

创新影响力。衡量创新能力也可以从政府对企业的认可度来看，政府对企业创新能力的认可体现在对企业的资助上，通过企业得到政府资助的项目数量可以看到政府对企业创新能力的认可度。

(二) 绿色发展

企业绿色发展维度衡量企业环境治理水平和环保投入及成果情况。一级指标包含绿色治理和环保投入及成果。

绿色治理。企业在生产过程中存在的环境保护违规行为会受到政府或者环保部门的处罚，通过企业被处罚次数和金额能看出企业在环保绿色方面表现。

环保投入及成果。企业在绿色发展方面，也可以通过企业采购的环保设备以及企业获得的环境部门认证数量来衡量。环保设备投资大、获得环保资格认证个数越多，企业在绿色发展方面表现更好。

(三) 开放发展

企业开放发展维度衡量企业在生产发展过程中与外界协作的能力与贸易水平。一级指标包含国际化水平、行业交流以及资本开放三个指标。

国际化水平。企业国际化从三个方面衡量：人员交流、资金投入以及外贸依存度，分别衡量了企业在学习国外先进技术经验以及商品国际化程度的水平，企业在学习国外经验、技术方面投入越大，越依赖国际商品市场，表明企业国际化水平越高，分别采用公司派遣国外学习交流人数、公司派遣国外学习交流费用、公司产品外销占全部销售的比重来衡量。

行业交流。企业开放不仅仅体现在对国际市场，也包括企业国内同行业之间的交流。与国内同行业交流越频繁，支持投入越大，企业的开放水平越高。

资本开放。资本开放主要考察企业是否被外资占有股份。

（四）共享发展

企业共享发展维度衡量企业在生产发展过程中利益与员工、社会共享的情况。一级指标包含收益共享、资本共享、社会共享三个指标。

收益共享。企业利益共享可以从两个角度来衡量，一是企业整体收益的分配情况，用企业工资总额占营业收入的比重衡量；二是企业利益分配的公平程度，采用企业管理层平均工资与基层员工平均工资之比来衡量，反映了管理层与基层员工的收入差距。前一个指标值越高则企业利益共享程度越高，后一个指标值越低则企业利益共享水平越高。

资本共享。资本共享能够实现企业与员工利益一致化。资本共享包括管理层和基层员工是否持有公司股份，如果持有公司股份，则说明企业共享水平越高。

社会共享。企业利润不仅会在企业内部员工之间共享，也会与整个社会共享。社会共享水平利用企业实际社会税负贡献来表示，该指标值越高，社会共享水平越高。

（五）高效发展

企业高效发展维度衡量企业在生产发展效率方面的情况，一级指标包含节能生产、财务效率、资本使用效率等指标。

节能生产。节能生产包含节能生产能力、能源回收能力和废水处理率。企业节能生产能力越强，企业绿色生产能力越强；能源回收能力衡量了企业的能源利用率；废水处理率衡量了企业的环境友好程度；均能够衡量企业的绿色生产能力。

财务效率。财务效率包含盈利效率和运营效率。盈利效率衡量企业赚取利润的能力。运营效率反映出企业的管理运作水平，企业在公司运营过程中三大费用（管理费用、财务费用和销售费用）占营业成本的比重越高，则财务效率越低。

资本使用效率。企业使用资本能力体现在高效使用企业占有的资本，用总资产使用效率、库存运转效率和人力资本生产效率来衡量。总资产使用效率反映了企业利用资产收入回收的速度，速度越快，企业的效率越高；库存运转效率衡量企业存货周转率，存货周转率越高，企业库存占用资本越少，效率越高；人力资本生产效率用企业单位员工产出衡量，反映企业整体生产、管理水平。以上三个指标均为正向指标。

（六）风险防控

风险防控维度衡量的是企业在各个方面面临的影响企业持续经营能力的因素。一级指标包含内部风险和外部风险。

内部风险。企业内部风险是企业内部存在的影响企业持续经营的因素，包括信用风险和运营风险。信用风险包括企业流动负债偿还能力和企业现金偿还流动负债能力，分别用企业流动性资产与企业流动性负债之比、经营现金流量净额与流动负债之比衡量。两个指标均为正向指标，比值越高，企业偿债能力越高，企业风险越低。运营风险使用资产收益率和资产负债率来衡量，该指标衡量企业长期偿债能力，该指标值越高，企业风险越低。

外部风险。外部风险衡量影响企业持续经营的外部风险因素，包括市场风险和政策风险。市场风险包括企业产品价格增长率、企业原材料价格增长率、企业平均员工工资总额增长率。这些指标均是直接影响企业利润水平的因素，第一个指标为负向指标，产品价格增长越快，企业市场风险越低；其余两个指标均为正向指标，增长率越快，企业市场风险越高。政策风险衡量政府部门对企业的影响，主要是企业获得的政府补贴的波动变化，使用政府补贴总额与企业净利润总额之比来衡量,该指标值越高,说明企业盈利越依赖政府的补助,企业受到的政策性风险越高。

二 企业高质量发展指数算法

利用多指标构建综合指标的关键在于各个指标之间权重关系的确定。东莞企业高质量发展指数涉及创新发展、绿色发展、开放发展、共享发展、高效发展和风险防控6个维度,一共18个一级指标、34个二级指标和42个三级指标。该指标体系复杂,涉及的指标较多,并且各个指标描述的企业生产发展的角度不同,指标间的数量不存在可比性,因而不能简单通过指标数量来确定权重关系。为解决该问题,本书采用层次分析法(AHP)来确定指标之间的权重关系。该方法是美国运筹学家、匹茨堡大学教授萨蒂于20世纪70年代初,在为美国国防部研究"根据各个工业部门对国家福利的贡献大小而进行电力分配"课题时,应用网络系统理论和多目标综合评价方法提出的一种层次权重决策分析方法。该方法的优势在于进行多维度评价时,可以将定量分析和定性分析相结合,从而得到更加合理和科学的评价。

为了解释该方法的计算过程,按照计算流程顺序介绍:
(1) 指标归一化及方向一致化

各个指标的量纲不同,因此无法直接加总或比较,为此,需要对各个指标进行归一化处理,具体的归一化公式如下:

$$x_{ij} = \frac{x_{tij} - \min(x_{ti})}{\max(x_{ti}) - \min(x_{ti})} \qquad (7.1)$$

其中,i 为企业所属行业,t 表示第 t 个指标;j 表示第 j 家企业,x_{tij} 表示 i 行业的第 j 家企业的第 t 个指标;$\min(x_{ti})$ 表示第 i 个行业,指标 t 的最小值;$\max(x_{ti})$ 表示第 i 个行业,指标 t 的最大值。

如果指标是负向指标,则需要对指标进行正向化,具体处理方式如下：

$$x_{ij} = 1 - \frac{x_{tij} - \min(x_{ti})}{\max(x_{ti}) - \min(x_{ti})} \quad (7.2)$$

（2）权重确定方法

在企业各个指标进行了归一化以及方向一致化处理后，需要确定各个同级指标间的权重关系。不失一般性地，这里以创新发展、绿色发展、开放发展、共享发展、高效发展和风险防控这六个维度在衡量东莞高质量发展中的权重确定为例，介绍权重确定过程。

表 7.4 的各维度的指标值均为向量，例如 $x1$ 表示 n 个企业在创新维度上的得分值，为 $n \times 11$ 的矩阵，各个企业的高质量发展指数 B 可以表示如下：

$$B = w1 \times x1 + w2 \times x2 + w3 \times x3 + w4 \times x4 + w5 \times x5 + w6 \times x6 \quad (7.3)$$

表 7.4　　　　　　　　　权重确定示例

维度		指标值	权重
高质量发展指数（B）	创新发展	$x1$	$w1$
	绿色发展	$x2$	$w2$
	开放发展	$x3$	$w3$
	共享发展	$x4$	$w4$
	高效发展	$x5$	$w5$
	风险防控	$x6$	$w6$

为计算 B 的具体值，需要确定各个指标的权重情况。

首先，邀请 m 个专家，对创新发展、绿色发展、开放发展、共享发展、高效发展和风险防控这 6 个维度打分，依据为比较两两指标之间的相对重要性，得到如下打分矩阵（见表7.5）。

表 7.5　　　　　　　　　　打分矩阵示例

	创新	绿色	开放	共享	效率	风险
创新发展	a_{11}					
绿色发展	a_{21}	a_{22}				
开放发展	a_{31}	a_{32}	a_{33}			
共享发展	a_{41}	a_{42}	a_{43}	a_{44}		
高效发展	a_{51}	a_{52}	a_{53}	a_{54}	a_{55}	
风险防控	a_{61}	a_{62}	a_{63}	a_{64}	a_{65}	a_{66}

只需要对表 7.5 中有 a_{ij} 的地方进行打分，具体打分的规则见表 7.6。

表 7.6　　　　确定判断准则（九级标度两两比较评分标准）

两因素相比	分值
i 因素和 j 因素同样重要	1
i 因素比 j 因素稍微重要	3
i 因素比 j 因素明显重要	5
i 因素比 j 因素重要得多	7
i 因素比 j 因素绝对地重要	9
i 因素、j 因素比较结果处于两者之间	2，4，6，8
j 因素比 i 因素重要	以上各数的倒数

按照表 7.6 确定的规则填写表 7.5，根据 m 份专家打分表，计算 a_{ij} 的平均值，并且按照 $a_{ji} = \dfrac{1}{a_{ij}}$ 的规则将表格填满，得到判断矩阵 A，对对称矩阵 A 计算其特征根，确定其最大特征根 λ_{max} 对应的特征向量，假设对应的特征向量为：

$$K = [k1, k2, k3, k4, k5, k6] \qquad (7.4)$$

则可以计算各个权重指标，例如 $w1$ 可以表示为：

$$w1 = \frac{k1}{k1 + k2 + k3 + k4 + k5 + k6} \tag{7.5}$$

$w2 - w6$ 依此类推得到各个维度的权重值。

以上介绍了各个指标的处理方法以及各个指标在同层级上权重的确定过程。其他各个层级的权重关系均按照此方式计算各自的权重，通过加权求和的方式计算。

三 企业高质量发展指数测算

（一）指标体系约化

由于数据的局限，可以在表 7.1 至表 7.3 选择合适的、方便获取数据的指标（或调整部分指标）构成实操版企业高质量发展评价指标体系。通过对指标进行筛选，确定如下高质量发展企业指标体系（见表 7.7）。

表 7.7　　企业高质量发展评价指标体系（实操版）

维度	一级指标	二级指标	三级指标	频率	计算方式	方向	数据来源
创新发展	创新投入水平	经费投入	R&D 经费投入占主营业务收入的比重	月	—	正	企业财务报表
		人力投入	R&D 部门人员占企业员工人数的比重	月	—	正	电子信息制造业统计报表—电制统企 X 表
	创新产出水平	知识产权创造能力	企业发明专利占专利申请量的比重	年	—	正	企业报送数据
绿色发展	环保投入	环保设备	环保设备投资占企业投资的比重	季	—	正	能源利用状况报告表
	环保监控	社会认可	企业当月是否受到环保处罚	月	—	负	企业报送数据

续表

维度	一级指标	二级指标	三级指标	频率	计算方式	方向	数据来源
开放发展	外贸依存度	商品贸易开放	公司产品外销占全部销售的比重	月	—	正	生产企业出口货物免、抵、退税申报汇总表、能源利用状况报告表
共享发展	收益共享	收益分配	企业工资总额占营业收入的比重	月	—	正	财务报表+企业报送
共享发展	收益共享	收入差距	企业管理层平均工资与基层员工平均工资之比	月	—	负	企业报送数据
共享发展	资本共享	管理层	管理层员工是否持股	年	—	正	企业报送数据
共享发展	资本共享	员工	基层员工是否持股	年	—	正	企业报送数据
高效发展	财务效率	盈利效率	利润率	月	—	正	企业财务报表
高效发展	资本使用效率	总资产使用效率	总资产周转率	月	主营业务收入/总资产平均余额	正	企业财务报表
高效发展	资本使用效率	人力资本生产效率	企业单位员工产出	月	营业收入/企业员工总数	正	企业财务报表
风险防控	内部风险	信用风险	流动资产负债率	季	企业流动性资产/企业流动性负债	正	企业财务报表
风险防控	外部风险	政策风险	政府补贴总额与企业净利润总额之比	年	100×（当年政府补贴收入/企业年度利润总额）	正	企业报送数据

(二) 权重方案及指数计算

(1) 基于 AHP 模型下的指数计算

利用以上指标体系，可以计算企业高质量发展指数。由于各个维度二级指标数量较少，可以应用 AHP 的方法来测算各个指标权重，并计算综合高质量发展指数，具体单个企业综合指数计算公式如下：

$$Index_i = 100 \times \frac{(\sum_{j=1}^{6} \sum_{s=1}^{k} w_{ijs} \times x_{ijs})}{6} \quad (7.6)$$

其中，$Index_i$ 表示第 i 个企业的综合高质量发展指数，该指数为百分制，分数越高，企业高质量发展水平越高；j 表示各个维度；s 表示每个维度对应的第 s 个三级指标；w 表示通过 AHP 方法计算得到的权重值；x 表示各个指标通过归一化和方向一致化后的指标值。

(2) 基于等权重下的指数计算

为方便操作和计算，在实际计算过程中也可以用等权重方式来处理。具体来讲，就是所有的三级指标的权重相同，对应的企业综合指数计算公式如下：

$$Index_i = 100 \times \frac{(\sum_{j=1}^{6} \sum_{s=1}^{k} x_{ijs})}{N} \quad (7.7)$$

其中，$Index_i$ 表示第 i 个企业的综合高质量发展指数，该指数为百分制，分数越高，企业高质量发展水平越高；N 表示全部三级指标的个数；其他符号含义与 AHP 模型权重方案中相同。

(3) 基于定制化权重方案下指数计算

在计算企业高质量发展指数过程中，可能重点关注某一维度方向的指标取值，因此可以自行设定不同维度指标的权重。在此，本书设计 6 种不同维度侧重下的权重方案设计（见表7.8）：

表7.8　　　　　　　定制化权重方案下不同维度权重设计

指标 侧重维度	创新权重 w_1	绿色权重 w_2	开放权重 w_3	共享权重 w_4	效率权重 w_5	风险权重 w_6
创新发展	0.5	0.1	0.1	0.1	0.1	0.1
绿色发展	0.1	0.5	0.1	0.1	0.1	0.1
开放发展	0.1	0.1	0.5	0.1	0.1	0.1
共享发展	0.1	0.1	0.1	0.5	0.1	0.1
高效发展	0.1	0.1	0.1	0.1	0.5	0.1
风险防控	0.1	0.1	0.1	0.1	0.1	0.5

在该方案下，可以计算对应的综合指数如下：

$$Index_i = \sum_{j=1}^{6} w_j \times \frac{\sum_{s=1}^{n_j} x_{ijs}}{n_j} \qquad (7.8)$$

其中，$Index_i$ 表示第 i 个企业的综合高质量发展指数，该指数为百分制，分数越高，企业高质量发展水平越高；w_j 表示第 j 个维度的定制权重；n_j 表示第 j 个维度三级指标个数，其他符号含义与前述相同。

（三）按照月度、季度、年度频率发布的企业高质量发展指数

由于操作版指标体系中指标数据可获取的频率不一致，有些指标可以每月获取，而另一些指标只能每个季度获取，甚至每年获取。企业高质量发展指数可以依据数据的可获取频率按照月度、季度和年度来分别发布。

（1）月度企业高质量发展指数

为构建月度企业高质量发展指数，指标只能选择能按月频率获取数据的指标，该类指标有10个。根据这10个月度指标，按照以上介绍的权重方案和指标计算公式来确定月度企业高质量发展指数。具体月度指标体系见表7.9。

表 7.9　　按照月度发布的企业高质量发展评价指标体系

维度	一级指标	二级指标	三级指标	频率	计算方式	方向	数据来源
创新发展	创新投入水平	经费投入	R&D 经费投入占主营业务收入的比重	月	—	正	企业财务报表
创新发展	创新投入水平	人力投入	R&D 部门人员占企业员工人数的比重	月	—	正	电子信息制造业统计报表—电制统企 X 表
绿色发展	环保监控	社会认可	企业当月是否受到环保处罚	月	—	负	企业报送数据
开放发展	外贸依存度	商品贸易开放	公司产品外销占全部销售的比重	月	—	正	生产企业出口货物免、抵、退税申报汇总表、能源利用状况报告表
共享发展	收益共享	收益分配	企业工资总额占营业收入的比重	月	—	正	财务报表+企业报送
共享发展	收益共享	收入差距	企业管理层平均工资与基层员工平均工资之比	月	—	负	企业报送数据
高效发展	财务效率	盈利效率	利润率	月	—	正	企业财务报表
高效发展	资本使用效率	总资产使用效率	总资产周转率	月	主营业务收入/总资本平均余额	正	企业财务报表
高效发展	资本使用效率	人力资本生产效率	企业单位员工产出	月	营业收入/企业员工总数	正	企业财务报表
风险防控	内部风险	信用风险	流动资产负债率	月	企业流动性资产/企业流动性负债比	正	企业财务报表

(2) 季度企业高质量发展指数

构建季度企业高质量发展指数需要结合月度企业数据和季度企业数据。根据表7.7，月度指标有9个，季度指标有2个，一共11个指标。在计算季度企业高质量发展指数时，需要将指标频率一致化，月度频率指标数据按照季度周期统计计算对应指标。最终，将这11个指标数据按照以上介绍的权重方案和指标计算公式来确定季度企业高质量发展指数。具体季度指标体系见表7.10。

表7.10　按季度发布的企业高质量发展评价指标体系

维度	一级指标	二级指标	三级指标	频率	计算方式	方向	数据来源
创新发展	创新投入水平	经费投入	R&D经费投入占主营业务收入的比重	月	按照季度时间段计算季度指标	正	企业财务报表
		人力投入	R&D部门人员占企业员工人数的比重	月	按照季度时间段计算季度指标	正	电子信息制造业统计报表——电制统企X表
绿色发展	环保投入	环保设备	环保设备投资占企业投资的比重	季	——	正	能源利用状况报告表
	环保监控	社会认可	企业当月是否受到环保处罚	月	按照季度时间段计算季度指标	负	企业报送数据
开放发展	外贸依存度	商品贸易开放	公司产品外销占全部销售的比重	月	按照季度时间段计算季度指标	正	生产企业出口货物免、抵、退税申报汇总表、能源利用状况报告表
共享发展	收益共享	收益分配	企业工资总额占营业收入的比重	月	按照季度时间段计算季度指标	正	财务报表+企业报送
		收入差距	企业管理层平均工资与基层员工工资之比	月	按照季度时间段计算季度指标	负	企业报送数据

续表

维度	一级指标	二级指标	三级指标	频率	计算方式	方向	数据来源
高效发展	财务效率	盈利效率	利润率	月	按照季度时间段计算季度指标	正	企业财务报表
	资本使用效率	总资产使用效率	总资产周转率	月	主营业务收入/总资本平均余额	正	企业财务报表
		人力资本生产效率	企业单位员工产出	月	营业收入/企业员工总数	正	企业财务报表
风险防控	内部风险	信用风险	流动资产负债率	季	企业流动性资产/企业流动性负债比	正	企业财务报表

(3) 年度企业高质量发展指数

为构建年度企业高质量发展指数需要结合企业月度、季度和年度三种类型指标。根据表7.7，月度指标有9个，季度指标有2个，年度指标有4个，一共15个指标。在计算年度企业高质量发展指数时，同样需要将全部15个指标频率一致化，月度、季度频率指标数据按照年度周期计算对应指标。最终，将这15个指标数据按照以上介绍的权重方案和指标计算公式来确定年度企业高质量发展指数。具体年度指标体系见表7.11。

表7.11 按年度发布的企业高质量发展评价指标体系

维度	一级指标	二级指标	三级指标	频率	计算方式	方向	数据来源
创新发展	创新投入水平	经费投入	R&D经费投入占主营业务收入的比重	月	按照年度时间段计算年度指标	正	企业财务报表
		人力投入	R&D部门人员占企业员工人数的比重	月	按照年度时间段计算年度指标	正	电子信息制造业统计报表—电制统企X表

续表

维度	一级指标	二级指标	三级指标	频率	计算方式	方向	数据来源
创新发展	创新产出水平	知识产权创造能力	企业发明专利占专利申请量的比重	年	—	正	企业报送数据
绿色发展	环保投入	环保设备	环保设备投资占企业投资的比重	季	按照年度时间段计算年度指标	正	能源利用状况报告表
绿色发展	环保监控	社会认可	企业当月是否受到环保处罚	月	按照年度时间段计算年度指标	负	企业报送数据
开放发展	外贸依存度	商品贸易开放	公司产品外销占全部销售的比重	月	按照年度时间段计算年度指标	正	生产企业出口货物免、抵、退税申报汇总表、能源利用状况报告表
共享发展	收益共享	收益分配	企业工资总额占营业收入比重	月	按照年度时间段计算年度指标	正	财务报表+企业报送
共享发展	收益共享	收入差距	企业管理层平均工资与基层员工平均工资之比	月	按照年度时间段计算年度指标	负	企业报送数据
共享发展	资本共享	管理层	管理层员工是否持股	年	—	正	企业报送数据
共享发展	资本共享	员工	基层员工是否持股	年	—	正	企业报送数据
高效发展	财务效率	盈利效率	利润率	月	按照年度时间段计算年度指标	正	企业财务报表
高效发展	资本使用效率	总资产使用效率	总资产周转率	月	主营业务收入（年度值）/总资本平均余额（年度值）	正	企业财务报表
高效发展	资本使用效率	人力资本生产效率	企业单位员工产出	月	营业收入（年度值）/企业员工总数（年度值）	正	企业财务报表

续表

维度	一级指标	二级指标	三级指标	频率	计算方式	方向	数据来源
风险防控	内部风险	信用风险	流动资产负债率	季	企业流动性资产（年度值）/企业流动性负债比（年度值）	正	企业财务报表
	外部风险	政策风险	政府补贴总额与企业净利润总额之比	年	100×（当年政府补贴收入/企业年度利润总额）	正	企业报送数据

四 行业高质量发展指数

对于行业高质量发展指数，综合研究文献和东莞行业发展情况来看，行业高质量发展应当突破以往的粗放发展模式，不能单纯地讲经济发展速度，更应该将创新发展、绿色发展、高效发展等融合进来，此外，也要考虑到行业的开放、共享和风险等指标，用于衡量行业的发展质量。

东莞行业高质量发展评价指标体系是建立在东莞企业经济发展基础上的，它与东莞企业高质量发展指标体系具有内在的统一性，即跳出了企业的发展层级，从行业的角度去思考问题。为更直观地反映东莞的企业、行业的发展质量，找出企业和行业之间存在的问题，检验东莞企业和行业的高质量发展状况，我们通过对企业指标体系的筛选，选出适合行业的指标，并以企业加总的形式形成行业数据，同时考虑企业的外部性，加入行业层面所特有的指标，构成东莞行业高质量发展评价指标体系。

东莞行业高质量发展评价指标体系与东莞企业高质量发展评价指标体系具有内在统一性。由于数据可获取的频率不一致，有些指标可以每月获取，而另一些指标只能每个季度获取，甚至每年获取，企业高质量发展指数可以依据数据的可获取频率按照月度、季度和年度来分别发布。但是对于行业来讲，按照月度发布指标意义不太明显，因此行业高质量指标按照季度和年度来分别发布。

通过对企业指标的筛选发现，利润率、总资产周转率、企业单位员工产出、流动资产负债率4个企业特有的指标是不能够进行行业加总的指标。因此在企业指标的层次上挑选了R&D经费投入占主营业务收入的比重、R&D部门人员占行业员工人数的比重、行业发明专利占行业专利申请量的比重、环保设备投资占企业投资的比重、行业当季度是否受到环保处罚、行业工资总额占营业收入的比重、行业管理层平均工资与基层员工平均工资之比、管理层员工是否持股、基层员工是否持股、政府补贴总额与净利润总额之比、行业产品外销占行业全部销售的比重11个企业指标进行行业微观加总。另外加入了行业所特有的7个指标：行业研发经费占总产值的比重、上市企业占比、行业外资企业占比、行业全员劳动生产率、行业投资收益率、行业单位产值综合能耗、企业风险。

东莞行业高质量发展指数从创新发展、绿色发展、开放发展、共享发展、高效发展和风险防控六个维度反映东莞制造业行业高质量发展状况。行业高质量发展指数总共包括了创新投入水平、创新产出水平、创新环境、环保投入、环保监控、行业开放水平、收益共享、资本共享、社会共享、劳动效率、资本效率、能源效率、企业风险、政策风险、市场风险15个一级指标，经费投入、人力投入等18个二级指标，R&D经费投入占主营业务收入的比重、R&D部门人员占行业员工人数的比重等18个三级指标。

（一）创新发展

创新发展维度衡量的是行业创新能力在促进技术进步、促进行业创新发展方面的努力和能力。一级指标包含创新投入水平、创新产出水平、创新环境。

创新投入水平。创新投入水平包含经费投入和人力投入两个指标，这两个指标都是季度指标，是根据企业加总得来的数据。行业在创新发展方面的努力体现在物和人两个方面，通过R&D经费投入占主营业务收入的比重能看到行业对创新的重视程度；同样，R&D部门人员占行业员工总数的比重也说明了行业的创新发展能力。这两个指标值越高，说明行业创新投入水平越好。

创新产出水平。创新产出水平可以用知识产权创造能力来衡量，这个指标是年度指标，数据来源可以是企业加总，也可来自统计年鉴。知识产权创造能力可以用行业发明专利占行业专利申请量的比重来衡量，比重越高，说明行业的创新产出水平越高。

创新环境。创新环境可以用行业研发经费占总产值的比重来衡量，这个指标是年度指标，数据来源是统计年鉴。行业的创新需要大量的资本和政府的支持，行业研发经费占总产值的比重是衡量行业创新环境的重要指标，该指标值越大，说明创新环境越好。

(二) 绿色发展

行业绿色发展维度衡量企业节能生产、防治污染等状况。一级指标包含环保投入、环保监控。

环保投入。环保投入可以用环保设备投资占行业投资的比重来衡量，该指标是季度指标，数据来源是微观企业加总。衡量行业的绿色发展水平，环保投入资金是很重要的方面，只有投入资金，才能保障行业绿色发展。环保设备投资占企业投资的比重是一个正向指标，该指标值越大，说明行业绿色生产能力越好。

环保监控。环保监控可以用行业当季是否受到环保处罚来衡量，该指标是季度指标，数据来源于微观企业加总。行业在绿色发展方面，可以通过行业是否受到环保处罚来衡量，若没有受到环保处罚，说明行业在绿色发展方面表现更好。

（三）开放发展

行业开放发展维度衡量行业在生产发展过程中与外界协作的能力和贸易水平。一级指标是行业开放水平。

行业开放水平。行业开放水平可以用行业外资企业占比来衡量，该指标是年度指标，数据源自统计年鉴。行业外资企业占比这个指标是正向指标，该指标占比越高，说明行业开放水平越好。

（四）共享发展

企业共享发展维度衡量行业在生产发展过程中利益与员工、社会共享情况。一级指标包含收益共享、资本共享、社会共享三个指标。

收益共享。收益共享可以用行业工资总额占营业收入的比重、行业管理层平均工资与基层员工平均工资之比来衡量，这两个指标都是季度指标，数据来源为微观加总。行业利益共享可以从两个角度来衡量，一是行业整体收益的分配情况，用行业工资总额占营业收入的比重衡量；二是行业利益分配的公平程度，采用行业管理层平均工资与基层员工平均工资之比来衡量，反映管理层与基层员工的收入差距。前一个指标值越高，则共享程度越高；后一个指标值越低，则行业利益共享水平越高。

资本共享。资本共享可以用管理层员工是否持股、基层员工是否持股来衡量，这两个指标均为年度指标。这两个指标均为正向指标，指标值越高，说明资本共享水平越高。

社会共享。社会共享可以用上市企业占比来衡量，该指标为年度指标，数据来源于统计年鉴。行业利润不仅在行业内部员工之间共享，也会同整个社会共享，企业通过上市的方式来达到这一目的，因此可以用上市企业占比来衡量，该指标值越高，社会共享水平越高。

(五) 高效发展

行业高效发展维度衡量行业的生产发展效率情况。一级指标包含劳动效率、资本使用效率和能源效率三个指标。

劳动效率。劳动效率可以用行业全员劳动生产率来衡量，该指标是年度指标，数据来源于统计年鉴。衡量了行业的劳动生产效率，生产效率越高，行业发展越高效。

资本使用效率。主要是行业投资收益率，该指标是年度指标，数据来源于统计年鉴。行业使用资本能力可以用行业投资收益率来表示，该指标是正向指标，行业投资收益率越高，行业使用资本的效率越高。

能源效率。能源效率可以用行业单位产值综合能耗来衡量，该指标是年度指标，数据来源于统计年鉴。行业单位产值综合能耗是一个负向指标，该指标值越低，说明能源效率越高。

(六) 风险防控

风险防控维度衡量的是行业面临的影响行业持续经营能力的因素。一级指标包含企业风险、政策风险和市场风险。

企业风险。衡量行业的风险状况，可以将企业风险指标作为一项重要的指标加入，该指标为正向指标，企业风险越高，行业风险水平越大。

政策风险。政策风险是指国家政策带来的风险，可以用政府补贴总额与净利润总额之比来衡量。该指标是月度指标，数据来源于微观加总。当政府补贴总额占净利润总额的比重越高时，政策性风险越高。

市场风险。市场风险是指行业面临来自市场的风险，此处可以用外贸依存度来衡量，该指标是季度指标，数据来源于微观加总。外贸依存度在一定程度内是一个正向指标，当不超过阈值 B 时，该指标值越高，则企业风险越小。

五 行业高质量发展指数的算法及测算

（一）行业高质量发展指数算法

东莞行业高质量发展指数从六个维度来反映东莞制造业高质量发展状况：创新发展、绿色发展、开放发展、共享发展、高效发展和风险防控。行业高质量发展指数总共包括了创新投入水平、创新产出水平、创新环境、环保投入、环保监控、行业开放水平、收益共享、资本共享、社会共享、劳动效率、资本效率、能源效率、企业风险、政策风险、市场风险 15 个一级指标；经费投入、人力投入、知识产权创造能力、行业研发经费占总产值的比重、环保设备、社会认可、上市企业占比、行业外资企业占比、收益分配、收入差距、管理层劳动生产率、员工劳动生产率、行业全员劳动生产率、行业投资收益率、行业单位产值综合能耗、企业风险、政策风险、外贸依存度 18 个二级指标；R&D 经费投入占主营业务收入的比重、R&D 部门人员占企业员工人数的比重、行业发明专利占行业专利申请量的比重、行业研发经费占总产值的比重、环保设备投资占企业投资的比重、行业当季度是否受到环保处罚、上市企业占比、行业外资企业占比、行业工资总额占营业收入的比重、行业管理层平均工资与基层员工平均工资之比、管理层员工是否持股、基层员工是否持股、行业全员劳动生产率、行业投资收益率、行业单位产值综合能耗、企业风险指标、政府补贴总额与净利润总额之比、行业产品外销占行业全部销售的比重 18 个三级指标。

由于行业高质量发展评价指标体系和企业高质量发展指标体系具有内在的统一性，因此其合成方法也一样，与企业高质量发展指数算法一致。

需要特别说明的是如何通过企业加总的形式来测算整个行业的数据。由于只有800个企业的数据，这800个企业又细分为几个行业。我们可以得到的是某一个行业中在这800个企业之内的几十个企业的数据加总，这些数据的加总只是东莞行业中的一个抽样数据。具体测算方法是，将这些数据加总成年份，计算出一年的数据，然后跟统计局的年份数据做一个比较，就可以知道这些企业占到东莞行业的百分比。

（二）按照季度、年度发布的行业高质量发展指数

东莞行业高质量发展评价指标体系与东莞企业高质量发展评价指标体系具有内在统一性，它是对企业指标数据的筛选，选出适合行业的指标，并以企业加总的形式形成行业数据，同时考虑企业的外部性，加入行业层面所特有的指标，构成了东莞行业高质量发展评价指标体系。由于数据可获取的频率不一致，有些指标可以每月获取，而另一些指标只能每个季度获取，甚至每年获取，企业高质量发展指数可以依据数据的可获取频率按照月度、季度和年度来分别发布。但是对于行业来讲，按照月发布指数意义不太明显，因此行业高质量发展指数按照季度和年度来分别发布。

（1）季度行业高质量发展指数

为构建季度行业高质量发展指数，指标只能选择能按月频率或者按季度频率获取数据的指标，再对月度数据进行微观加总，从而形成季度数据，进而构成行业高质量发展的季度指标体系。通过对企业指标的筛选发现，利润率、总资产周转率、企业单位员工产出、流动资产负债率4个企业特有的指标是不能够进行行业加总的指标。

企业高质量发展指数中有 7 个可以进行微观加总：R&D 经费投入占主营业务收入的比重、R&D 部门人员占企业员工人数的比重、环保设备投资占行业投资的比重、行业当季度是否受到环保处罚、行业工资总额占营业收入的比重、行业管理层平均工资与基层员工平均工资之比、行业产品外销占行业全部销售的比重。另外加上体现行业特性的 2 个指标：行业单位产值综合能耗、企业风险指标，总共构成按季度发布的行业高质量发展指数的 9 个三级指标。具体指标见表 7.12。

表 7.12　　　　按季度发布的行业高质量发展评价指标体系

维度	一级指标	二级指标	三级指标	频率	数据来源	三级指标行业加总计算	方向
创新发展	创新投入水平	经费投入	R&D 经费投入占主营业务收入的比重	月	微观加总	按季度统计，行业内所有企业 R&D 经费投入之和/行业内所有企业主营业务收入之和	正
创新发展	创新投入水平	人力投入	R&D 部门人员占行业员工人数的比重	月	微观加总	按季度统计，行业内所有企业 R&D 部门人员之和/行业内所有企业员工人数之和	正
绿色发展	环保投入	环保设备	环保设备投资占行业投资的比重	季	微观加总	按季度统计，行业内所有企业环保设备投资之和/行业内所有企业投资之和	正
绿色发展	环保监控	社会认可	行业当季度是否受到环保处罚	月	微观加总	0/1 变量	负

续表

维度	一级指标	二级指标	三级指标	频率	数据来源	三级指标行业加总计算	方向
共享发展	收益共享	收益分配	行业工资总额占营业收入的比重	月	微观加总	按季度统计，行业内所有企业工资总额之和/行业内所有企业营业收入之和	正
共享发展	收益共享	收入差距	行业管理层平均工资与基层员工平均工资之比	月	微观加总	按季度统计，行业内所有企业管理层平均工资均值/行业内所有企业基层员工平均工资均值	负
共享发展	能源效率	行业单位产值综合能耗	行业单位产值综合能耗	季	行业数据	能源局按季度给出数据	负
风险防控	企业风险	企业风险指标	企业风险指标	月	微观加总	企业高质量发展季度风险指标	正
风险防控	市场风险	外贸依存度	行业产品外销占行业全部销售的比重	月	微观加总	按季度统计，行业内所有企业公司产品外销收入之和/行业内所有企业全部销售收入之和	阈值①

（2）年度行业高质量发展指数

构建年度行业高质量发展指数需要结合月度、季度和年度三种数据类型指标，通过对月度和季度数据进行微观加总从而形成年度数据，进而构成行业高质量发展的年度指标体系。这类指标一共有

---

① 外贸依存度在企业层级指标中被用为开放性指标，在行业高质量发展指标中被用为风险指标。外贸依存度用作风险指标时，有一个阈值，我们设定为B。当行业产品外销占行业全部销售比重超过B时，可以认为风险度较高，此时方向为正。

18个：R&D经费投入占主营业务收入的比重、R&D部门人员占企业员工人数的比重、行业发明专利占行业专利申请量的比重、行业研发经费占总产值的比重、环保设备投资占企业投资的比重、行业当季度是否受到环保处罚、上市企业占比、行业外资企业占比、行业工资总额占营业收入的比重、行业管理层平均工资与基层员工平均工资之比、管理层员工是否持股、基层员工是否持股、行业全员劳动生产率、行业投资收益率、行业单位产值综合能耗、企业风险指标、政府补贴总额与净利润总额之比、行业产品外销占行业全部销售的比重。具体年度指标体系见表7.13。

表7.13 按年度发布的行业高质量发展评价指标体系

维度	一级指标	二级指标	三级指标	频率	数据来源	三级指标行业加总计算	方向
创新发展	创新投入水平	经费投入	R&D经费投入占主营业务收入的比重	月	微观加总	按年统计，行业内所有企业R&D经费投入之和/行业内所有企业主营业务收入之和	正
		人力投入	R&D部门人员占行业员工人数的比重	月	微观加总	按年统计，行业内所有企业R&D部门人员之和/行业内所有企业员工人数之和	正
	创新产出水平	知识产权创造能力	行业发明专利占行业专利申请量的比重	年	微观加总+行业数据	按年统计，行业内所有企业发明专利总量与行业内所有企业专利申请总量之比	正

续表

维度	一级指标	二级指标	三级指标	频率	数据来源	三级指标行业加总计算	方向
创新发展	创新环境	行业研发经费占总产值比重	行业研发经费占总产值的比重	年	行业数据	按年统计，研发经费合计支出/工业总产值	正
绿色发展	环保投入	环保设备	环保设备投资占行业投资的比重	季	微观加总	按年统计，行业内所有企业环保设备投资之和/行业内所有企业投资之和	正
绿色发展	环保监控	社会认可	行业当季度是否受到环保处罚	月	微观加总	0/1 问题	负
开放发展	行业开放水平	行业外资企业占比	行业外资企业占比	年	微观加总+行业数据	按年统计，行业内所有外资企业个数之和/行业内所有企业个数之和	正
共享发展	收益共享	收益分配	行业工资总额占营业收入的比重	月	微观加总	按年统计，行业内所有企业工资总额之和/行业内所有企业营业收入之和	正
共享发展	收益共享	收入差距	行业管理层平均工资与基层员工平均工资之比	月	微观加总	按年统计，行业内所有企业管理层平均工资均值/行业内所有企业基层员工平均工资均值	负

续表

维度	一级指标	二级指标	三级指标	频率	数据来源	三级指标行业加总计算	方向
共享发展	资本共享	管理层	管理层员工是否持股	年	微观加总	0/1问题	正
		员工	基层员工是否持股	年	微观加总	0/1问题	正
	社会共享	上市企业占比	上市企业占比	年	行业数据	统计年鉴	正
高效发展	劳动效率	行业全员劳动生产率	行业全员劳动生产率	年	行业数据	统计年鉴	正
	资本效率	行业投资收益率	行业投资收益率	年	行业数据	统计年鉴	正
	能源效率	行业单位产值综合能耗	行业单位产值综合能耗	季	行业数据	按年统计，能源局给出数据	负
风险防控	企业风险	企业风险指标	企业风险指标	月	微观加总	按年统计，企业高质量发展月度风险指标	正
	政策风险	政策风险	政府补贴总额与净利润总额之比	年	微观加总	按年度统计，100×(行业内所有企业当年政府补贴收入之和/行业内所有企业年度利润总额之和)	正
	市场风险	外贸依存度	行业产品外销占行业全部销售的比重	月	微观加总	按年度统计，行业内所有企业公司产品外销收入之和/行业内所有企业全部销售收入之和	阈值①

① 外贸依存度在企业层级指标中被用作开放性指标，在行业高质量发展指标中被用作风险指标。外贸依存度用作风险指标时，有一个阈值，我们设定为B。当行业产品外销占行业全部销售比重超过B时，可以认为风险度较高，此时风险为正。

六 区域高质量发展指数

东莞企业、行业和区域高质量发展指数是东莞高质量发展指数的三大组成部分，三者相互联系，并且存在层次递进的关系。与企业和行业指数不同，区域高质量发展指数站在一个更高的层面上对东莞整体的高质量发展情况进行评价，这就需要结合企业、行业高质量发展的基础，结合更为全面的宏观经济数据进行综合考虑。

（一）区域高质量发展指数算法

在东莞区域高质量发展指数的实际合成过程中，以下几个方面需要特别注意。

第一，数据来源及三级指标计算方法。区域高质量发展指数的基础指标主要有两种来源：一是宏观数据，取自《东莞统计年鉴》《东莞市环境状况公报》等，此类数据的频度为年，可以直接按照方案公式计算得到三级指标。二是微观数据。这部分数据为企业报送东莞市经济和信息化局的数据，频度基本为月。由于报送数据多为累计数据，建议采用企业每年12月报送的能够反映全年企业情况的数据进行计算。

第二，计算基期确定方法。与企业、行业指数不同，由于只是计算东莞一地的区域发展指数，在计算的过程中没有比较对象，无法使用数据标准化的方法去除量纲。这就需要按照数据的追溯情况确定一个适合的基年，采用定基的方法逐层计算合成东莞高质量发展指数。例如设定三级指标"R&D经费投入占主营业务收入的比重"基年为100，当第二年比第一年增长5%时，该三级指标变为105。所有三级指标在基期的基础上计算完成后，按照权重计算可得到区域发展指数。

第三，指标权重确定方法。区域高质量发展指数的权重确定主要有三种思路：一是所有指标等权重。这种方案计算出来的高质量发展指数可以作为一个基准来看待，其他权重方案是在此方案之上的调整。二是采用层次分析法确定权重。技术细节参考企业高质量发展指数的相关部分。三是权重平台化。将区域高质量发展指数的基础数据和合成方法进行软件平台化，实现自动抓取数据、自动计算指数功能，并且可以按照不同的权重方案实时展示计算分析结果。

（二）按年度发布的区域高质量发展指数

东莞区域高质量发展评价指标体系延续了企业、行业高质量发展指数的构成思路，采用创新发展、绿色发展、开放发展、共享发展、高效发展和风险防控作为一级指标，下辖14个二级指标、22个三级指标。三级指标主要使用比重、人均等相对指标（见表7.14）。以下进行具体介绍。

创新发展方面，主要包括创新投入和创新产出2个二级指标。创新投入主要考虑了资金投入（R&D经费投入占主营业务收入的比重）和人员投入（R&D部门人员占企业员工人数的比重）；创新产出方面包括专利产出（发明专利占专利申请量的比重）和产值产出（高新技术企业总产值占GDP的比重）。

绿色发展方面，主要包括环境保护和宜居程度2个二级指标。环境保护主要考虑环保投入（环保设备投资占企业投资的比重）和环保效果（一般工业固体废物综合利用率），宜居程度方面包括空气状况（空气质量达标率）和绿化情况（人均建成区绿地面积）。

开放发展方面，主要包括外企贡献和贸易往来2个二级指标。前者使用外资企业产值贡献率来反映，后者使用进出口依存度来说明。

共享发展方面，主要包括收益共享、资本共享和公共服务共享3个二级指标。收益共享包括工资占比（企业工资总额占营业收入的比重) 和收入差距 (企业管理层平均工资与基层员工平均工资之比) 两个方面; 资本共享以持股比例 (管理层员工持股企业占比、基层员工持股企业占比) 衡量; 公共服务共享聚焦教育 (万人中小学专任教师数量)、文化 (万人公共图书馆图书藏量) 和医疗 (万人卫生事业机构病床床位数量)。

高效发展方面, 主要包括劳动效率、资本效率和能源效率 3 个二级指标。劳动效率使用全员劳动生产率来反映, 资本效率使用总资产周转率来说明; 能源效率使用单位产值综合能耗来衡量。

风险防控方面, 主要包括信用风险和金融风险 2 个二级指标。信用风险从微观角度出发, 使用流动资产负债率来衡量; 金融风险从宏观角度出发, 使用本外币存贷款比率来体现。

表 7.14　　按年度发布的区域高质量发展评价指标体系

维度	一级指标	二级指标	三级指标	方向	数据来源
创新发展	创新投入	R&D 经费投入占主营业务收入的比重	R&D 经费投入占主营业务收入的比重	正	微观数据
		R&D 部门人员占企业员工人数的比重	R&D 部门人员占企业员工人数的比重	正	微观数据
	创新产出	发明专利占专利申请量的比重	全部企业发明专利总量与全部企业专利申请总量之比	正	微观数据
		高新技术企业总产值占 GDP 的比重	高新技术企业总产值占 GDP 的比重	正	《东莞统计年鉴》
绿色发展	环境保护	环保设备投资占企业投资的比重	环保设备投资占企业投资比重	正	微观数据
		一般工业固体废物综合利用率	一般工业固体废物综合利用率	正	《东莞统计年鉴》
	宜居程度	空气质量达标率	空气质量达标率	正	《东莞市环境状况公报》
		人均建成区绿地面积	人均建成区绿地面积	正	《东莞统计年鉴》

续表

维度	一级指标	二级指标	三级指标	方向	数据来源
开放发展	外企贡献	外资企业产值贡献率	外资企业产值贡献率	正	微观数据
	贸易往来	进出口依存度	进出口总额占地区生产总值之比	正	《东莞统计年鉴》
共享发展	收益共享	企业工资总额占营业收入的比重	全部企业工资总额与全部企业营业收入总额之比	正	微观数据
		企业管理层平均工资与基层员工平均之比	全部企业管理层平均工资与全部企业基层员工平均工资之比	逆	微观数据
	资本共享	管理层员工持股企业占比	管理层员工持股企业占比	正	微观数据
		基层员工持股企业占比	基层员工持股企业占比	正	微观数据
	公共服务共享	万人中小学专任教师数量	万人中小学专任教师数量	正	《东莞统计年鉴》
		万人公共图书馆图书藏量	万人公共图书馆图书藏量	正	《东莞统计年鉴》
		万人卫生事业机构病床床位数量	万人卫生事业机构病床床位数量	正	《东莞统计年鉴》
高效发展	劳动效率	全员劳动生产率	全部企业工业增加值总额与全部企业员工总数之比	正	微观数据
	资本效率	总资产周转率	全部企业主营业务收入总额与全部企业资本总额之比	正	微观数据
	能源效率	单位产值综合能耗	全部企业工业综合能耗总额与全部企业工业总产值之比	逆	微观数据

续表

维度	一级指标	二级指标	三级指标	方向	数据来源
风险防控	信用风险	流动资产负债率	全部企业流动性资产总额与全部企业流动性负债总额之比	正	微观数据
	金融风险	本外币存贷款比率	各项本外币存款余额与各项本外币贷款余额之比	正	《东莞统计年鉴》

第三节 高质量发展指数测度的应用实证

基于上述高质量发展内涵和测度方法研究，本书针对东莞市制造业企业，开展宏微观一体化高质量发展指标体系测算。2012年，东莞市启动建设"东莞能源管理中心云平台"（以下简称能管平台），用于监管和服务全市重点能耗企业。目前，该平台已实现对超过800家重点用能单位的生产活动和能耗实时监测，监测数量位居全国地市第一。此外，由东莞市经济和信息化局牵头搭建的"智造东莞"政府服务平台，已定期完成多家制造业企业的数据采集和整理，成为东莞市制造业数据库的重要补充。综合来看，以统计企业生产活动信息为主的能管平台和以统计企业资产和财务信息为主的"智造东莞"平台，为全面了解东莞市企业、行业、区域的高质量发展实际情况，提供了有力的数据支撑和保障。

基于能管平台和"智造东莞"平台数据，本书收集得到2016—2018年777家典型制造业企业共10741条数据，企业样本分布覆盖1个高新技术开发区（松山湖区），4个街道（莞城、东城、南城和万江）和28个镇。

由于宏微观一体化高质量发展指标体系为规范性测度模型，实际的数据统计流程较之尚有差距，造成了指标数据具有不同程度的缺失。其中，部分指标数据完整性较好，如单位产值综合能耗缺失率为3.7%；部分数据缺失严重，如净利润率缺失达22.8%、应纳所得税额缺失达13.6%；甚至有多项指标未被纳入统计，如企业是否有外资参股、企业当月是否受到环保处罚等。总的来看，经过数据清洗、模拟和插值处理之后，已有数据能够支撑宏微观一体化高质量发展指标体系的初步测算。我们给出以下数据预处理规则：

①样本插值与弃用规则：三级指标作为宏微观一体化三级模型的末梢节点，是数据清洗和插值处理的重点对象。若样本的当期数据缺失或异常，则使用样本的上、下期数据的算术平均值进行插值处理；若上、下期数据缺失其一，则使用未缺失的数据直接进行补值处理；若上、下期数据均缺失，则弃用该样本。

②指标弃用规则：若三级指标的有效样本数量严重不足，则弃用该三级指标；若二级复合指标下的三级指标均被弃用，则弃用该二级复合指标，该规则同样适用于一级复合指标。

③离群值判断和处理规则：若企业的某项指标数据位于以下区间外，则被判定为离群值。

$$[mean_j(x_{ijt}) - \sigma_j(x_{ijt}) \cdot \omega, mean_j(x_{ijt}) + \sigma_j(x_{ijt}) \cdot \omega] \quad (7.9)$$

$mean_j(x_{ijt})$ 表示第 i 个行业内所有企业的指标 t 的平均值，$\sigma_j(x_{ijt})$ 表示第 i 个行业内所有企业的指标 t 的标准差，ω 表示区间控制系数，默认取0.5；其余符号说明参考式（5-1）。若样本被判定为离群值，则使用样本插值与弃用规则进行处理。

④权重确定方法：采用基于规则的随机模拟方法生成专家评分矩阵——专家评分矩阵需满足传递性、完备性和有界性规则。传递性保证了评价逻辑的一致性。例如，若创新（被认为）比共享重要，而共享（被认为）比开放重要，那么创新应当（被认为）比开放重

要。完备性保证了评分矩阵是一个满元素矩阵。有界性保证了评价的适度理性和相对中性，指标之间的重要性差异不应过大。例如，"创新比共享重要得多、共享比开放重要得多"被认为是不合理的。

根据上述数据预处理规则，参照已建立的宏观微观一体化高质量发展测度模型，测算得到东莞行业高质量发展指标体系和区域高质量发展指标体系具体结果，见表7.15、表7.16。

表7.15　　东莞行业高质量发展指标体系测算结果

行业	创新发展	绿色发展	共享发展	高效发展	风险防控
电力、热力的生产和供应业	56	52	60	57	59
电气机械及器材制造业	92***	90***	66	86**	74
纺织服装、鞋、帽制造业	60	60	66	60	58
纺织业	76	54	59	64	58
非金属矿物制品业	64	56	78	92***	58
废弃资源和废旧材料回收加工业	59	57	66	57	58
工艺品及其他制造业	62	81	75	69	69
黑色金属冶炼及压延加工业	59	89	81**	73	67
化学纤维制造业	87	86	57	67	77***
化学原料及化学制品制造业	83	87	76	58	59
家具制造业	90*	80	78	75	71
交通运输设备制造业	75	80	63	85*	60
金属制品业	69	61	56	77	67
木材加工及木、竹、藤、棕、草制品业	79	88	83***	54	76**
农副食品加工业	77	78	80*	57	58
皮革、毛皮、羽毛（绒）及其制品业	90*	72	79	59	74
石油加工、炼焦及核燃料加工业	87	90***	64	58	58
食品制造业	68	73	66	57	75*
水的生产和供应业	81	88	75	54	60
塑料制品业	71	83	65	75	60

续表

行业	创新发展	绿色发展	共享发展	高效发展	风险防控
通信设备、计算机及其他电子设备制造业	91*	89	56	76	59
通用设备制造业	92***	90***	67	81	59
最小值	56	52	56	54	58
最大值	92	90	83	92	77
平均值	76	77	69	68	64
中位数	77	81	66	66	60

注：所有数值取整；***、**、*分别表示该指标得分的第一名、第二名、第三名。

表 7.16　东莞区域高质量发展指标体系测算结果

	创新发展	绿色发展	共享发展	高效发展	风险防控
茶山镇	81	76	66	88*	77*
常平镇	91**	66	82**	76	66
大朗镇	90	77	58	77	56
大岭山镇	76	80	81	81	57
道滘镇	90*	88	75	89**	76
东城区	75	90***	63	69	70
东坑镇	59	88	63	55	62
凤岗镇	83	81	68	78	71
高埗镇	68	62	81*	57	55
莞城区	85	63	66	87	83***
横沥镇	90*	70	76	90***	59
洪梅镇	79	89	72	54	56
厚街镇	79	87	59	79	55
虎门镇	60	90***	57	78	55
黄江镇	77	70	57	55	76
寮步镇	64	78	63	52	60
麻涌镇	65	87	59	87	55
南城区	58	90***	57	56	62
企石镇	57	78	77	53	60

续表

区域	创新发展	绿色发展	共享发展	高效发展	风险防控
桥头镇	55	59	58	57	78**
清溪镇	57	82	60	53	56
沙田镇	91**	69	57	72	76
石碣镇	89	88	77	85	73
石龙镇	84	77	59	68	61
石排镇	85	60	77	80	55
松山湖区	92***	76	83***	82	71
塘厦镇	87	83	72	57	57
万江区	69	59	60	63	72
望牛墩镇	71	89	58	55	58
谢岗镇	87	88	64	75	57
樟木头镇	86	68	59	59	77*
长安镇	76	84	57	81	72
中堂镇	88	75	67	72	73
最小值	55	59	57	52	55
最大值	92	90	83	90	83
平均值	77	78	66	70	65
中位数	79	78	63	72	62

注：所有数值取整；***、**、*分别表示该指标得分的第一名、第二名、第三名。

一 东莞行业高质量发展指数测算结果

根据东莞行业高质量发展指标体系测算结果，我们简要分析东莞行业高质量发展的现状和未来发展方向。①创新发展方面，通用设备制造业，电气机械及器材制造业，通信设备、计算机及其他电子设备制造业有着良好的表现；各行业创新水平差距较为明显，传统行业如电力、热力的生产和供应业，废弃资源和废旧材料回收加工业的创新能力亟须提升。②绿色发展方面，电气机械及器材制造业，通用设备制造业，石油加工、炼焦及核燃料加工业表现较好；

各行业绿色发展平均水平参差不齐，污染和资源消耗较为严重的行业是电力、热力的生产和供应业，纺织业和非金属矿物制品业等；③共享发展方面，木材加工及、木、竹、藤、棕、草制品业、黑色金属冶炼及压延加工业和农副食品加工业的表现较好，化学纤维制造业，通信设备、计算机及其他电子设备制造业和金属制品业相对落后；指标的中位数水平低于平均水平，揭示了产业共享发展的整体水平较为不足。④高效发展方面，非金属矿物制品业、电气机械及器材制造业、交通运输设备制造业有着良好的表现，而电力、热力的生产和供应业、水的生产和供应业，木材加工及木、竹、藤、棕、草制品业的发展效率较低，各行业的发展效率分布较为平均。⑤风险防控方面，存在一些风险较高的行业，主要是非金属矿物制品业等，而风险防控能力较好的产业是化学纤维制造业，木材加工及木、竹、藤、棕、草制品业，食品制造业。2018年6月，东莞市发展和改革局印发了《东莞市重点新兴产业发展规划（2018—2025年）》，明确指出东莞市未来的五大重点新兴产业领域包括新一代信息技术领域、高端装备制造领域、新材料领域、新能源领域、生命科学和生物技术领域。结合以上测算结果，我们能够发现这些新兴产业领域覆盖的行业，如通用设备制造业、通信设备、计算机及其他电子设备制造业和电气机械及器材制造业，已经立于创新发展、绿色发展和高效发展的前沿，但都不同程度地需要更加注重防风险、发展成果共享、促进公平发展。

二 东莞区域高质量发展指数测算结果

根据东莞区域高质量发展指标体系测算结果，我们简要分析东莞高质量发展的地区差异、不均衡性和各地区主要发展目标。①创新发展方面，松山湖区独占鳌头，经济总体量较高的虎门镇、长安镇等未进入前列，而经济规模相对逊色的常平镇、沙田镇列于第二位，展现了不俗的创新能力；②绿色发展方面，东城区、南城区和虎门镇表现不俗，保持较大经济体量的同时，也相当注重资源节约和环境保护；③共享发展方面，松山湖区、常平镇和高埗镇位居前三；此外，区域共享发展的中位数水平低于平均水平，揭示了区域共享发展的整体水平仍然不够；④高效发展方面，横沥镇、道滘镇和茶山镇表现不俗；⑤风险防控方面，莞城区、桥头镇和茶山镇的风险防控能力位居前三。以上测算结果能够帮助我们发现各区域在高质量发展过程中的优势和不足之处，而进一步了解和把握这种地区差异和不均衡性，仍需结合不同地区在东莞市和整个粤港澳大湾区中的发展定位，进行更加全面的观察和思考。2018年4月，广东省政府印发了《广深科技创新走廊（东莞段）空间规划》，明确提出"一廊两核三带"战略部署，《东莞市重点新兴产业发展规划（2018—2025年）》随后也提出了"一核三带十区"发展布局。这两份文件中，松山湖区均作为重点产业发展核心区，成为未来的区域高质量发展重心。结合区域高质量发展测算结果，我们发现松山湖区已经在创新发展和共享发展方面走在前列；而东莞市的传统经济大镇（虎门镇、长安镇、厚街镇等）在创新发展、风险防控等方面存在不足，仍需要各地区花大气力思考问题根源，从而奋起直追，在新时代引领高质量发展。

第 八 章

基于电力大数据分析设计高质量发展指数体系

　　基于电力大数据覆盖率高、宏微观一体、用途广泛等多重属性，电力大数据具备支撑高质量发展诊断的现实基础；此外，需要根据大数据自身特征，对数据生产、传输和处理的具体流程进行改造，使其能够服务于实体经济发展。本章基于电力大数据对高质量发展指数体系进行分析设计，按照微观、中观、宏观三个层级，分别编制企业高质量发展指数、行业高质量发展指数、区域高质量发展指数，并且对其进行应用实证。

第一节　电力工业与高质量发展的关键问题

　　我国电力工业已从新中国成立初期的小规模、分散供电系统，逐步发展成为世界上规模最大的全国互联电力系统，电力发展有力地支撑了国民经济快速发展和人民生活水平不断提高。当前，世界处于"百年未有之大变局"，我国主要社会矛盾发生了关系全局的历史性变化，经济已由高速增长阶段转向高质量发展阶段。电力是国民经济发展的重要基础产业，电力工业能否健康持续发展事关能源革命,事关国家总体安全,事关经济社会高质量发展全局。

一 电力对经济发展的作用

经济发展是高质量发展的基础,电力工业能够从多方面有力地推动经济发展,为实现经济社会高质量发展创造诸多有利的前提条件。

(一)耗电量是经济发展晴雨表

Kraft 和 Kraft(1978)[①] 最早开始研究能源消费与经济增长的因果关系,研究结果表明能源消费量与经济增长之间存在单向因果关系,经济增长是能源消费量的格兰杰原因,反之则不成立。自此以后,学术界涌现出许多探讨能源消费量与经济增长之间因果关系的研究,其中不乏以中国经济为研究对象的重要文献,如 Shiu 和 Lam(2004)[②] 使用中国 1971 年到 2000 年的时间序列数据,基于误差修正模型探讨了中国能源消费量与实际 GDP 之间的因果关系,得出与 Kraft 和 Kraft(1978)截然相反的研究结论,认为中国的能源消费量是经济增长的格兰杰原因,反之并不成立。韩智勇等(2004)[③] 是我国较早开始研究能源消费量与中国经济增长之间因果关系的文献,他们使用了改革开放以后到 2000 年的时间序列数据,研究表明中国能源消费与经济增长之间存在双向因果关系。王火根和沈利生

[①] Kraft, J. and Kraft, A., "On the Relationship between Energy and GNP", *The Journal of Energy and Development*, 1978.

[②] Shiu, A. and Lam, P. L., "Electricity Consumption and Economic Growth in China", *Energy policy*, Vol. 32, No. 1, 2004.

[③] 韩智勇、魏一鸣、焦建玲、范英、张九天:《中国能源消费与经济增长的协整性与因果关系分析》,《系统工程》2004 年第 12 期。

(2007)[①] 使用1999年到2005年的中国省级空间面板数据研究了省域经济增长与能源消费之间的关系，认为省域之间的经济增长和能源消费存在空间相关性，指出仅使用时间序列数据的文献在研究思路上存在较大的问题。

电力是一种重要的能源，关系国计民生，许多学者同样也就电力消费量与经济增长之间的因果关系展开了实证研究，如 Chen 等（2007）[②] 研究了亚洲十国电力消耗量与经济增长之间的因果关系，认为在短期内两者之间仅存在由经济增长到耗电量的单向因果关系，在长期内则存在着稳定的双向因果关系。李强等（2013）[③] 基于中国1990年到2011年的省际面板数据，检验了中国东西部电力消费与经济增长之间的因果关系，认为东西部均存在从经济增长到电力消费的短期因果关系，在长期因果关系上，东西部存在差异，东部存在从电力消费到经济增长的长期因果，在西部则存在着双向长期因果。刘生龙等（2014）[④] 收集了中国1978年到2011年的省级面板数据，基于误差修正的面板协整模型讨论了电力消费与中国经济发展之间的协整关系，认为两者在短期内存在经济增长到电力消费的单向因果关系，长期内存在电力消费到经济增长的单向因果关系。

综上所述，学者们就电力消费量与经济增长之间存在长期均衡关系基本达成一致，认为两者之间存在着显著的正相关关系，电力消费量一般会在经济蓬勃发展时增加，经济下行时随之减少，长期来看，电力消费量的增长率总是围绕 GDP 增长率上下波动，一些文

---

① 王火根、沈利生：《中国经济增长与能源消费空间面板分析》，《数量经济技术经济研究》2007年第12期。

② Chen, S. T., Kuo, H. I. and Chen, C. C., "The Relationship Between GDP and Electricity Consumption in 10 Asian Countries", Energy Policy, Vol. 35, No. 4, 2007.

③ 李强、王洪川、胡鞍钢：《中国电力消费与经济增长——基于省际面板数据的因果分析》，《中国工业经济》2013年第9期。

④ 刘生龙、高宇宁、胡鞍钢：《电力消费与中国经济增长》，《产业经济研究》2014年第3期。

献据此将电力消费量视为经济发展的晴雨表，使用耗电量来指代经济社会的发展水平，甚至基于电力消费量与 GDP 增速之间的背离来质疑官方统计数据的真实性。

事实上，电力消费量与经济增长在短期内的依赖关系比较复杂，两者之间出现背离是正常的经济现象，不能简单地以用电量来推算 GDP 增速[①]。如中国经济在 2008 年第四季度的 GDP 增速为 6.8%，但当季的耗电量却持续走低，这可能是因为产业结构、能耗强度、政策环境等因素发生了变化而导致的[②]。在这些变量未出现结构性变化的前提下，使用电力消费量来指代经济社会发展水平是合适的。

(二) 电价水平关系到国计民生

电力工业是关系国计民生的重要基础设施，同时电力企业也需要获得合理收益以满足企业自身发展的需要，电价水平成为协调国民经济与电力企业利益的重要政策工具。目前主要有低电价和高电价两种电价模式。低电价模式下的电力企业的产权结构往往以国家所有为主，需要政府给予适当的财政补贴，不能为投资者提供足够的投资激励和风险规避机制，仅靠政府投资难以满足持续大幅度增长的用电需求。高电价模式下的电力企业则以私有化为主，发、输、配和售电各环节分离并引入多种市场竞争机制，自负盈亏，电价水平相对较高。发展中国家多采用低电价模式，避免电价过高影响到经济社会的正常运转，但会伴随着严重的缺电现象；发达国家多采用高电价模式，其能够承受高电价带来的不利影响，电力供应充沛，电力企业有更好的盈利表现。中国政府认为低电价能够为居民生活

[①] 林伯强、毛东昕：《煤炭消费终端部门对煤炭需求的动态影响分析》，《中国地质大学学报》（社会科学版）2014 年第 6 期。

[②] 林卫斌、施发启、谢利平：《强度效应、结构效应与中国电力消费之谜》，《统计研究》2011 年第 12 期。

和经济社会发展带来相对低廉的能源成本，在长期内维持了低电价的原则，但也使得中国经济存在"低电价陷阱"[①]。

电价水平对于经济社会发展的影响是全面而深刻的，学者们多从物价水平和产业结构两个角度来阐述电价水平对于经济社会发展的影响。

电价水平的变化对于经济社会整体物价水平的影响是显著的。Akkemik（2011）[②] 利用社会核算矩阵价格模型分析了土耳其电价变动对经济的潜在影响，结果表明电价变化将反映在其他经济部门的生产成本上，生产者和消费者价格指数都会受到影响，但电价对于消费物价指数的影响要小于对生产者物价指数的影响。曾丽萍和向其凤（2008）[③] 研究了电价上涨对于中国经济的影响，得出了类似的结论，认为在电价仅上涨了4.7%的情况下，居民消费价格指数上涨了0.24%，工业品出厂价格指数和批发价格指数均上涨了0.43%以上。

张友国（2006）[④] 对中国的电价变动与产业结构变化进行了实证研究，发现各行业产出对电价的交叉弹性系数都很小，但耗电多的行业对电价变化的反应更敏感。林伯强（2006）[⑤] 更为具体地指出高耗电用户对电力短缺的反应是低耗电用户的两倍以上，认为电价向经济价格波动能够提高所有工业的竞争力，低电价模式不利于

[①] 叶泽、袁玮志、李科、李湘祁：《"低电价陷阱"形成机理——基于中国省际面板数据的实证研究》，《中国软科学》2014年第10期。

[②] Akkemik, K. A., "Potential Impacts of Electricity Price Changes on Price Formation in the Economy: A Social Accounting Matrix Price Modeling Analysis for Turkey", *Energy Policy*, Vol. 39, No. 2, 2011.

[③] 曾丽萍、向其凤：《电价上涨对我国经济的影响剖析》，《云南财贸学院学报》（社会科学版）2008年第5期。

[④] 张友国：《电价波动的产业结构效应——基于CGE模型的分析》，《华北电力大学学报》（社会科学版）2006年第4期。

[⑤] 林伯强：《中国电力发展：提高电价和限电的经济影响》，《经济研究》2006年第5期。

工业竞争力的提升。叶泽等（2013）[1]认为低电价策略扭曲了价格机制，无法实现社会资源的有效配置，导致大量的资本、劳动力和政府财政投入偏向不具有可持续发展的高耗能企业，造成社会资源在不同产业之间的配置失衡。卢中原（2002）[2]发现西部地区电价水平普遍低于东部地区，导致原本在东部地区建厂的电解铝企业纷纷将新增产能转移至西部地区的新疆、甘肃、青海和内蒙古等地，诱导了西部地区产业结构的畸形化和重型化。

拉高电价水平可以提升工业部门的整体竞争力，但会推升通货膨胀，造成国民经济福利的损失，许多学者都针对此矛盾进言献策，如宋瑞礼（2011）[3]使用投入产出价格影响模型测算了电价上涨与物价总水平之间的关系，认为电价上涨对金属冶炼及加工等高耗能产业影响最大，对服务业和CPI的影响较小。谭显东等（2008）[4]探讨了差别电价政策的可行性，研究认为对高耗能行业实施差别电价会导致电价上涨和用电量下调，但是对整体的物价水平不会造成太大的影响。

（三）电力工业促进可持续发展

中国电力生产以火电为主，非常依赖煤炭，同时化石能源的燃烧是二氧化碳排放的主要来源，故而中国的电力生产伴随着大量的碳排放，据王常凯和谢宏佐（2015）[5]的估算，电力生产的碳排放

---

[1] 叶泽、袁玮志、李湘祁：《低电价陷阱：电价水平与经济发展的关系实证研究》，《中国工业经济》2013年第11期。

[2] 卢中原：《西部地区产业结构变动趋势、环境变化和调整思路》，《经济研究》2002年第3期。

[3] 宋瑞礼：《电价调整与通货膨胀关系实证研究——基于投入产出价格影响模型》，《金融评论》2011年第5期。

[4] 谭显东、胡兆光、张克虎、李存斌、徐敏杰：《构建多Agent模型研究差别电价对行业的影响》，《中南大学学报》（自然科学版）2008年第1期。

[5] 王常凯、谢宏佐：《中国电力碳排放动态特征及影响因素研究》，《中国人口·资源与环境》2015年第4期。

已经占到了中国碳排放总量的 40%。为完成中国的节能减排目标，实现中国经济的可持续发展，降低电力生产的碳排放强度势在必行，研究影响电力系统碳排放量的相关因素，并针对性地制定减排政策无疑具有重要的现实意义。

在不考虑资源稀缺和环境影响的外部成本下，火力发电是各类电源中财务成本最低的，相应的电价也最低，核电与其他可再生能源的发电成本在中短期内并不具备较强的市场竞争力。但国家的能源和电力发展战略应基于经济成本分析，将资源和环境的外部成本纳入决策框架内，以正确的价格信号引导投资，使电源投资流向有利于资源和环境合理配置的领域。

针对火电本身带来的各种污染，需要通过合理的电力布局实现能源环境资源的优化配置，要充分发挥地区的资源优势，同时又使全国的环境成本最小。一般认为，有目标的电力布局能够促进经济比较落后的能源送端地区将能源和环境资源优势转化为经济优势，提升财税收入，增加就业，在保证环境投入的前提下提高经济增长速度。不仅可以促进全国经济可持续发展水平的提高，而且能够降低区域发展的不平衡。考虑到电力布局的地区调整可能引起环境污染梯度转移和污染范围扩大，为兼顾经济环境与社会公平，应该配套进行的是加强地区环境监管，地方政府在进行电力投资的同时应保证相应的环保投资支持和实施生态补偿机制。

中国电力工业以火力发电为主，碳排放量较大，其积极向低污染的核能或可再生能源上转移，可为实现中国经济的可持续发展做出巨大的贡献。

二 电力工业助推高质量发展

电力是关系国计民生的重要基础产业。改革开放 40 余年以来，我国电力工业快速发展，有力地支撑了经济社会发展。在中国经济迈入高质量发展阶段的新形势下，电力工业同样处于转变发展方式、转换增长动力的攻坚期。中国的电力工业要大力推动能源消费革命、能源供给革命、能源技术革命、能源体制革命，全方位加强国际合作，积极构建清洁低碳、安全高效的现代能源体系，加快推进转型升级，着力解决电力发展不平衡、不充分的问题，推动电力工业高质量发展，为最终实现中国经济高质量发展添砖加瓦。

中国电力工业的高质量发展可从如下几方面着手：

第一，深化电力体制改革。如今，我国新一轮电力体制改革已全面铺开，交易机构组建基本完成，发用电计划和配售电业务有序放开，正进入落地实施的关键阶段。应以深化电力体制改革为动力，加快推动电力工业高质量发展。逐步完善电力市场运行机制，创新交易方式，规范交易行为，打破省际壁垒，有序放开发用电计划，不断推进电力改革。尽快修订电力法及相关配套法规，为电力市场化改革保驾护航。随着风能、太阳能发电比重上升，出现了传统电力系统不适应大规模具有间歇性、波动性的新能源电力接入、新能源电力无法有效消纳的问题，加大了电力系统安全稳定运行的风险。应着力破除技术和体制、机制障碍，构建发电供给侧、电网输配侧、用户消费侧协同机制，形成多能互补和综合能源服务新业态。

第二，推进全面创新。站在新的历史起点上，我国电力工业要以科技创新为重点推进全面创新，提升核心竞争力。坚持自主创新，提升企业整体素质和竞争能力。走产学研用相结合的道路，促进科技成果转化和工程示范应用。加强核心技术和重大装备研发，推进重大科技示范工程建设，鼓励技术研发、重大装备研制、示范工程建设的协同创新和融合创新。进一步强化电力企业技术创新主体地位和主导作用，依托重大工程开展关键技术、重大装备的研发攻关。推动行业标准创新，逐步提高生产环节和市场准入的环境、质量、安全标准，形成全面统一、公开透明的市场标准体系。推动商业模式创新，培育发展新动能。加快由传统能源提供者向综合能源服务企业转型，不断为客户提供多样化的能源供应、解决方案及延伸增值服务。继续加强管理创新，下大力气解决管理投入、成果转化、收益分配等重点问题，向管理要效益。

第三，加强国际产能合作。"一带一路"建设为中国电力国际产能合作提供了广阔空间。应紧紧抓住这一历史性机遇，充分利用国际市场和资源，进一步加强电力国际产能合作。中国电力企业需要认清和平、发展、合作、共赢的时代潮流，认清变革创新、走向国际、扩大开放的电力行业发展大势。产业链一体化是中国电力行业的核心能力和比较优势。中国电力企业应建立协同机制，将单一企业的优势聚合成行业优势，开创合作共享、互利共赢的合作发展新局面。积极参与国际技术标准制定，加速中国电力标准国际化进程。继续推动建立区域范围不同层面的电力合作定期沟通交流机制，推动全球能源互联网建设。积极参加全球性、区域性非政府间能源电力国际组织，进一步扩大中国电力行业的国际影响力。践行绿水青山就是金山银山理念，积极履行社会责任，注重项目所在地的生态环境保护，促进电力工业发展与环境保护、经济社会发展的良性互动，为全球节能减排做出更大贡献。

第二节 利用大数据预测和评估经济社会发展

数据已经渗透到当今每一个行业和业务领域，成为重要的生产要素。人们对大数据的挖掘和运用，预示着新一波生产力增长和消费盈余浪潮的到来。大数据的产生也对经济预测和评估产生了重大的影响。

一 大数据超越统计数据的特征分析

麦肯锡公司首次系统阐述大数据概念和应用，认为大数据是数据量超过典型的数据库软件的采集、存储、管理和分析等能力的数据集。目前，学术界普遍认为，大数据应该满足数据量巨大（Volume）；数据处理速度极快（Velocity）；数据形式多种多样（Variety）；有价值的信息需要通过数据挖掘的技术方法提取出来（Value）的特征，即4V特征。

大数据超越统计数据的特征表现在以下几个方面。（1）及时性。通过互联网平台积累起来的数据，就存储在网络空间中，交易的数据、价格等一切信息在交易发生时，即刻在网络中留下记录痕迹，可以被一定的方法和技术提取出来，用于处理和分析问题，不存在时间滞后性。（2）精准性。网络平台提供的数据，在事件发生时按照实际的发生情况记录信息，减少了人为的操作，提供了相对更加原始的数据。（3）相对低成本。由于网络大数据均在事件或交易发生时自动被记录下来，无须人为调查和收集，通过技术方法提取出来加以整理得到，能够极大程度上降低获取数据的成本。（4）颗粒度高。传统的数据收集过程为了降低成本，会尽量搜集总体数据，而非细化地收集数据信息。网络大数据时代，提取总体数据信息和单独收集某一类别的数据的区别并不大，可以在不显著增加成本的前提下，提供更加详细和更加有意义的数据信息。（5）样本量大。通过利用互联网大数据信息，可以获取总体或者接近全体的样本信息，而并非通过统计抽样的方式来获取样本信息来推断总体信息。这样的大数据支持下，用于计算的样本量是海量的，并且能极大地接近全样本，直接获取最为真实而全面的统计指标信息。

通过大数据技术和方法，获取及时性的数据，结合传统的预测和评估模型，既能有效利用经济理论解释经济问题，又能通过大数据获取的数据信息突破传统统计数据存在的问题，有效提高经济预测和分析的效果，为经济预测和分析带来新的突破。另外，在使用大数据方法的过程中，使用数据的及时性突破了传统统计数据的滞后性问题。例如，可以通过传感器收集每天的全部商品交易数据，直接计算当月的通货膨胀率，这样得到的数据是实时的，并且是近乎全样本数据，用当月数据计算当月的CPI数据，也就突破了利用历史规律预测过程中的"卢卡斯批判"引发的问题。

二 大数据预测和评估的机制分析

根据大数据信息维度和预测评估机制的不同，可以将大数据划分为意见大数据、交易大数据、空间大数据等不同类型，电力大数据综合包括这三种信息维度下的大数据类型。

（1）意见大数据

当前，互联网用户的角色由单纯的内容浏览者向内容贡献者过渡。大量网民贡献的知识、新闻、评论等内容，构成了内容庞大、形式多样、路径割裂的意见大数据。总的来看，意见大数据包括结构化数据和非结构化数据两种：结构化数据主要是固定形式的意见征集或反馈，如产品的质量评分等；绝大多数意见大数据是非结构化的文本、图片、音频和视频。非结构化数据具有巨大的挖掘价值，但需要较为复杂的结构化处理方法。目前，文本数据的结构化处理方法相对系统，已经被广泛地用于经济预测和评估中。

利用意见大数据进行经济预测和分析，主要有以下两个思路。

互联网使用者既是网络内容的生产者，也是消费市场和金融市场的参与主体，受到市场情绪和市场预期的影响。Nassirtoussi et al.（2014）[①] 认为，由于信息缺失、信息偏差、非理性等诸多因素影

[①] Nassirtoussi, K., et al., "Text Mining for Market Prediction: A Systematic Review", *Expert Systems with Applications*, Vol. 41, No. 16, 2014.

响，市场主体对于信息的解读具有相当明显的差别。互联网加速了公众意见的传播和扩散，容易形成一种过度积极或过度消极的市场非理性情绪，继而影响经济。这形成了一个传导和放大机制。Das et al.（2007）[1]基于股票留言板的文本数据，构建了"总体情绪指数"，证明当日的市场行情同前一日的市场总体情绪是有关的。

（2）交易大数据

交易大数据是指记录线上交易行为的巨型数据集合。随着快速响应二维码、人脸识别、智能电网等物联网技术的快速发展和商业化应用，我国已是世界上移动支付规模最大的国家。截至2018年，我国网络购物的用户数量达到6.1亿，使用移动方式支付的用户数量达到5.8亿。由于商业价值高、保密要求严格等特点，这部分交易大数据的公开程度一般较低。

目前，利用交易大数据进行经济预测和分析并且取得较好的突破，主要依赖于物联网技术对于数据质量的显著提升。Cavallo et al.（2016）[2]认为，传统的统计数据采集是人力、时间和成本低效的，互联网大数据的获取没有时间和空间限制，具有全面、实时、详尽等优势。利用50多个国家、1500多万种零售商品的实时报价，作者构建了更加完备、每日发布的动态消费者物价指数。基于类似的逻辑，Wu et al.（2017）[3]利用农业互联网大数据，构建了北京市大宗农产品售卖价格的实时预测模型。

（3）空间大数据

空间大数据是指包含位置信息的大数据。随着物联网技术的快

---

[1] Das S. R., Chen M. Y., "Yahoo! for Amazon: Sentiment Extraction from Small Talk on the Web", *Management science*, Vol. 53, No. 9, 2007.

[2] Cavallo, A. and R., Rigobon, "The Billion Prices Project: Using Online Prices for Measurement and Research", *Journal of Economic Perspectives*, Vol. 30, No. 2, 2016.

[3] Wu Haoyang, et al., "A New Method of Large-scale Short-term Forecasting of Agricultural Commodity Prices: Illustrated by the Case of Agricultural Markets in Beijing", *Journal of Big Data*, Vol. 1, 2017.

速发展，各种精准捕捉位置信息的技术手段不断涌现。第一，智能电网设备，能自动收集具有地理信息标签的住户用电数据和设备运转情况；第二，具有定位功能的传感器的爆炸式增长，如安装于街头巷尾的监控摄像头、农业物联网和工业物联网中的位置感应设备；第三，大量消费者贡献的实时位置数据，如个人计算机、移动通信设备、可穿戴智能设备等发送的定位坐标。物联网技术的出现，突破了主要依赖实地测量、调查走访和遥感测绘等方法的传统位置信息获取方式，具有数据量大、成本低、准确性高、时效性好等优点。

利用空间大数据进行经济预测和分析，主要围绕经济发展的空间分布来展开。

第一，利用互联网和通信网络的访问设备数据来研究地区的人口流动及其引致的经济变动。Georgievska et al.（2019）[1] 依据WiFi访问设备数量，研究了人群监测和人口密度监控这一问题。这对于了解人力资本分布、人口流动与经济活动之间的关系具有重要的启示。Blumenstock（2015）[2] 等使用电话数据研究了地区财富的分布不均衡问题。作者认为，贫困地区不具备物联网、社交网络的访问条件，但大多数贫困地区有条件使用电话。仅仅通过电话数据，研究者就能够掌握地区的贫困状况。这对于我国的扶贫工作，尤其是全面建成小康社会完成之后，依靠农村通信基础设施的改善来快速而准确地了解地区贫困实情，有着重要的启示。第二，社交网络的活跃度能够反映地区的经济发展变化情况，这是由行为经济学的微观基础决定的。社交网络是一种重要的获取与分享信息的渠道，经济发展水平对于社交网络的增长速度、复杂性和稳定性具有较大的影响。社交行为会随着收入波动而产生变化。此外，区域信息流动

---

[1] Sonja Georgievska, et al., "Detecting High Indoor Crowd Density with Wi-Fi Localization: A Statistical Mechanics Approach", *Journal of Big Data*, Vol.1, 2019.

[2] Joshua Blumenstock, Gabriel Cadamuro and Robert On., "Predicting Poverty and Wealth From Mobile Phone Metadata", *Science*, Vol.6242, 2015.

的顺畅与否，深刻影响着该地区的就业机会、贸易机会等。

第三节　电力大数据与高质量发展评估

目前地方政府和学术界在评价经济体高质量发展水平时多用传统的经济统计数据，少有将大数据纳入指标体系的尝试。事实上，电力大数据具有一些独特的优良属性，可以为探索使用大数据的高质量发展评价体系提供一些有益的建议。

一　电力大数据的来源

电力系统是由发电厂、送变电线路、供配电所和用电等环节组成的电能生产与消费系统，其关键环节包括发电、输电、变电、配电、用电等。具体来讲，发电是使用发电动力装置将水能、化石燃料的热能、核能以及太阳能、风能、生物质能、地热能、海洋能等转换为电能的生产过程；输电是将发电厂产生的电能传输至相距较远负荷中心；变电是指通过一定设备将电压由低等级转变为高等级（升压）或由高等级转变为低等级（降压）的过程；配电是指电力网中起电能分配作用的网络，是电力系统中直接与用户相连并向用户分配电能的环节；用电即通过电器具消耗电能的过程，是电力环节的最后节点，一般可分为城市用电、农村用电、商业用电和工业用电等类别。

电力大数据便是产生于电力系统这五个关键环节中各类大数据的统称。

（一）发电环节

火力发电目前仍是我国电能生产的主力军，其在生产过程中会产生氮氧化物污染，为达到日趋严格的氮氧化物排放标准，化石燃料需要经过脱硝处理后才能进入发电动力装置。目前使用较多的脱硝技术为 SCR 脱硝系统，该系统操作复杂，控制效果难以保证。电力企业为确保满足国家排放标准，倾向于过量喷氨，造成 SCR 脱硝系统运行成本变高，还会造成脱硝催化剂寿命减少、空预器阻塞风险加大等问题。唐坚等（2020）[①]收集了 30 多家电厂 SCR 脱硝系统数据，运用大数据挖掘技术，对排放物的氮含量进行精准预测，获取了系统的最优喷氨量，可以大幅度降低电力企业的运行成本。

火电厂厂级监控信息系统（Supervisory Information System，SIS）能够自动采集并向数据中心传输数据，数据类型包括实时及历史非结构数据、结构性数据以及各类文档的文件数据，每秒级数据量可达 50 万点左右。雒军等（2020）[②]采用大数据、人工智能和机器学习等信息技术，充分利用了 SIS 产生的海量数据，打造集数据采集、数据处理、监测管理、预测预警、优化运行、深度分析于一体的大数据中心，可实时监控每个机组所有设备的运行指标，了解电厂的计划完成情况。

（二）输电环节

线路覆冰灾害是电力系统最严重的威胁之一，其会导致输电线路过载荷、绝缘子串覆冰闪络、导线舞动以及发生不均匀覆冰事故，造成巨大经济损失。若能迅速掌握覆冰的发展趋势并尽早采取合理有效的措施，可有效减少输电线路覆冰灾害事故的发生。吴琼和黄

---

① 唐坚、尹二新、路光杰、陈鸥、张军、刘永岩：《大数据技术在火电厂 SCR 脱硝系统中的应用》，《电力大数据》2020 年第 2 期。
② 雒军、唐坚、赵喆、王佩、闫强、陈星：《基于大数据的电力环保数据平台建设》，《电力大数据》2020 年第 1 期。

筱婷（2016）[①]对覆冰监测终端实测数据（覆冰量、温度、湿度、风速、风向角和降水量）进行了误差剔除、确实数据补充以及数据归一化等预处理，使用 RBF 神经网络来预测输电线路的覆冰状况，取得了较好的预测效果。

针对输电线路在长期运维过程中出现的异常，目前主要依靠人工定期巡线来排查，无法高效、准确地对隐患进行预判，杨旗等（2020）[②]通过高频电流传感器装置采集了输电线隐患放电脉冲电流波形数据，基于 BP 神经网络对输电线路典型隐患预放电特征进行了识别，准确率达到了 92% 以上，为开展输电线路隐患监测与诊断提供了有益的参考。

（三）变电环节

电力调度中心集中监控所有变电站，每个变电站都会安装许多监控设备，这些监控设备每时每刻都在产生大量的监视告警信息。信息当中会包含诸如检修调试、操作伴生、误发等干扰信息，同样也存在漏发的情况，这些实时产生的海量数据对电力调度管理提出了非常大的挑战。高志等（2020）[③]使用自然语言处理、机器学习、聚类分析等大数据分析方法，对变电站监控信息进行深入挖掘和分析，建立事件化模型，能够智能地发现设备异常缺陷，判断电网跳闸时间，为电网调度运行人员应对电网突发事件提供决策支持。

（四）配电环节

电力负荷预测是电力部门的重要工作之一，电力系统使用负荷

[①] 吴琼、黄筱婷：《基于 RBF 神经网络的输电线路覆冰短期预测研究》，《贵州电力技术》2016 年第 11 期。

[②] 杨旗、曾华荣、黄欢、马晓红、毛先胤、张露松：《基于 BP 神经网络的输电线路隐患预放电识别研究》，《电力大数据》2020 年第 3 期。

[③] 高志、樊锐轶、米超、王大海、胡庆博、冯超：《设备监控信息大数据与设备模型的互校验及实用化事件分析》，《电力大数据》2020 年第 3 期。

预测的结果来经济合理地安排电网内部发电机组的启停，保持电网运行的安全稳定，减少不必要的旋转储备容量，合理安排机组检修计划，保障社会的正常生产和生活，有效地降低发电成本，提高经济效益和社会效益。李建等（2020）[1]从深圳大数据平台收集了投运超过 1 年的各台区的日、周、年最大负荷数据，使用 K 均值的聚类分析算法，识别出不同类型台区的用电特征，可以对台区用户类型进行自动分类，为制定更为科学的配电计划提供了参考。

（五）用电环节

段立等（2019）[2] 使用 word2vec 和 XGBoost 相结合的方法对 95598 客服投诉工单进行了分类归档，模型分类准确率为 83%—91%，能够有效解决人工归档过程中的准确性低、耗时间长、深度不足等问题。

智能电表是记录用户耗电量数据的重要设备，当智能电表出现故障后，电力公司需要对其进行更换。妙红英等（2020）[3] 发现某市电力公司在 2017 年下半年内更换的 16721 只智能电表中有 12347 只可以继续现场运行，仅有 26.2% 的智能电表是出现了切实故障，造成该现象的原因是当地管理系统衔接性差且主题单一，容易误判，由此导致了大量的重复投资和经济浪费。他们使用了计量生产调度平台的计量装置档案数据、计量装置首检数据，营销业务应用系统的客户档案数、工单数据，用电信息采集系统的日常采集数据、异常事件数据，以及 GIS 系统、PMS 系统数据，外部环境的地区数据、

---

[1] 李健、林韶生、陈芳、杜佩仁：《基于大数据的台区行业聚合分类方法及分类特征分析》，《电力大数据》2020 年第 3 期。

[2] 段立、徐鸿宇、王懿、赵莉、刘冲、郭娇：《基于 word2vec 和 XGBoost 相结合的国网 95598 客服投诉工单分类》，《电力大数据》2019 年第 12 期。

[3] 妙红英、李蒙、王艳芹、王松、洪虹、康强：《利用大数据实现电能计量装置运行状态质量评估》，《电力大数据》2020 年第 3 期。

气温数据等，使用随机森林的机器学习算法对智能电表的健康程度进行分类判别，大幅减少了设备更换数量，挽回了大量的经济损失。

樊家树等（2020）[①] 研究了基于大数据的用电行为异常判断方法，指出在条件允许的情况下，企业可综合利用电力系统内部数据、行业服务数据、社会数据等，收集用电信息、配电管理系统、电力营销系统、地理信息系统、天气预报、经济审查、社会审查，区分用户是工业公户、工商用户、农业用户还是居民用户，对数据进行处理，然后参考地区用电负载情况、用电组成、节假日信息、天气信息、电价实时政策、客户信息等，结合用电行为模型实现因子分析、关联性强弱分析，判断用户经济情况、电气设备互动机制、信用情况、用电行为规划、短期负荷、能效情况等。这些数据不仅能够为用户异常用电行为的揭示通过可靠依据，同时还能够支持政府地区用电情况、电力建设情况出台相应的电费补贴政策，做出经济发展预测或者地区建筑空置率预测等。对于电力企业而言，可以此为基础，构建完善的机器学习模型以及负载预测模型，为制定智能化的电网调度制度以及互动机制奠定基础。对于电力用户而言，应根据电网运作实际情况，建立起用户合作博弈模型，尤其是工业用户，可以此为基础和电力企业商议使用合理的电力套餐。

二 电力大数据支撑高质量发展诊断的逻辑

电力大数据是电力系统各个关键环节产生的各类大数据的统称。电力大数据不仅具有一般大数据规模大、实时性好和价值量大的3V特征，还具有可获取性好、覆盖率高、高度集成和宏微观一体等特殊优势。具体来看，电力系统是一个由发电厂、送变电线路、供配

[①] 樊家树、徐峰、董爱迪：《基于大数据的用电行为异常情况研究》，《电子世界》2020年第9期。

电所和用电等环节组成的电能生产与消费系统，包括发电、输电、变电、配电、用电等关键环节。以发电环节为例，目前已广泛建立的火电厂厂级监控信息系统能够自动采集并向数据中心传输数据，数据类型包括实时及历史非结构数据、结构性数据以及各类文档数据，每秒级数据量可达 50 万点左右。

当前，电力大数据支撑电力高质量发展的基础作用已经显现，电力大数据的多维信息价值和多重用途使其不局限于诊断电力发展，能够延伸至实体经济发展的测度和诊断当中。而智能电网和泛在电力物联网的深度融合，进一步赋予其较强的可操作性和应用潜力。

第一，电力大数据的存储和使用逻辑，本质上服务于电力高质量供应，具体表征包括：一是稳定性，智能电网在运行过程中若遇到极端天气等不良情况，电力供应依然具备较强的稳定性，有效避免大范围停电事故；二是自愈性，智能电网适配预警系统，能够针对运行状况展开科学分析，在出现问题后及时采取隔离措施，达到自我修复的效果；三是兼容性，智能电网在运行过程中可实现与新能源的有效兼容，以达到持续扩展电网功能的效果，并建立与用户的高效沟通渠道；四是经济性，智能电网能够有效整合资源，持续提升能源利用率，助力于环保事业；五是集成性，在面对庞大的数据信息时可达到高度集成状态，为电网管理系统发挥作用提供坚强保障，增强规范化与标准化。

第二，电力大数据具有多维信息价值和多重分析用途。一是总体分析：通过利用平台集成融合的多源数据，实现对各级电网全景扫描，按照地区电压等级、评估指标进行三维立体诊断分析与预警，全面诊断分析电网薄弱环节，有针对性地提出解决措施。二是电网规模分析：全面分析配变、线路、开关设备等各类规模数据，洞察电网规模情况。三是供电质量分析：针对供电可靠性、电能损耗、电压质量等指标实施分析，结合电压合格率等指标的设定阈值，实现低电压预警。四是电网结构分析：分析线路联络情况、供电半径分布、缆线结构等指标，查看各类结构分布和占比。五是装备水平分析：对设备运行年限、导线截面分布、架空线路导线界面分布等指标实施分析，监控各类装备运行健康状况，及时发现风险并更换。六是供电能力分析：分析过载线路占比、重过载配变占比等指标数据以及线路和配变负载率分布，预警将出现的重过载情况并辅助应对。七是决策支持：基于监测预警、诊断分析、问题治理等环节，实现电网诊断与问题治理全流程协作。

第三，电力大数据的覆盖率高，具有服务于实体经济的现实基础。电力大数据来源于电力生产和电能使用的各个环节，常规的调度自动化系统包含数十万个采集点，配用电、数据中心可达到千万级，能够全面真实反映宏观经济运行情况、各产业发展状况、居民生活情况和消费结构。目前，国家电网正在大力推动"三型两网"工程建设。智能电网和泛在电力物联网的融合是能源互联网在电力系统的实现形式，智能电网是"骨骼肌肉"，能够支撑电力系统能源流的安全稳定传输，泛在电力物联网是"神经网络"，实现电力系统各环节信息流的末梢采集和归集处理。两网融合具有很强的可操作系和巨大潜力。

第四，电力大数据具有宏微观一体化分析的结构基础，符合高质量发展测度的结构性要求。高质量发展诊断包括全方位的经济发展状况评估，理应能够从微观的企业、居民生产生活情况，到中观的社会生产和消费部门的整体运行状况，再到宏观的区域经济发展态势，做全面的立体化诊断。电力大数据的全覆盖、高集成特性，使得其已经成功运用于产业用电分析、行业景气分析和电力经济预测，包括对于高耗能行业和高附加值行业的用电监测，以及工业企业开工率、小微企业及规模以上工业企业用电情况的分析诊断，并进一步根据电耗数据进行经济预测；以及居民生活用电特性分析，包括居民用电总量、居民户均用电、零用电户情况、阶梯电价情况的关联关系挖掘。根据高质量发展评估的要求，进一步将电力大数据结构化，能够更加释放电力大数据诊断高质量发展的潜力。目前，电力大数据分析的典型应用场景包括产业结构用电分析：按区域进行全行业、高耗能行业、高附加值的用电情况分析挖掘；地区用电分析：按行业进行经济区域、行政区域的用电量分析挖掘；电力经济预测：按单位增加值变化情况对用电量进行分析与预测；行业景气分析：按区域进行工业企业开工率、小微工业企业及规模以上工业用电量情况分析挖掘；居民生活用电特性分析：按城乡进行居民用电、居民户均用电、零用电户情况、阶梯电价情况进行关联关系分析挖掘。根据高质量发展测度要求，进一步将电力大数据结构化，使其宏微观一体化的层次结构更加显著。

三 电力大数据支撑高质量发展诊断的现实原则

明确电力大数据支撑高质量发展的原则，通过电力大数据收集、传输、处理和价值呈现的流程再造，使其服务于实体经济发展的目标得以实现。

第一，将电力高质量发展的底层逻辑同经济高质量发展的诊断逻辑深度链接。电力事业发展是我国经济社会发展的重要组成部分，电力大数据本质上服务于电力高质量发展，包括发电能力、输电效率和供电质量的全面提升。必须进一步明确电力高质量发展同经济高质量发展的内在联系。例如，评价经济高效发展能力过程中，企业单位产值电能耗费是重点指标之一，其中电能耗费数据来源于电力大数据，而企业产值数据来源于企业数据报送平台，电力高质量发展同经济高质量发展的逻辑关联得到凸显。此外，评价企业风险防控能力，企业安全生产和平稳用能是重点考察对象。电力物联网能够精准通过使用智能电表等智能终端设备采集整个电力系统的运行数据，再对采集的电力大数据进行系统的处理和分析，从而实现对电网的实时监控；进一步结合大数据分析与电力系统模型对电网运行进行诊断、优化和预测，为电网实现安全、可靠、经济、高效的运行提供保障，同样反映了电力高质量发展同经济高质量发展的密切联系。

第二，重塑泛在电力物联网的信息收集和处理流程，以适应经济高质量发展的测度和诊断要求。按照电力物联网底层感知、网络传输、平台处理和集成应用四个层面来分析。一是感知层，负责感知外界信息和响应上层指令，是电力物联网架构的基础，能够通过传感器、信号采集设备等感知终端的物理状态并向上传递，同时还可以将上层发来的指令传递给执行终端，是直接与"物"信息交互的层级。感知层重塑要注重收集能够反映企业产品生产和流通的环节数据，为经济高质量发展诊断提供基础数据支撑。二是网络层，通过电力无线专网、终端建设等方案实现信息接入和传输，第五代通信技术使得信息传输的高速稳定成为可能，能够满足实时、多源数据处理的需求。网络层重塑要注重泛在物联网和智能电网的架构适配和集成，以较低成本和较高安全性实现基础数据的上下游传递。三是平台层，通过数据互通、标准相通，解决数据存储、检索、权限管理和计算等问题。其建设重点是实现超大规模终端统一管理，提升数据高效处理和云雾协同能力。平台层的成功建设和使用将为应用层提供强大支持。平台层重塑要注重数据处理算法的兼容性，适应高质量发展评价体系的需求和价值取向。四是应用层，也是整个泛在物联网架构的价值输出层。根据《泛在电力物联网建设大纲》，应用层对内能够提升客户服务水平和企业经营绩效，提升电网安全经济运行水平，促进清洁能源消纳，对外能够打造智慧能源综合服务平台，构建统一的能源生态系统。应用层重塑应当注重同政府和社会组织的有效沟通，将电力大数据的处理和运算结果以可视化、报告自动化生成等方式，加强其信息反馈和价值输出功能。

第三，建立电力大数据与统计数据的协同处理标准，增强经济高质量发展评价指标体系的实用性和灵活性。数据统计工作关乎国计民生，具有相当严格和标准化的制度安排，包括统一制定的统计表式、填报范围、实施办法以及统计标准、统计指标解释、计算方法。统计制度包括以下三个方面的内容。第一，统计调查必须按照经过批准的计划进行，国家统计调查、部门统计调查、地方统计调查必须明确分工，互相衔接，不得重复。第二，统计调查应当以周期性普查为基础，以经常性抽样调查为主体，以必要的统计报表、重点调查、综合分析等为补充。第三，国家制定统一的统计标准，以保障统计调查中采用的指标含义、计算方法、分类目录、调查表式和统计编码等方面的标准化。国务院各部门可以制定补充性的部门统计标准，部门统计标准不得与国家统计标准相抵触。由此看来，电力大数据与统计数据的协同处理兼具科学性和实用性要求，应当以指导经济高质量发展为目的，创新标准制定流程和方式，尽快拟定协同处理标准并不断迭代，建立实用性和灵活性兼具的高质量发展评价指标体系。

四 电力大数据助推高质量发展的路径研究

在电力事业和大数据事业高速发展的今天，电力大数据已成为具有巨大潜在价值的资源。探索以电力大数据作为关键要素和重要支撑促进实体经济高质量发展的实现路径，成为推动我国经济迈向转型升级发展的重要保障。

（一）电力大数据引领高质量发展的现实基础

随着大数据时代的来临，伴随着制造业企业生产经营活动而产生并不断积累的大数据资源为构建高质量发展指数开拓了一条新路径。其中，电力大数据具有获取方便、完整性好、覆盖范围广等突出优势。相比于传统的统计数据，电力大数据具有颗粒度高、反应迅速、高频率等优点，使得基于电力大数据构建高质量发展指数的多级测度体系成为可能。

电力大数据包括电力生产、电力传输、电力消费等各个环节所产生的不同类型的数据，反映了电力系统运行过程的高度信息融合。电力大数据的表现方式很多，包括结构化数据和图片、文本等非结构化数据。2013年，电力行业信息化年会发布了《中国电力大数据发展白皮书》，明确指出"中国电力工业面临着能源枯竭和温室气体排放的双重挑战，传统的投资拉动增长的方式已经面临质疑"。

电力大数据同智能电网有着密切的联系。随着智能电网的快速发展，信息的有效利用和高频交互成了必然的需求，智能电网同大数据技术的深度融合已经成为不可逆转的趋势。智能电网能够将客户的用电信息有效地收集起来，结合大数据技术在存储、计算和价值挖掘上的优势，对电量的耗损情况进行分析并提取出有价值的信息。这些信息可以指导对不同区域的电网展开宏观调控，以更好地满足各个地区的用电需要。

目前，将电力大数据用于监测、分析和管理宏观经济运行，已经取得了许多切实有效的成果。例如，国家电网大数据中心凭借电力大数据这一宝贵资产，率先打造出具有鲜明特色的电力经济指数。电力经济指数产品利用电力大数据客观、高频的特点，实现跨地区、跨行业电力数据关联分析，提升区域产业、行业发展态势的洞悉能力，为政府决策提供依据，为行业发展提供支持，为企业提供参考。电力经济指数产品具有宏观经济形势预测、经济周期预测与多维度分析三大核心功能。在全国层面，电力经济指数产品可实时反映宏观经济，并预测未来经济增长趋势，服务政府制定宏观经济政策、行业发展规划。在地方层面，可对各省各市的经济景气情况进行实时反映和趋势预判，为区域经济发展部门、各行业经营者及时掌握区域经济走势提供准确的电力数据支持。在行业层面，可对电力关联度较高的行业景气情况进行分析及预警。

总的来看，我国电力大数据的应用还存在着明显的不足，大数据平台构建仍需进一步完善，电力大数据分析和智能电网运营之间的相互协调和配合尚待提升，尤其是将电力大数据用于监测宏观经济运行、指导经济政策制定、助推制造业实现高质量发展等方面，仍然具有巨大的潜力和提升空间。

(二) 电力大数据支撑高质量发展的若干方式

当前，大数据正极大地影响并改变着经济发展、社会治理以及人们的生产生活。大数据不仅是世界各国抢占的战略要地，更是衡量国家软实力的重要标志。大力发展大数据，促进数据价值释放，可以提高经济运行效率和集约化程度，提升政府服务效率。电子商务、移动支付、共享经济等新业态、新模式的蓬勃发展，产生了大量的数据资源。这种资源既能直接地创造巨大的社会财富，也可以间接地带动或者服务于其他产业，成倍放大其价值作用。加快构建以大数据为关键要素的数字经济，促进实体经济和数字经济融合发展，成为推动我国经济从高速增长转向高质量增长的重要路径。

高质量发展与大数据时代不期而遇，其中，电力大数据促进了信息技术与经济社会发展的融合，成为衡量一个国家综合实力的重要体现。电力大数据具有影响和改变经济发展、社会治理以及生产生活的巨大潜力，能够为解决我国高质量发展中的新挑战和新问题提供新的方案，主要体现在：

第一，电力大数据是推动新旧发展动能转换的重要手段。目前，我国正处在新旧动能转换的关键时期，电力大数据通过与传统产业深度融合，为实现高质量发展注入新动能。在生产过程中，电力大数据能够提高生产效率，监控生产全环节，把人从繁杂的劳动中解放出来，以最少的劳动、资本、土地、资源等要素投入，获得最大的产出；在消费市场，电力大数据具有"监听器"的作用，可以对市场加强监测，实时评估居民生活的质量和水平。

第二，电力大数据能够激发创新效率。在高质量发展阶段，以往依靠大规模投资驱动经济增长的模式难以为继。创新是高质量发展的第一动力。创新效率既取决于子系统之间的合作效率，也取决于子系统的内部效率，二者的有机融合是其成败的关键所在。电力大数据为创新效率提供了全新的动力，它以数据流为基础，将物质流、操作流有效整合，并与互联网、云计算等行业深度融合，对社会分工协作模式产生了深刻影响，是流程创新、管理创新和制度创新的重要工具。纳入电力大数据平台的物流、计算机行业，其就业人口和生产效率将高于传统制造业，创新效率也将更高。

第三，电力大数据是精准制定政策和实时监测政策实施效果的重要手段。大数据可以促使政府决策者树立大数据思维，借助电力大数据手段，提高现代化治理能力，使政府决策由过去的经验型向数据分析型转变，借助电力大数据实现对生产和生活领域用电的把控。此外，电力大数据还有利于建立健全高质量发展的政策体系，通过大数据构建评价体系，对高质量发展政策进行评价，及时调整政策，对高质量发展出现的问题对症下药。

第四节 结合电力大数据的高质量发展评估模型

按照微观、中观、宏观三个层级，分别编制企业高质量发展指数、行业高质量发展指数、区域高质量发展指数（见表8.1、表8.2、表8.3）。

表8.1 企业高质量发展评价指标体系

维度	一级指标	二级指标	三级指标	频率	方向	数据来源
创新发展	创新投入水平	经费投入	R&D经费投入占主营业务收入的比重	月	正	企业财务报表
		人力投入	R&D部门人员占企业员工人数的比重	月	正	电子信息制造业统计报表—电制统企X表
			硕士以上学位员工占企业员工人数的比重	季	正	电子信息制造业统计报表—电制统企X表
	协同创新能力	产学研合作	是否与高校或科研单位合作研发	月	正	企业报送数据
	知识产权能力	知识产权创造能力	企业发明专利占专利申请量的比重	年	正	企业报送数据
			每十万元R&D投入发明专利申请量	季	正	企业报送数据
		知识产权运用	已投入使用的发明专利占全部发明专利数的比重	年	正	企业报送数据
			专利许可和转让收入占企业营业收入的比重	季	正	企业报送数据
	创新驱动能力	创新价值实现	新产品销售收入占主营业务收入的比重	季度	正	企业报送数据
		创新生产能力	单位能耗产值	月	正	能源利用状况报告表
	创新影响力	政府认可度	企业得到政府资助的项目数量	年	正	能源利用状况报告表+财务报表
	能源使用创新	能源使用效率提升	单位产值能耗降比	月	正	能源大数据平台实时数据

续表

维度	一级指标	二级指标	三级指标	频率	方向	数据来源
绿色发展	绿色治理	行政违规	企业当月是否受到环保处罚	月	负	企业报送数据
			当月企业因为环境问题被罚款金额	月	负	企业报送数据
	环保投入及成果	环保设备	环保设备投资占企业投资的比重	季	正	企业报送数据
		社会认可	企业获得的环境资格认证个数	年	正	企业报送数据
	绿色能源	环保设备电耗比	环保设备电力消耗与电力总消耗之比	月	正	能源大数据平台实时数据
		环保投入比重	环保设备投入与电费之比	季	正	财务报表
开放发展	国际化水平	人员交流	公司派遣国外学习交流人数	月	正	企业报送数据
		资金投入	公司派遣国外学习交流费用	月	正	企业报送数据
		外贸依存度	国外订单电力消耗占企业整体订单消耗的比重	月	正①	能源大数据平台实时数据
	行业交流	人员交流	企业在国内参加行业交流次数	月	正	企业报送数据
		资金投入	企业国内行业交流费用	月	正	企业报送数据
	资本开放	资本合作	是否有外资参股	年	正	企业报送数据

---

① 外贸依存度在企业和区域层级指标中被用为开放性指标,此处设置一个阈值 A,低于 A 值时,定义为开放度低,方向为正。在区域中也是这样设计,不再单独列出。

续表

维度	一级指标	二级指标	三级指标	频率	方向	数据来源
共享发展	收益共享	收益分配	企业工资总额占营业收入的比重	月	正	财务报表+企业报送
		收入差距	企业管理层平均工资与基层员工平均工资之比	月	负	企业报送数据
	资本共享	管理层	管理层员工是否持股	年	正	企业报送数据
		基层员工	基层员工是否持股	年	正	企业报送数据
	社会共享	企业实际社会税负贡献	实际应纳所得税额与营业收入之比	月	正	中华人民共和国企业所得税——年度纳税申报表（A类）
高效发展	节能生产	节能生产能力	单位产值综合能耗	月	负	能源利用状况报告表
		能源回收能力	能源回收率	月	正	能源利用状况报告表
		废水处理率	企业污水处理量占企业废水产生量的比重	月	正	企业报送数据
	财务效率	盈利效率	利润率	月	正	企业财务报表
		运营效率	三大期间费用占营业成本比重	月	负	企业财务报表
	资本使用效率	总资产使用效率	总资产周转率	月	正	企业财务报表
		库存运转效率	存货周转率	月	正	企业财务报表+企业报送数据
		人力资本生产效率	企业单位员工产出	月	正	企业财务报表
	电力使用效率	单位电耗产值	企业总产值与电力消耗总量之比	月	正	企业财务报表+能源大数据平台实时数据

续表

维度	一级指标	二级指标	三级指标	频率	方向	数据来源
风险防控	内部风险	信用风险	企业流动性资产与企业流动性负债比	季	负	企业财务报表
		运营风险	经营现金流量净额与流动负债之比	季	负	企业财务报表
			资产收益率	月	负	企业财务报表
			资产负债率	月	正	企业财务报表
	外部风险	市场风险	企业产品价格增长率	月	负	企业报送数据
			企业原材料价格增长率	月	正	企业报送数据
			企业平均员工工资总额增长率	月	正	企业报送数据
		政策风险	政府补贴总额与企业净利润总额之比	年	正	企业财务报表+企业报送数据
	生产持续性	电力消耗量波动	期间每日电力消耗量方差	月	负	能源大数据平台实时数据

表8.2　　　　　　　　行业高质量发展评价指标体系

维度	一级指标	二级指标	三级指标	频率	方向	数据来源
创新发展	创新投入水平	经费投入	R&D经费投入占主营业务收入的比重	季	正	微观加总
		人力投入	R&D部门人员占企业员工人数的比重	季	正	微观加总
	创新产出水平	知识产权创造能力	行业发明专利占行业专利申请量的比重	年	正	微观加总+行业数据
	创新环境	行业研发经费占总产值的比重	行业研发经费占总产值的比重	年	正	行业数据
	能源使用创新	能源使用效率提升	单位产值能耗降比	月	正	行业汇总数据

续表

维度	一级指标	二级指标	三级指标	频率	方向	数据来源
绿色发展	环保投入	环保设备	环保设备投资占行业投资的比重	季	正	微观加总
	环保监控	社会认可	行业当月是否受到环保处罚	季	负	微观加总
	绿色能源	环保设备电耗比	环保设备电力消耗与电力总消耗	季	正	行业汇总数据
		环保投入比重	环保设备投入与电费之比	季	正	行业汇总数据
开放发展	行业开放水平	行业外资企业占比	行业外资企业占比	年	正	微观加总+行业数据
	外贸依存度	国外订单电耗比	国外订单电力消耗除企业整体订单消耗	月	正	企业报送数据汇总
共享发展	收益共享	收益分配	行业工资总额占营业收入的比重	季	正	微观加总
		收入差距	行业管理层平均工资与基层员工平均工资之比	季	负	微观加总
	资本共享	管理层	管理层员工是否持股	年	正	微观加总
		员工	基层员工是否持股	年	正	微观加总
	社会共享	上市企业占比	上市企业占比	年	正	行业数据
高效发展	劳动效率	行业全员劳动生产率	行业全员劳动生产率	年	正	行业数据
	资本使用效率	行业投资收益率	行业投资收益率	年	正	行业数据
	能源效率	行业单位产值综合能耗	行业单位产值综合能耗	年	负	行业数据
	电力使用效率	单位电耗产值	企业总产值与电力消耗总量之比	月	正	行业数据汇总

续表

维度	一级指标	二级指标	三级指标	频率	方向	数据来源
风险防控	企业风险	企业风险指标	企业风险指标	季	正	微观加总
	政策风险	政策风险	政府补贴总额与净利润总额之比	月	正	微观加总
	市场风险	外贸依存度	行业产品外销占行业全部销售比重	季	阈值①	微观加总
	行业生产持续性	电力消耗量波动	期间每日电力消耗量方差	月	负	企业数据汇总

表 8.3　　　　　　区域高质量发展评价指标体系

维度	二级指标	三级指标	计算方法	方向	数据来源
创新发展	创新投入	R&D 经费投入占主营业务收入的比重	R&D 经费投入占主营业务收入的比重	正	微观数据
		R&D 部门人员占企业员工人数的比重	R&D 部门人员占企业员工人数的比重	正	微观数据
	创新产出	发明专利占专利申请量的比重	全部企业发明专利总量与全部企业专利申请总量之比	正	微观数据
		高新技术企业总产值占 GDP 的比重	高新技术企业总产值占 GDP 的比重	正	统计年鉴
	能源使用创新	能源使用效率提升	单位产值能耗降比	正	微观数据

---

① 外贸依存度在企业层级指标中被用为开放性指标，在行业高质量发展指标中被用为风险指标。外贸依存度用作风险指标时，有一个阈值，我们设定为 B。当行业产品外销占行业全部销售比重超过 B 时，可以认为风险度较高，此时方向为正。

续表

维度	二级指标	三级指标	计算方法	方向	数据来源
绿色发展	环境保护	环保设备投资占企业投资的比重	环保设备投资占企业投资的比重	正	微观数据
		一般工业固体废物综合利用率	一般工业固体废物综合利用率	正	统计年鉴
	宜居程度	空气质量达标率	空气质量达标率	正	环境状况公报
		人均建成区绿地面积	人均建成区绿地面积	正	统计年鉴
	绿色能源	环保设备电耗比	环保设备电力消耗与电力总消耗之比	正	统计数据
		环保投入的比重	环保设备投入与电费之比	逆	微观数据
		绿色电力能源	区域使用电力能源中火力发电占比	正	微观数据
开放发展	外企贡献	外资企业产值贡献率	外资企业产值贡献率	正	微观数据
	贸易往来	进出口依存度	进出口总额占地区生产总值的比重	阈值	统计年鉴
共享发展	收益共享	企业工资总额占营业收入的比重	全部企业工资总额与全部企业营业收入总额之比	正	微观数据
		企业管理层平均工资与基层员工工资之比	全部企业管理层平均工资与全部企业基层员工平均工资之比	逆	微观数据
	资本共享	管理层员工持股企业占比	管理层员工持股企业占比	正	微观数据
		基层员工持股企业占比	基层员工持股企业占比	正	微观数据
	公共服务共享	万人中小学专任教师数量	万人中小学专任教师数量	正	统计年鉴
		万人公共图书馆图书藏量	万人公共图书馆图书藏量	正	统计年鉴
		万人卫生事业机构病床床位数量	万人卫生事业机构病床床位数量	正	统计年鉴

续表

维度	二级指标	三级指标	计算方法	方向	数据来源
高效发展	劳动效率	全员劳动生产率	全部企业工业增加值总额与全部企业员工总数之比	正	微观数据
	资本效率	总资产周转率	全部企业主营业务收入总额与全部企业资本总额之比	正	微观数据
	能源效率	单位产值综合能耗	全部企业工业综合能耗总额与全部企业工业总产值之比	逆	微观数据
	电力使用效率	单位电耗产值	企业总产值与电力消耗总量之比	正	统计年鉴
	经济效率	经济增长速度	利用区域电力消耗数据结合混频抽样数据模型（MIDAS）预测	正	预测数据
风险防控	信用风险	流动资产负债率	全部企业流动性资产总额与全部企业流动性负债总额之比	正	微观数据
	金融风险	本外币存贷款比率	各项本外币存款余额与各项本外币贷款余额之比	正	统计年鉴
	生产持续性	电力消耗量波动	期间每日电力消耗量方差	正	微观数据

一 基于电力大数据的高质量发展指数三级模型

（一）企业高质量发展指数

指标体系从六个维度反映制造业企业高质量状况：创新发展、绿色发展、开放发展、共享发展、高效发展和风险防控。每一个维度的指标衡量均由三级指标体系构成,为清晰表明各个指标的构成、数据来源以及相应指标的正负向,将指标体系按照不同的维度分别列示并说明:

(1) 创新发展

创新发展维度衡量的是企业创新能力,在技术进步、促进企业创新发展方面的努力和能力。一级指标包含创新投入水平、协同创新能力、知识产权能力、创新驱动能力、创新影响力和能源使用创新。

创新投入水平。包含经费投入和人力投入。企业在创新发展方面的努力体现在物和人两个方面,通过R&D经费占主营业务收入的比重衡量企业对创新的重视程度,通过R&D部门人员占企业总人数的比重以及硕士以上学位员工占企业员工的比重衡量企业的创新发展能力。

协同创新能力。企业的创新不仅依靠自身人员的力量,也有赖于外部科研单位的力量,借助外部科研单位的能力,能极大地提高企业的创新能力。使用是否与高校或科研单位合作研发来衡量企业的协同创新能力。

知识产权能力。企业通过创新生产或研发活动最终形成创新成果,从知识产权创造能力和知识产权运用两方面来衡量企业的知识产权能力。使用企业发明专利占专利申请量的比重和每十万元R&D投入发明专利申请量两个指标来衡量企业的知识产权创造能力。知识产权运用能够体现企业应用知识创造企业价值的能力,使用已投入使用的发明专利占全部发明专利数的比重和专利许可和转让收入占企业营业收入的比重两个指标来加以衡量。

创新驱动能力。能够体现企业利用知识创造成果为企业生产带来的效益,包括价值实现和创新生产能力,分别用新产品销售收入占主营业务收入的比重和单位能耗产值来加以衡量。

创新影响力。主要从政府对企业的认可度来看，政府对企业创新能力的认可体现在对企业的资助上，通过企业得到政府资助的项目数量可以看到政府对企业创新能力的认可度。

能源使用创新。主要通过企业单位产值能源消耗变化来体现，当企业单位产值能耗降低则表明企业能源使用或技术水平的提升，具体用"能源使用效率提升"这一指标来衡量，采用当期单位产值能耗与上期单位产值能耗差额除以上期单位产值能耗来测算。

（2）绿色发展

企业绿色发展维度衡量企业环境治理水平和环保投入及成果情况。一级指标包含绿色治理、环保投入及成果、绿色能源。

绿色治理。企业在生产过程中存在的环境保护违规行为会受到政府或者环保部门的处罚，通过企业被处罚次数和金额能看出企业在环保绿色方面的表现。

环保投入及成果。企业在绿色发展上也可以通过企业采购的环保设备以及企业获得的环境部门认证数量来衡量。环保设备投资大、获得环保资格认证个数越多，企业在绿色发展方面表现更好。

绿色能源。企业绿色发展很大程度上体现在环保设备的正常运转和环保设备的资金投入，因此，环保设备耗电量及环保投入越大则表明企业在环保方面越重视，能体现企业的绿色发展理念。

（3）开放发展

企业开放发展维度衡量企业在生产发展过程中与外界协作能力及贸易程度。一级指标包含国际化水平、行业交流以及资本开放。

国际化水平。企业国际化从三个方面衡量：人员交流、资金投入以及外贸依存度，分别衡量了企业在学习国外先进技术经验以及商品国际化程度的水平，企业在学习国外经验、技术方面投入越大，越依赖国际商品市场，表明企业国际化水平越高。

行业交流。企业开放不仅体现在对国际市场，也包括企业国内同行业之间的交流，与国内同行业交流越频繁，支持投入越大，企业的开放水平越高。

资本开放。资本开放用企业是否被外资占有股份来衡量。

（4）共享发展

企业共享发展维度衡量企业在生产发展过程利益与员工、社会共享情况。一级指标包含收益共享、资本共享、社会共享。

收益共享。企业收益共享可以从两个角度来衡量，一是企业整体收益的分配情况，用企业工资总额占营业收入的比重衡量；二是企业收益分配的公平程度，采用企业管理层平均工资与基层员工平均工资之比，衡量的是管理层与基层员工的收入差距。前一个指标值越高，共享程度越高；后一个指标值越低，企业利益共享水平越高。

资本共享。资本共享能够实现企业与员工利益一致化。资本共享包括管理层和基层员工是否持有公司股份，如果持有公司股份，则说明企业共享水平越高。

社会共享。企业利润不仅会在企业内部员工之间共享，也会与整个社会共享。社会共享水平利用企业实际社会税负贡献来表示，该指标值越高，社会共享水平越高。

（5）高效发展

企业高效发展维度衡量企业在生产发展效率情况。一级指标包含节能生产、财务效率、资本使用效率等指标。

财务效率。指标包含盈利效率、运营效率，衡量了企业利用成本赚取利润的能力，企业在公司运营过程中三大费用（管理费用、财务费用和销售费用）占营业成本的比重，反映出企业的管理运作水平，该指标值越高，效率越低。

节能生产。包含节能生产能力、能源回收能力和废水处理率。企业节能生产能力越强，企业绿色生产能力越好，能源回收能力衡量了企业的能源利用率，废水处理率衡量了企业的环境友好程度，均能反映企业的绿色生产能力。

资本使用效率。企业使用资本能力，体现在高效使用企业占有的资本，用总资产使用效率、库存运转效率和人力资本生产效率来衡量。总资产使用效率反映了企业利用资产收入回收的速度，速度越快，企业的效率越高。库存运转效率衡量企业存货周转率，周转率越高，企业库存占用资本越少，效率越高。人力资本生产效率用企业单位员工产出衡量，反映企业整体生产、管理水平。以上三个指标均为正向指标，指标值越高，效率越好。

电力使用效率。企业使用的主要能源是电力，单位电耗产值衡量了企业的能源使用效率。单位电耗企业产出越高，企业生产效率也更高，该指标为正向指标。

(6) 风险防控

风险防控衡量的是企业面临的各个方面的影响企业持续经营能力的因素。一级指标包含内部风险、外部风险和生产持续性。

内部风险。企业内部风险是企业内部存在的影响企业持续经营的因素，包括信用风险和运营风险。信用风险包括企业流动负债偿还能力和企业现金偿还流动负债能力，分别用企业流动性资产与企业流动性负债之比、经营现金流量净额与流动负债之比来衡量。两个指标均为正向指标，比值越高，企业偿债能力越高，企业风险水平越小。运营风险使用资本负债率来衡量，该指标衡量企业长期偿债能力，该指标同样值越高，企业风险越小。

外部风险。外部风险是衡量企业掌控之外，但影响企业持续经营的风险因素，包括市场风险和政策风险。市场风险包括企业产品价格增长率、企业原材料价格增长率、企业平均员工工资总额增长率。这些指标均是直接影响企业利润水平的因素，第一个指标为负向指标，产品价格增长越快，企业风险越小；其他两个指标均为正向指标，增长率越快，企业市场风险越高。政策风险为企业面临来自政府部门的影响，主要是企业获得的政府补贴的波动影响，使用政府补贴总额与企业净利润总额之比来衡量。该指标值越高，说明企业盈利越依赖政府的补助，企业受到的政策性风险越高。

生产持续性。企业健康发展的一个表征是企业生产或经营持续稳定，具体表现在企业能源使用上稳定，若企业能源使用波动较大则表明企业生产经营有异常，面临较大的风险，为了衡量企业这方面的风险，采用电力消耗量波动来衡量。

（二）行业高质量发展指数

对于行业高质量发展指数，综合研究文献和电力行业发展情况来看，行业高质量发展应当突破以往粗放发展模式，不能单纯地讲经济发展速度，更应该将创新发展、绿色发展、高效发展等融合进来，此外，也要考虑到行业的开放、共享和风险等指标，用以衡量行业的发展质量状况。

（1）创新发展

创新发展维度衡量的是行业创新能力在促进技术进步、促进行业创新发展方面的努力和能力。一级指标包含创新投入水平、创新产出水平、创新环境和能源使用创新。

创新投入水平。创新投入水包含经费投入和人力投入两个指标，这两个指标都是季度指标，是根据企业加总得来的数。行业在创新发展方面的努力体现在物和人两个方面，通过 R&D 经费占主营业务收入的比重能看到行业对创新的重视程度；同样，R&D 部门人员占行业总员工的比重也说明了行业的创新发展能力。这两个指标值越高，说明行业创新投入水平越好。

创新产出水平。创新产出水平可以用知识产权创造能力来衡量，这个指标是年度指标，数据来源可以是企业加总，也可以是统计年鉴。知识产权创造能力可以用行业发明专利占行业专利申请量的比重来衡量，比重越高，说明行业的创新产出水平越高。

创新环境。创新环境可以用行业研发经费占总产值的比重来衡量，这个指标是年度指标，数据来源是统计年鉴。行业的创新需要大量的资本和政府的支持，行业研发经费占总产值的比重是衡量行业创新环境的重要指标，该指标值越高，说明创新环境越好。

能源使用创新。主要通过行业平均单位产值能源消耗变化来体现，当行业平均单位产值能耗降低则表明企业能源使用或技术水平的提升，具体用"能源使用效率提升"这一指标来衡量。该指标为正向指标，指标值越大，表明企业创新程度越高。

（2）绿色发展

行业绿色发展维度衡量企业生产的节能、低污染和环境友好状况。一级指标包含环保投入、环保监控和绿色能源。

环保投入。环保投入可以用环保设备投资占行业投资的比重来衡量，该指标是季度指标，数据来源是微观企业加总。衡量行业的绿色发展水平，环保投入资金是很重要的方面，只有有了资金投入，才能保障行业绿色发展。环保设备投资占企业投资的比重是一个正向指标，该指标值越高，说明行业绿色生产能力越好。

环保监控。环保监控可以行业当季度是否受到环保处罚来衡量，该指标是季度指标，数据来源于微观企业加总。行业在绿色发展方面，可以通过行业是否受到环保处罚来衡量，若没有受到环保处罚，说明行业在绿色发展方面表现更好。

绿色能源。企业绿色发展很大程度上体现在环保设备的正常运转和环保设备的资金投入，因此，环保设备耗电量及环保投入越大则表明企业在环保方面越重视，能体现企业的绿色发展理念。在行业层面，采用行业加总指标来衡量。

（3）开放发展

行业开放发展维度衡量行业在生产发展过程中与外界协作能力与贸易水平。一级指标包括行业开放水平和外贸依存度。

行业开放水平。行业开放水平可以用行业外资企业占比来衡量，该指标是年度指标，数据来源是统计年鉴。行业内外资企业占比这个指标是正向指标，该指标值越高，说明行业开放水平越好。

外贸依存度。行业外贸依存度采用国外订单电力消耗占企业整体订单消耗的比重来衡量，能够较好地反映企业对国外市场的依赖程度。

(4) 共享发展

企业共享发展维度衡量行业在生产发展过程利益与员工、社会共享情况。一级指标包含收益共享、资本共享、社会共享。

收益共享。收益共享可以用行业工资总额占营业收入的比重、行业管理层平均工资与基层员工平均工资之比来衡量，这两个指标都是季度指标，数据来源为微观加总。行业利益共享可以从两个角度来衡量，一是行业整体收益的在整体员工的分配情况，用行业工资总额占营业收入的比重衡量；另一方面，是行业利益分配的公平程度，采用行业管理层平均工资与基层员工工资之比来衡量，反映的是管理层与基层员工的收入差距，前一个指标值越高共享程度越高，后一个指标值越低，行业利益共享水平越高。

资本共享。资本共享可以用管理层员工是否持股和基层员工是否持股来衡量，这两个指标均为年度指标。这两个指标均为正向指标，指标值越高，说明资本共享水平越高。

社会共享。社会共享可以用上市企业占比来衡量，该指标为年度指标，数据来源于统计年鉴。行业利润不仅仅在行业内部员工之间共享，也会同整个社会共享，企业通过上市的方式来达到这一目的，因此可以用上市企业占比来衡量，该指标值越高，社会共享水平越高。

(5) 高效发展

行业高效发展维度衡量行业在生产发展效率情况。一级指标包含劳动效率、资本效率、能源效率和电力使用效率。

劳动效率。劳动效率可以用行业全员劳动生产率来衡量，该指标是年度指标，数据来源于统计年鉴。该指标衡量了行业的劳动生产效率，生产效率越高，行业发展越高效。

资本使用效率。主要是行业投资收益率，该指标是年度指标，数据来源于统计年鉴。行业使用资本能力可以用行业投资收益率来表示，该指标是正向指标，行业投资收益率越高，行业使用资本的效率越高。

能源效率。能源效率可以用行业单位产值综合能耗来衡量，该指标是年度指标，数据来源于统计年鉴。行业单位产值综合能耗是一个负向指标，该指标值越低，说明行业能源效率越高。

电力使用效率。企业使用的主要能源是电力，单位电耗产值衡量了企业的能源使用效率。单位电耗产值越高，企业生产效率也越高，该指标为正向指标。在行业层，该指标采用行业平均值来衡量。

(6) 风险防控

行业风险衡量的是行业面临的各个方面的影响行业持续经营能力的因素。一级指标包含企业风险、政策风险、市场风险和行业生产持续性。

企业风险。衡量行业的风险状况，可以将企业风险指标作为一项重要的指标加入，该指标是季度指标，通过企业高质量发展企业维度的风险指标获得数据。企业风险指标为正向指标，企业风险越高，行业风险水平越大。

政策风险。政策风险是指行业由于国家政策带来的风险，可以用政府补贴总额与净利润总额之比来衡量。该指标是月度指标，数据来源于微观加总。当政府补贴总额占净利润总额的比重越高时，政策性风险越高。

市场风险。市场风险是指行业面临来自市场的风险，此处可以用外贸依存度来衡量，该指标是季度指标，数据来源于微观加总。外贸依存度是在一定程度之内是一个正向指标，当不超过阈值 B 时，该指标值越高，则企业风险越小。

行业生产持续性。在行业层，该指标采用行业每日的电力消耗数据，计算行业每月电力消耗的方差。该指标为负向指标，数值越大，表示该行业面临的风险越高。

（三）区域高质量发展指数

企业、行业和区域高质量发展指数是高质量发展指数的三大组成部分，三者相互联系，并且存在层次递进的关系。与企业和行业指数不同，区域指数站在一个更高的层面上对整体的高质量发展情况进行评价，这就需要结合企业、行业的指数基础，加之更为全面的宏观经济数据进行综合考虑。

（1）创新发展

区域创新发展维度衡量的是技术进步在促进区域创新发展方面的能力。二级指标包含创新投入水平、创新产出水平、能源使用创新。

创新投入水平。创新投入水平包含 R&D 经费投入占主营业务收入的比重和 R&D 部门人员占企业员工人数的比重两个三级指标，这两个指标越高，说明区域创新投入水平越好。

创新产出水平。创新产出水平包含发明专利占专利申请量的比重和高新技术企业总产值占 GDP 的比重两个三级指标，这两个指标值越高，说明区域创新产出水平越高。

能源使用创新。主要通过能源使用效率提升来衡量，该指标为正向指标，指标值越高，表明区域能源使用创新水平越高。

(2) 绿色发展

区域绿色发展维度衡量区域生产生活的节能、低污染、环境友好状况。二级指标包含环境保护、宜居程度、绿色能源。

环境保护。环境保护指标包含环保设备投资占企业投资的比重和一般工业固体废弃物综合利用率两个三级指标，这两个指标值越高，说明区域环境保护能力越高。

宜居程度。宜居程度使用空气质量达标率和人均建成区绿地面积两个指标来衡量，这两个指标值越高，说明区域宜居程度越好。

绿色能源。绿色能源指标包含环保设备电耗比、环保投入的比重、绿色电力能源三个三级指标，这三个指标都是正向指标，指标值越高，表明区域绿色能源发展水平越好。

(3) 开放发展

区域开放发展维度衡量区域在发展过程中与外界协作、贸易的水平。二级指标包含外企贡献和贸易往来两个指标。

外企贡献。外企贡献用外资企业产值贡献率来衡量，这个指标是正向指标，该指标值越高，说明区域开放水平越好。

贸易往来。贸易往来用进出口依存度指标来衡量，能够较好地反映区域发展对国外市场的依存程度，该指标为阈值型指标。

(4) 共享发展

区域共享发展维度衡量区域生产生活的福利共享情况。二级指标包含收益共享、资本共享、公共服务共享三个指标。

收益共享。收益共享可以用区域内企业工资总额占营业收入的比重、管理层平均工资与基层员工平均工资倍数来衡量，前一个指标是正向指标，后一个指标为逆向指标。

资本共享。资本共享可以用区域内管理层员工持股企业占比、基层员工持股企业占比两个指标来衡量，这两个指标均为正向指标，指标值越高，说明资本共享水平越高。

公共服务共享。公共服务共享可以用万人中小学专任教师数量、万人公共图书馆图书藏量、万人卫生事业机构病床床位数量三个指标来衡量，这三个指标均为正向指标，指标值越高，说明公共服务共享水平越高。

(5) 高效发展

区域高效发展维度衡量区域生产生活效率水平。二级指标包含劳动效率、资本效率、能源效率、电力使用效率、经济效率五个指标。

劳动效率。劳动效率用全员劳动生产率来衡量，该指标为正向指标，指标值越高，说明劳动效率越高。

资本效率。资本效率可以用总资产周转率来衡量，该指标为正向指标，指标值越高，说明资本效率越高。

能源效率。能源效率可以用单位产值综合能耗来衡量，该指标为逆向指标，指标值越低，说明能源效率越高。

电力使用效率。电力使用效率可以用单位电耗产值来衡量，该指标为正向指标，指标值越高，说明能源效率越高。

经济效率。经济效率可以用经济增长速度来衡量，该指标为正向指标，指标值越高，说明经济效率越高。

(6) 风险防控

区域风险防控衡量的是区域防控各方面风险因素的能力，二级指标包含信用风险、金融风险、生产持续性三个指标。

信用风险。信用风险可以用流动资产负债率来衡量，该指标为正向指标，指标值越高，说明信用风险防控水平越高。

金融风险。金融风险可以用本外币存贷款比率来衡量，该指标为正向指标，指标值越高，说明金融风险防控水平越高。

生产持续性。生产持续性可以用电力消耗量波动来衡量，该指标为逆向指标，指标越低，说明生产持续性能力越好。

二 模型的算法

无论是企业层面的相关指标、还是行业的相关指标以及区域的相关指标测算，均会涉及混频测算模型，此处，以区域层面的经济效率指标为例，解释测算模型中利用区域电力消耗数据结合混频抽样数据模型（MIDAS）预测的效率维度指标。比如，经济产出总量衡量了社会利用劳动力、资本、土地等资源进行生产活动的结果。在同等的资本投入条件下，效率较高的社会组织能够产出更多社会需要的产品或服务，因此，区域经济增长速度衡量了该区域整体利用各种资源的效率。区域经济增长速度是区域经济高质量发展的一个重要指标，需要纳入区域经济高质量发展指标体系当中。为纳入该指标需要解决两个方面的问题：（1）可得性数据。当前我国统计局公布的只有分省以及全国经济增长速度，针对具体区域的经济增长速度面临无数据来源的难题。（2）及时性数据。经济增长速度指标统计过程复杂，设计的行业众多，因此该指标一般具有严重的时间滞后性，与其他指标无法及时匹配。为解决以上问题，本研究借助高频电力大数据以及混频抽样数据模型（MIDAS）及时预测季度区域经济增长速度。

（一）混频数据抽样模型（MIDAS）基本模型介绍

MIDAS 基本模型为 MIDAS（m,K），模型涉及单个高频解释变量以及单个低频被解释变量，形式如下：

$$y_t = \beta_0 + \beta_k W(L^{\frac{1}{m}};\theta)x_t^m + \varepsilon_t^m \tag{8.1}$$

其中 y_t 为低频被解释变量；x_t^m 为高频解释变量；m 表示高频数据与低频率数据之间的倍数关系，例如季度与月之间的频率倍数为 3，因此这里的 $m = 3$；$W(L^{\frac{1}{m}};\theta)$ 表示的是权重滞后多项式，此多项式可

以表示为:

$$W(L^{\frac{1}{m}};\theta) = \sum_{k=0}^{K} w(k,\theta) L^{k/m} \qquad (8.2)$$

其中，$L^{\frac{1}{m}}$ 表示高频解释变量的滞后算子，可以表示为：$L^{\frac{1}{m}} x_t^m = x_{t-1/m}^m$；$t$ 表示低频节点；$w(k,\theta)$ 为低频解释变量滞后项对应的权重函数，存在4种不同形式的权重函数。这4种函数形式分别为：Beta 密度函数（包括 Beta-MIDAS 和 Beta Non-Zero-MIDAS 两种情况）、Almon 函数、指数 Almon 函数和分段函数多项式（Stepfun）。每种函数类型都可以获得对应的权重函数形式，并且每种函数形式下隐含了权重之和为1的假设。下面具体解释不同类型的权重函数形式：

（1）Beta 密度函数形式

Beta 密度权重函数是基于 Beta 分布函数构建，其一般的公式形式如下：

$$w(k,\theta_1,\theta_2,\theta_3) = \frac{f\left(\frac{k}{K};\theta_1,\theta_2\right)}{\sum_{k=1}^{K} f\left(\frac{k}{K};\theta_1,\theta_2\right)} + \theta_3 \qquad (8.3)$$

其中 k 为权重函数的滞后阶数；K 为 k 的最大取值。两参数的 Beta 分布多项式作为权重函数，分布多项式中约束条件为：$\theta_1 \geq 300, \theta_2 < 300$。另外 $f(x;\theta_1,\theta_2) = \frac{x^{\theta_1-1}(1-x)^{\theta_2-1}\Gamma(a+b)}{\Gamma(\theta_1)\Gamma(\theta_2)}$，$\Gamma(\theta_1) = \int_0^\infty e^{-x} x^{\theta_1-1} dx$。

基于以上 Beta 密度函数形式存在两种取值情况，分别为 $\theta_1 = 1$ 和 $\theta_3 = 0$。

当 θ_3 取值为0时，称为 Beta-MIDAS 模型，这时 $w(k,\theta_1,\theta_2,\theta_3) = \dfrac{f\left(\frac{k}{K};\theta_1,\theta_2\right)}{\sum_{k=1}^{K} f\left(\frac{k}{K};\theta_1,\theta_2\right)}$。

当 θ_1 取值为 1 时，称为 Beta Non-Zero-MIDAS 模型，这时

$$w(k,\theta_1,\theta_2,\theta_3) = \frac{f\left(\frac{k}{K};1,\theta_2\right)}{\sum_{k=1}^{K} f\left(\frac{k}{K};1,\theta_2\right)} + \theta_3，其他参数含义不变。$$

（2）Almon 函数形式

Almon 滞后多项式的具体表达式如下：

$$w(k,\theta) = \frac{\theta_0 + \theta_1 k + \theta_2 k^2 + \cdots + \theta_p k^p}{\sum_{k=0}^{K} \theta_0 + \theta_1 k + \theta_2 k^2 + \cdots + \theta_p k^p} \tag{8.4}$$

其中 $\theta = [\theta_0\ \theta_1 \cdots \theta_p]$。本书采用两参数的 Almon 权重函数对区域经济增速进行短期预测。

（3）指数 Almon 函数形式

指数 Almon 函数形式基于 Almon 函数形式变化而来，对后者的各项以指数值替换水平值而成，具体函数形式如下：

$$w(k,\theta) = \frac{exp(\theta_0 + \theta_1 k + \theta_2 k^2 + \cdots + \theta_p k^p)}{\sum_{k=0}^{K} exp(\theta_0 + \theta_1 k + \theta_2 k^2 + \cdots + \theta_p k^p)} \tag{8.5}$$

指数 Almon 滞后多项式是较为常见的使用形式，能够构造多种不同的权重函数，并且能够保证权重数为正数，具有良好的零逼近误差的性质。两参数指数 Almon 滞后多项式常被用于宏观经济研究分析当中，一般进行 $\theta_1 \leq 300, \theta_2 < 0$ 的约束，以满足宏观经济分析与预测中所需要的权重形式。

（4）分段函数多项式（Stepfun）形式

分段权重函数多项式，具体形式可以表示如下：

$$w_i(\theta_1,\theta_2,\cdots,\theta_p) = \theta_1 I_{i \in [a_0,a_1]} + \sum_{p=2}^{P} \theta_p I_{i \in [a_{p-1},a_p]} \tag{8.6}$$

其中：$a_0 = 1 < a_1 < a_2 < \cdots < a_P = N$，$I_{i \in [a_{p-1},a_p]} = \begin{cases} 1 & a_{p-1} \leq i \leq a_p \\ 0 & a_{p-1} \geq i, i \geq a_p \end{cases}$

这样构造的多项式就是一系列离散值,可以根据函数的具体形式来定义步数 p。采用分段函数多项式权重的 MIDAS 模型可以实现方差的连续和跳跃特征。

(二) 非限制的权重形式 (U-MIDAS)

前面几种权重函数形式均受到不同形式的函数关系约束,而非限制的权重形式则是完全无约束,其具体的模型函数形式如下:

$$y_t = \beta_0 + \sum_{k=0}^{K} \beta_k x_{t-k}^m + \varepsilon_t^m \qquad (8.7)$$

通过上面的函数形式可以看到,在非限制的权重形式下,MIDAS 模型对高频解释变量的权重无限制性的约束,采用普通线性回归的方式对模型参数进行估计。

(三) h 步向前预测的 MIDAS (m, K, h)

在基本 MIDAS (m, K) 模型下,预测 t 期的低频被解释变量,使用的数据信息为 t 期前的数据信息,例如第一季度区域经济增长速度值,需用 3 月 31 日前的数据信息进行预测,但有时候需要进行提前预测,例如希望在得到 1 月 1 日—3 月 15 日的搜索数据后即对当季度经济增速数据进行预测,即需要提前 15 天获取经济增速数据信息,这时为 h 步向前预测的 MIDAS 模型,为 MIDAS (m, K, h),具体模型表达式如下:

$$y_t = \beta_0 + \beta_k W(L^{\frac{1}{m}}; \theta) x_{t-h/m}^m + \varepsilon_t^m \qquad (8.8)$$

(四) 自回归混频抽样模型介绍

前面介绍的基本 MIDAS 模型的被解释变量仅为高频的解释变量,在进行宏观经济变量预测时,应该充分考虑到宏观经济变量的惯性特征。由于宏观经济变量的这种惯性特征,低频解释变量前后期之间存在自相关性,为反映这种关系,可以在标准的 MIDAS 模型中加入低频被解释变量的自回归项，形成 AR（p）- MIDAS（m, K, h）模型，具体模型形式如下：

$$y_t = \beta_0 + \delta_1 y_{t-1} + \delta_2 y_{t-2} + \cdots + \delta_p y_{t-p} + \beta_1 W(L^{\frac{1}{m}};\theta) x_{t-h/m}^m + \varepsilon_t^m \tag{8.9}$$

（五）模型滞后期选择问题

通过上面的模型介绍可知，在高频变量滞后项权重函数形式确定的情况下，高频变量滞后阶数 K 的改变不会影响模型估计的参数的个数。因此，传统的信息准则（Information Criterion）在 MIDAS 模型中是不适用的，即常用于确定滞后阶数的指标 AIC、BIC、HQ 在确定高频解释变量的滞后阶数 K 的过程中无效。一般 K 太大的问题在于，需要更多的数据，另外，样本初期的权重基本为零，因为 K 值太大了；而 K 值太小的问题更为严重，可能导致模型估计精度降低。因此在确定高频解释变量的滞后期的过程中，可以通过不断测试不同的 K 值来比较模型的预测精度和效果来确定最优的滞后期。

第五节　小结

充分挖掘和利用电力大数据的潜在价值，对于经济社会高质量发展水平进行评估和诊断，进而为新时代中国特色社会主义事业发展提供助力，具有重要的理论意义和实践价值。为实现该目标，本书作了以下具有突破性的工作：

第一，建立了高质量发展评估的理论体系。本书立足于我国发展实际，尤其是新常态下的经济社会发展特征，对于高质量发展内涵进行了准确和充分的阐释。此外，基于指标体系构建的统计原则和方法，批判地借鉴了已有的理论和实践成果，形成了经济社会高质量发展水平的评估体系。

第二，建立了电力事业发展和经济社会高质量发展的逻辑联系。电力事业发展是经济社会发展的重要基础，能够全面反映生产和生活的多维度特征。本书从电耗、电价、电力工业促进可持续发展等方面，梳理了电力高质量发展和经济社会高质量发展的内在联系，为利用电力大数据评估高质量发展作了逻辑铺垫。

第三，基于电力大数据的具体特征，成功将其纳入经济社会高质量发展评估的理论框架。大数据具有超越传统统计数据的特殊属性，将大数据和统计数据相结合是高质量发展指标体系构建的难点。本书通过分析电力大数据的具体特征，充分利用企业、行业和区域三级宏微观一体化结构特性，建立了一套基于混频、层次分析等方法的高质量发展测度体系模型。

根据本书的研究成果，为进一步推动电力发展领域大数据建设和应用，提出以下建议：

大数据建设和应用是一项体系复杂、高度关联、多头并进的巨复杂系统工程，需要加强顶层设计，构建架构合理、动态适应、权责清晰的数据体系，具体包括制度建设、技术要求、数据标准、隐私安全四个方面。

加快数据制度建设。制度处于大数据建设和应用的总领地位，主要包括组织协调、项目审批和绩效考核等方面。大数据是一个全新的治理理念，强调信息的融合和共享，传统的金字塔式的纵向管理结构将向强调横向传播的网络式模式倾斜。需要建立业务部门和信息化部门共同参与、高效集中的权威管理部门，协调推进大数据规划、建设、运行、共享等环节。重点支持以重点业务领域为管理、服务对象的综合性应用项目建设，形成审批部门作决策、应用部门提需求、建设部门具体实施的工作程序，保证项目在建设上规范统一、资金使用高效安全。加强评估和审计管理，在应用效能、用户满意度、资源共享、业务协同等方面进行综合评估，并建立相应的激励约束机制。

加强关键技术突破。数据处理技术涉及大数据流程的各项单元业务，如大数据采集、大数据预处理、大数据存储及管理、大数据分析及挖掘、大数据检索、大数据可视化、大数据应用、大数据安全等。技术基础包括语音识别、图像识别、文字语言分析、人工智能、机器学习、数据挖掘等。当前，数据应用大都停留于日常业务功能实现和常规统计分析方面，数据应用深度不足。应当加强关键技术突破，建立数据处理综合性平台，全面增强数据治理手段和数据分析能力。

建立数据标准体系。现有业务数据多分散于各应用系统和应用平台中，在跨业务、跨层级、跨部门数据共享过程中，普遍存在数据编码标准不统一、数据共享口径不一致、多系统交叉共享压力过大等问题。完整的数据标准体系不仅包括数据本身的格式标准，也包括数据的作业标准和应用标准，包括术语定义、统计方法、基础数据、知识库、模型表达、算法，以及各种系统的接口规范、自动化处理规范、互操作规范，甚至包括人的认知规范、交互规范、行为指导规范。数据标准体系的建立有助于确保数据共享的高效、安全及统一。

切实保障数据安全。数据安全涉及个人隐私、商业秘密、国家安全，需要在安全与应用之间取得平衡，可以从数据存储、数据传输、数据应用多个层面进行规划。不仅仅是防止数据丢失和篡改，更要考虑如何实现数据的脱敏，实现数据的安全存储、日常管理、有效应用，通过制度建设、处理技术和数据标准的协同，从而在安全的基础上，实现大数据的高效利用。

第九章

结　语

自党的十八届五中全会明确提出"创新、协调、绿色、开放、共享"的新发展理念以来，新发展理念已经成为新时代开展经济社会建设工作的指挥棒和红绿灯。本书作为中国社会科学院创新工程重大研究项目"新时代新发展理念评价体系与测度"（2017YCXZD005）结项成果，在成稿过程中，深入贯彻落实习近平总书记祝贺中国社会科学院建院40周年贺信、"5·17讲话"和《中共中央关于加快构建中国特色哲学社会科学的意见》精神，紧紧围绕坚持和发展中国特色社会主义，坚持马克思主义指导地位，对新发展理念开展理论和实践的双重探索，形成新时代具有鲜明中国特色的新发展理念评价体系，并在相关重点领域开展测度研究。本书的主要内容和主要创新如下。

一　主要内容

以马克思主义为指导，深入研究新发展理念形成及演化路径。以文献研究、实地调研为主要研究方法，开展新发展理念理论研究。全面回顾中华人民共和国成立以来各代领导集体发展理念的变化过程，深入阐释习近平新时代中国特色主义思想中新发展理念的深刻内涵，通过明晰新发展理念的演化路径及在当代执政兴国之中的理论深化，为贯彻落实新发展理念，建立评价体系打下坚实理论基础。

以发展内涵为导向，建立新发展理念评价体系。通过对政府、企业、专家走访描绘群体画像，了解不同群体对于新发展理念内涵的理解。以新发展理念作为准绳，结合经济学研究范式，以传统统计指标和大数据为切入点，结合"创新、协调、绿色、开放、共享"的理论基础，构建新发展理念评价体系。

以科学、合理、真实为目标，测度县域新发展状况。通过构建包含五大维度的县域新发展指数指标体系，以国家共同富裕示范区——浙江省作为研究对象，对浙江县域的新发展情况进行测算，并对测算结果进行整体和单项分析。在此基础上，使用聚类分析进一步对浙江县域的新发展状况进行分类，找出其共性；通过空间计量方法测度新发展状况的溢出效应，为地方贯彻新发展理念提供科学、合理的参考体系。

结合新发展理念，论述高质量发展的内涵、由来及与新发展理念的关系。针对党的十九大报告做出的"我国经济已由高速增长阶段转向高质量发展阶段"的重大判断，对高质量发展的由来和内涵进行探讨研究，深入发掘新发展理念与高质量发展的科学联系，并对全国各地高质量发展的评估实践探索开展系统研究。

以高质量发展理念为指导，构建东莞制造业高质量发展指数。在全面分析东莞制造业发展的基础上，深入挖掘制造业大数据资源，以宏观、中观、微观三个层次为引导，构建东莞制造业高质量发展指数三级模型，为地方政府加快建设现代化经济体系、推动经济高质量发展提供有力支撑。

基于电力大数据分析，设计高质量发展指数体系。基于电力大数据覆盖率高、宏微观一体、用途广泛等多重属性，利用电力大数据对高质量发展指数体系进行分析设计，按照微观、中观、宏观三个层级，分别编制企业高质量发展指数、行业高质量发展指数、区域高质量发展指数，为行业高质量发展测度提供重要参考。

二 主要创新

在理论观点上，对新发展理念和高质量发展的内涵进行了深入思考。通过深入研究习近平总书记提出的五个"着力"，即着力实施创新驱动发展战略、着力增强发展的整体性协调性、着力推进人与自然和谐共生、着力形成对外开放新体制、着力践行以人民为中心的发展思想，构建各有侧重，但同时又相互联系、相辅相成的新发展理念测度体系，形成了可持续发展的中国方案。并且在探寻新发展理念与高质量发展一脉相承关系的基础上，提出了经济高质量增长应有窄口径和宽口径之分的观点。从窄口径看，经济高质量发展，就是经济体在投入上能利用科技进步科学配置资源要素，推动效率变革，实现资源要素配置从过去的粗放经营转向集约经营，使得资源要素的利用效率明显提高；在产出上，通过科技进步和管理创新推动质量变革、动力变革，使产出的品质明显提升，效益大大提高。从宽口径看，理解经济高质量发展不仅仅限于经济范畴之内，还应考虑社会、政治、文化、生态等方面的影响因素。因此，在新时代，经济高质量发展应体现产业产品的创新性、城乡地区以及经济与其他领域的协调性、环境资源利用的可持续性、经济发展的对外开放性和发展成果的可共享性。

在研究方法上，使用经济学研究范式和模型工具，从时间和空间维度上对新发展情况进行研究。结合到具体研究内容来看，一方面，构建了县域新发展指标体系。以县域是中国改革与发展的主战场为核心观点，以浙江省县域经济指标为主要参考对象，构建由5个一级指标，24个二级指标构成的县域新发展指数指标体系。通过对浙江省73个区县的新发展情况进行测度，提炼识别出资源经济型、高度发达型、全面发展型、海岛经济型四种县域经济发展形态，为不同类型县域的转型升级提供量化标准。另一方面，按照微观、中观、宏观三个层级，分别编制东莞制造业高质量发展指数和基于电力大数据分析设计高质量发展指数体系。指数三级模型通过打造高质量发展的地方政府和产业发展生态闭环，实现政府端与企业端的实时对接、政策端与产业端的精准匹配、需求端与供给端的有效配置，从而让各主体、各要素、各环节相互引导、相互支撑、相互印证，为地方和行业高质量发展提供强大的数据、政策以及服务支撑。

在数据资料上，研究中利用了宏观数据与微观大数据的结合创新。传统指标体系的构建基本依赖于宏观统计指标。而随着计算机技术的发展，运算储存能力的提高，使样本分析过渡到总体分析成为可能。研究在构建东莞制造业高质量发展指数三级模型中，探索将微观大数据与宏观统计数据相融合，综合考察区域、行业和企业的高质量发展水平。第一，基于统计数据覆盖面广、标准比较稳定等优势，将其作为高质量发展评价指标体系的数据基础。统计数据主要取自《东莞统计年鉴》《东莞市环境状况公报》等，此类数据的统计频率以年为主。第二，利用微观大数据反馈周期短、真实性强、数据量大等优势，将其作为高质量发展评价指标体系的有益补充。这部分数据主要来自"东莞能源管理中心云平台"。该平台自2012年启动建设，用于强化全市重点能耗企业监管及服务。目前，该平台已构建能耗监测、能效对标、用能考核、节能服务等多项功能板块，实现对840家重点用能单位生产活动和能源消耗状况的实时监测，监测数量位居全国地级城市首位。第三，以层次分析法为基础，实现大数据指标与统计数据指标相融合。通过建立专家评分矩阵获取指标权重，精确权衡各指标维度重要性，科学描绘区域、行业和企业高质量发展的全景图。

2020年我国已经全面建成小康社会，实现了第一个百年奋斗目标。目前，我国经济社会建设已经进入新发展阶段，在开启全面建设社会主义现代化国家新征程、向第二个百年奋斗目标进军的伟大历程中，必须立足新发展阶段、贯彻新发展理念、构建新发展格局。把新发展理念完整、准确、全面贯穿发展全过程和各领域，是加快推动经济社会高质量发展，加快建设现代化经济体系，加快构建以国内大循环为主体、国内国际双循环相互促进的新发展格局的基本遵循和必由之路。百年风雨、世纪沧桑，在中国共产党的正确领导下，全党全国各族人民不忘初心，牢记使命，高举中国特色社会主义伟大旗帜，全面贯彻新发展理念，不断迈向高质量发展，在新的历史起点上为实现中华民族伟大复兴的"中国梦"不懈奋斗！

参考文献

北京师范大学、西南财经大学、国家统计局：《2016中国绿色发展指数报告》，北京师范大学出版社2016年版。

陈鼓应注译：《道典诠释书系1：老子今注今译》，商务印书馆2003年版。

国家发展和改革委员会国际合作中心：《中国区域对外开放指数研究》，人民出版社2016年版。

马克思：《〈政治经济学批判〉序言，导言》，人民出版社1971年版。

马克思：《资本论：第1卷》，人民出版社1970年版。

《马克思恩格斯文集》（第三卷），人民出版社2009年版。

首都科技发展战略研究院：《首都科技创新发展报告2012》，科学出版社2012年版。

易昌良主编：《2015中国发展指数报告》，经济科学出版社2016年版。

郑秉文主编：《中国养老金发展报告（2016）》，经济管理出版社2016年版。

中共中央马克思恩格斯列宁斯大林著作编译局：《马克思恩格斯文集》（第8卷），人民出版社2009年版。

中共中央马克思恩格斯列宁斯大林著作编译局：《马克思恩格斯选集》（第4卷），人民出版社1995年版。

中共中央马克思恩格斯列宁斯大林著作编译局：《马克思恩格斯选集》（第2卷），人民出版社2012年版。

中共中央文献研究室：《关于〈中共中央关于制定国民经济和社会发展第十三个五年规划的建议〉的说明》（2015年10月26日），载《十八大以来重要文献选编》（中），中央文献出版社2016年版。

中共中央文献研究室：《加快从要素驱动、投资规模驱动发展为主向以创新驱动发展为主的转变》（2014年6月9日），载《十八大以来重要文献选编》（中），中央文献出版社2016年版。

中共中央文献研究室：《经济工作要适应经济发展新常态》（2014年12月9日），载《十八大以来重要文献选编》（中），中央文献出版社2016年版。

中共中央文献研究室：《谋求持久发展，共筑亚太梦想》（2014年11月9日），载《习近平关于社会主义经济建设论述摘编》，中央文献出版社2017年版。

中共中央文献研究室：《切实把思想统一到党的十八届三中全会精神上来》（2013年11月12日），载《十八大以来重要文献选编》（上），中央文献出版社2014年版。

中共中央文献研究室：《深化合作伙伴关系，共建亚洲美好家园》（2015年11月7日），载《习近平关于社会主义生态文明建设论述摘编》，中央文献出版社2017年版。

中共中央文献研究室：《以新的发展理念引领发展，夺取全面建成小康社会决胜阶段的伟大胜利》（2015年10月29日），载《十八大以来重要文献选编》（中），中央文献出版社2016年版。

中共中央文献研究室：《在第十二届全国人民代表大会第一次会议上的讲话》（2013年3月17日），载《十八大以来重要文献选编》（上），中央文献出版社2014年版。

中共中央文献研究室：《在海南考察工作结束时的讲话》（2013年4

月10日），载《习近平关于社会主义生态文明建设论述摘编》，中央文献出版社2017年版。

中共中央文献研究室：《在河南考察时的讲话》（2014年5月9日、10日），载《习近平关于社会主义经济建设论述摘编》，中央文献出版社2017年版。

中共中央文献研究室：《在庆祝中国共产党成立九十五周年大会上的讲话》（2016年7月1日），载《习近平关于社会主义经济建设论述摘编》，中央文献出版社2017年版。

中共中央文献研究室：《在省部级主要领导干部学习贯彻党的十八届五中全会精神专题研讨班上的讲话》（2016年1月18日），载《习近平关于社会主义生态文明建设论述摘编》，中央文献出版社2017年版。

中共中央文献研究室：《在中共中央召开的党外人士座谈会上的讲话》（2014年12月1日），载《习近平关于社会主义经济建设论述摘编》，中央文献出版社2017年版。

《中国共产党第十八届中央委员会第五次全体会议文件汇编》，人民出版社2015年版。

白重恩：《高质量的经济增长动力尚未形成，新周期未至》，《金融经济》2017年第19期。

曹炳汝：《中国城乡发展协调度测度》，《城市问题》2015年第11期。

陈诗一、陈登科：《雾霾污染、政府治理与经济高质量发展》，《经济研究》2018年第2期。

陈四清：《试论商业银行风险管理》，《国际金融研究》2003年第7期。

成龙：《"五大发展理念"精神实质探析》，《科学社会主义》2016年第1期。

褚福灵：《共享发展的内涵及衡量标准研究》，《中国社会保障》2016年第6期。

段立、徐鸿宇、王懿、赵莉、刘冲、郭娇：《基于word2vec和XG-Boost相结合的国网95598客服投诉工单分类》，《电力大数据》2019年第12期。

樊家树、徐峰、董爱迪：《基于大数据的用电行为异常情况研究》，《电子世界》2020年第9期。

付晨玉、杨艳琳：《中国工业化进程中的产业发展质量测度与评价》，《数量经济技术经济研究》2020年第3期。

高翔、黄建忠：《对外开放程度、市场化进程与中国省级政府效率——基于Malmquist-Luenberger指数的实证研究》，《国际经贸探索》2017年第10期。

高志、樊锐轶、米超、王大海、胡庆博、冯超：《设备监控信息大数据与设备模型的互校验及实用化事件分析》，《电力大数据》2020年第3期。

龚六堂：《高质量的经济增长以什么"论英雄"》，《人民论坛》2017年第36期。

龚晓莺、胡忠俊、王昆：《关于对外开放度度量指标体系构建的几点思考》，《贵州大学学报》（社会科学版）2008年第4期。

顾海良：《新发展理念的新时代政治经济学意义》，《经济研究》2017年第11期。

关伟、刘勇凤：《辽宁沿海经济带经济与环境协调发展度的时空演变》，《地理研究》2012年第11期。

《广东省社科院发布〈中国城市创新指数〉》，《南方经济》2016年第3期。

郭永杰、米文宝、赵莹：《宁夏县域绿色发展水平空间分异及影响因素》，《经济地理》2015年第3期。

国家统计局社科文司"中国创新指数（CII）研究"课题组、贾楠、李胤：《中国创新指数研究》，《统计研究》2014年第11期。

韩智勇、魏一鸣、焦建玲、范英、张九天：《中国能源消费与经济增长的协整性与因果关系分析》，《系统工程》2004年第12期。

《杭州创新指数介绍》，《杭州科技》2008年第4期。

何小勇、张艳娥：《论马恩的人与自然和谐思想》，《重庆文理学院学报》（社会科学版）2008年第3期。

何智恒：《中部六省经济开放度的比较研究》，《统计与决策》2008年第1期。

贺菲菲：《基于泰尔指数的河北省区域协调发展现状分析》，《价值工程》2012年第35期。

贺京同、何蕾：《要素配置、生产率与经济增长——基于全行业视角的实证研究》，《产业经济研究》2016年第3期。

洪开荣、浣晓旭、孙倩：《中部地区资源—环境—经济—社会协调发展的定量评价与比较分析》，《经济地理》2013年第12期。

侯景波、王李：《银行集团风险并表管理探讨》，《金融与经济》2014年第9期。

胡智、刘志雄：《中国经济开放度的测算与国际比较》，《世界经济研究》2005年第7期。

黄速建、肖红军、王欣：《论国有企业高质量发展》，《中国工业经济》2018年第10期。

黄跃、李琳：《中国城市群绿色发展水平综合测度与时空演化》，《地理研究》2017年第7期。

霍强、李贵云：《"一带一路"视角下沿边省份绿色发展指数研究》，《生态经济》2018年第10期。

吉亚辉、罗朋伟：《产业协调与区域经济协调的耦合研究——基于中国四大板块制造业的实证分析》，《开发研究》2018年第5期。

金碚：《关于"高质量发展"的经济学研究》，《中国工业经济》2018年第4期。

金碚：《论经济发展的本真复兴》，《城市与环境研究》2017年第3期。

金碚：《在新发展理念引领下建设现代化经济体系》，《经济理论与经济管理》2018年第1期。

李翀：《我国对外开放程度的度量与比较》，《经济研究》1998年第1期。

李晖、李詹：《省际共享发展评价体系研究》，《求索》2017年第12期。

李健、林韶生、陈芳、杜佩仁：《基于大数据的台区行业聚合分类方法及分类特征分析》，《电力大数据》2020年第3期。

李金昌、史龙梅、徐蔼婷：《高质量发展评价指标体系探讨》，《统计研究》2019年第1期。

李琳、楚紫穗：《我国区域产业绿色发展指数评价及动态比较》，《经济问题探索》2015年第1期。

李琳、张佳：《长江经济带工业绿色发展水平差异及其分解——基于2004—2013年108个城市的比较研究》，《软科学》2016年第11期。

李强、王洪川、胡鞍钢：《中国电力消费与经济增长——基于省际面板数据的因果分析》，《中国工业经济》2013年第9期。

李青、黄亮雄：《中国省际开放度的经济指标体系与政策走向》，《改革》2014年第12期。

林伯强：《中国电力发展：提高电价和限电的经济影响》，《经济研究》2006年第5期。

林伯强、毛东昕：《煤炭消费终端部门对煤炭需求的动态影响分析》，《中国地质大学学报》（社会科学版）2014年第6期。

林卫斌、施发启、谢利平:《强度效应、结构效应与中国电力消费之谜》,《统计研究》2011年第12期。

刘凤义:《中国经济学如何研究共享发展》,《改革》2016年第8期。

刘浩、张毅、郑文升:《城市土地集约利用与区域城市化的时空耦合协调发展评价——以环渤海地区城市为例》,《地理研究》2011年第10期。

刘建国:《北京市区域协调发展的综合测度》,《区域经济评论》2016年第1期。

刘明广:《城市创新指数设计与实证研究——以广东省广州市为例》,《商业经济研究》2016年第6期。

刘明广:《中国省域绿色发展水平测量与空间演化》,《华南师范大学学报》(社会科学版)2017年第3期。

刘生龙、高宇宁、胡鞍钢:《电力消费与中国经济增长》,《产业经济研究》2014年第3期。

刘伟:《坚持新发展理念,推动现代化经济体系建设——学习习近平新时代中国特色社会主义思想关于新发展理念的体会》,《管理世界》2017年第12期。

刘伟:《坚持新发展理念,推动现代化经济体系建设——学习习近平新时代中国特色社会主义思想关于新发展理念的体会》,《管理世界》2017年第12期。

刘兴远、储东涛:《江苏区域协调发展的进程测度与路径再探》,《唯实》2014年第9期。

卢中原:《西部地区产业结构变动趋势、环境变化和调整思路》,《经济研究》2002年第3期。

鲁继通:《我国高质量发展指标体系初探》,《中国经贸导刊》(中)2018年第20期。

吕慧燕:《〈淮南子〉人与自然和谐思想及其现实意义》,《东北师大学报》(哲学社会科学版) 2011 年第 2 期。

罗雅丽、李同昇:《城乡关联性测度与协调发展研究——以西安市为例》,《地理与地理信息科学》2005 年第 5 期。

雒军、唐坚、赵喆、王佩、闫强、陈星:《基于大数据的电力环保数据平台建设》,《电力大数据》2020 年第 1 期。

马健永:《论五大发展理念的科学内涵及其逻辑关系》,《经济与社会发展》2017 年第 4 期。

马双、王振:《长江经济带城市绿色发展指数研究》,《上海经济》2018 年第 5 期。

妙红英、李蒙、王艳芹、王松、洪虹、康强:《利用大数据实现电能计量装置运行状态质量评估》,《电力大数据》2020 年第 3 期。

聂长飞、简新华:《中国高质量发展的测度及省际现状的分析比较》,《数量经济技术经济研究》2020 年第 2 期。

潘家华:《从生态失衡迈向生态文明:改革开放 40 年中国绿色转型发展的进程与展望》,《城市与环境研究》2018 年第 4 期。

邱海平:《马克思主义关于共同富裕的理论及其现实意义》,《思想理论教育导刊》2016 年第 7 期。

任保平:《我国高质量发展的目标要求和重点》,《红旗文稿》2018 年第 24 期。

任保平、李禹墨:《新时代我国高质量发展评判体系的构建及其转型路径》,《陕西师范大学学报》(哲学社会科学版) 2018 年第 3 期。

任保平、文丰安:《新时代中国高质量发展的判断标准、决定因素与实现途径》,《改革》2018 年第 4 期。

邵波、任运鹏、李星洲:《我国城市国际化水平比较研究》,《上海工程技术大学学报》2007 年第 2 期。

师博、任保平:《中国省际经济高质量发展的测度与分析》,《经济问题》2018 年第 4 期。

师博、张冰瑶：《全国地级以上城市经济高质量发展测度与分析》，《社会科学研究》2019 年第 3 期。

施芝鸿：《引领全局的发展理念》，《党史文苑》2016 年第 1 期。

宋瑞礼：《电价调整与通货膨胀关系实证研究——基于投入产出价格影响模型》，《金融评论》2011 年第 5 期。

孙丽冬、陈耀辉：《经济对外开放度指数的测算模型》，《统计与决策》2008 年第 14 期。

孙轩：《城市群产业协调发展的多指数评价与分析》，《城市与环境研究》2016 年第 3 期。

覃成林：《区域协调发展机制体系研究》，《经济学家》2011 年第 4 期。

覃成林、郑云峰、张华：《我国区域经济协调发展的趋势及特征分析》，《经济地理》2013 年第 1 期。

谭显东、胡兆光、张克虎、李存斌、徐敏杰：《构建多 Agent 模型研究差别电价对行业的影响》，《中南大学学报》（自然科学版）2008 年第 1 期。

唐坚、尹二新、路光杰、陈鸥、张军、刘永岩：《大数据技术在火电厂 SCR 脱硝系统中的应用》，《电力大数据》2020 年第 2 期。

唐志鹏、刘卫东、刘红光：《投入产出分析框架下的产业结构协调发展测度》，《中国软科学》2010 年第 3 期。

陶玲、朱迎：《系统性金融风险的监测和度量——基于中国金融体系的研究》，《金融研究》2016 年第 6 期。

万相昱、张涛：《中国的经济增长为世界经济作出了重要贡献》，《红旗文稿》2017 年第 13 期。

汪增洋、张学良：《后工业化时期中国小城镇高质量发展的路径选择》，《中国工业经济》2019 年第 1 期。

王常凯、谢宏佐：《中国电力碳排放动态特征及影响因素研究》，

《中国人口·资源与环境》2015年第4期。

王春法：《科技全球化浪潮中的发展中国家》，《世界经济与政治》2001年第9期。

王发明：《城市国际化水平综合评价指标体系的构建》，《统计与决策》2009年第22期。

王海军、成佳：《沈阳城市创新指数研究》，《辽宁经济》2016年第12期。

王火根、沈利生：《中国经济增长与能源消费空间面板分析》，《数量经济技术经济研究》2007年第12期。

王建康、谷国锋、姚丽等：《中国新型城镇化的空间格局演变及影响因素分析——基于285个地级市的面板数据》，《地理科学》2016年第1期。

王志玲、蓝洁、周文鹏、吴宁、谭思明：《青岛科技创新指数研究》，《科技和产业》2018年第6期。

王紫陌、廖志高：《基于主成分分析的广西柳州城市创新指数研究》，《广西工学院学报》2013年第3期。

魏国雄：《大数据与银行风险管理》，《中国金融》2014年第15期。

魏敏、李书昊：《新时代中国经济高质量发展水平的测度研究》，《数量经济技术经济研究》2018年第11期。

吴琼、黄筱婷：《基于RBF神经网络的输电线路覆冰短期预测研究》，《贵州电力技术》2016年第11期。

吴志军、梁晴：《中国经济高质量发展的测度、比较与战略路径》，《当代财经》2020年第4期。

习近平：《深入理解新发展理念》，《求是》2019年第10期。

辛岭、安晓宁：《我国农业高质量发展评价体系构建与测度分析》，《经济纵横》2019年第5期。

辛鸣：《论当代中国发展战略的构建》，《中国特色社会主义研究》

2016 年第 1 期。

徐朝晖、赵伟：《中国区域经济国际开放指数探讨》，《统计与决策》2005 年第 17 期。

徐瑞慧：《高质量发展指标及其影响因素》，《金融发展研究》2018 年第 10 期。

徐现祥、李书娟、王贤彬、毕青苗：《中国经济增长目标的选择：以高质量发展终结"崩溃论"》，《世界经济》2018 年第 10 期。

杨旗、曾华荣、黄欢、马晓红、毛先胤、张露松：《基于 BP 神经网络的输电线路隐患预放电识别研究》，《电力大数据》2020 年第 3 期。

叶泽、袁玮志、李科、李湘祁：《"低电价陷阱"形成机理——基于中国省际面板数据的实证研究》，《中国软科学》2014 年第 10 期。

叶泽、袁玮志、李湘祁：《低电价陷阱：电价水平与经济发展的关系实证研究》，《中国工业经济》2013 年第 11 期。

于春涛：《以创新指数视角透视青岛科技创新能力》，《中国国情国力》2013 年第 11 期。

袁志红：《城市创新指数的设计与选择研究——以太原为例》，《科技管理研究》2012 年第 15 期。

曾丽萍、向其凤：《电价上涨对我国经济的影响剖析》，《云南财贸学院学报》（社会科学版）2008 年第 5 期。

张建秋：《中原经济区发展指数的编制与评价研究——基于新型城镇化引领"三化"协调发展理念的分析》，《河南商业高等专科学校学报》2015 年第 1 期。

张可云、项目：《中国省会城市国际化水平比较研究》，《地域研究与开发》2011 年第 4 期。

张立生：《基于市级尺度的中国城乡协调发展空间演化》，《地理科学》2016 年第 8 期。

张涛、姚慧芹：《新发展理念助推中国经济向高质量发展转型》，《河北学刊》2019 年第 3 期。

张晓朴、陈璐、毛竹青：《银行集团的并表管理》，《中国金融》2013 年第 3 期。

张亚斌、赵景峰：《中国经济社会发展质量及对全面建成小康社会的影响——基于五大发展新理念的理论与实证》，《财贸研究》2017 年第 3 期。

张燕生：《对外开放的历程、发展经验及前景》，《宏观经济研究》2008 年第 10 期。

张友国：《电价波动的产业结构效应——基于 CGE 模型的分析》，《华北电力大学学报》（社会科学版）2006 年第 4 期。

张卓群、张涛：《全球主要股市风险相关性测度——基于半参数 C - Vine Copula 模型》，《金融评论》2018 年第 3 期。

赵健：《开放度度量指标体系的构建——基于内陆省份的差异研究》，《天中学刊》2012 年第 2 期。

赵三英：《中国对外开放度指数的构建与测度》，《统计与决策》2006 年第 21 期。

赵彦云、吴翌琳：《中国区域创新模式及发展新方向——基于中国 31 个省区市 2001—2009 年创新指数的分析》，《经济理论与经济管理》2010 年第 12 期。

赵彦云、甄峰、吴翌琳、王敏：《金融危机下的中国区域创新能力——中国 31 个省区市创新能力指数 2008 年实证和 2009 年展望》，《经济理论与经济管理》2009 年第 8 期。

郑鑫：《商业银行内部控制"三道防线"的分析与探讨》，《农村金融研究》2011 年第 12 期。

钟水映、冯英杰：《中国省际绿色发展福利测量与评价》，《中国人口·资源与环境》2017 年第 9 期。

邹辉、段学军:《长江经济带经济—环境协调发展格局及演变》,《地理科学》2016年第9期。

方陈平:《基于空间计量分析的浙江省经济空间结构研究》,硕士学位论文,浙江理工大学,2013年。

韩兆洲:《区域经济协调发展统计测度研究》,硕士学位论文,厦门大学,2000年。

陆祥祥:《马克思共享发展思想研究》,硕士学位论文,安徽财经大学,2017年。

徐丁:《辽宁省城乡协调发展的测度与评价研究》,硕士学位论文,东北大学,2014年。

Akkemik, K. A. , "Potential Impacts of Electricity Price Changes on Price Formation in the Economy: a Social Accounting Matrix Price Modeling Analysis for Turkey", *Energy Policy*, Vol. 39, No. 2, 2011.

Anselin L. , "Local Indicators of Spatial Association—LISA", *Geographical Analysis*, vol. 27, 1995.

Carson, R. , *Silent Spring*, Boston: Houghton Mifflin Company, 1962.

Cavallo, A. and R. , Rigobon, "The Billion Prices Project: Using Online Prices for Measurement and Research", *Journal of Economic Perspectives*, Vol. 30, No. 2, 2016.

Chen, S. T. , Kuo, H. I. and Chen, C. C. , "The Relationship Between GDP and Electricity Consumption in 10 Asian Countries", *Energy policy*, Vol. 35, No. 4, 2007.

Daly H. E. , Cobb J. B. J. , *For the Common Good: Redirecting the Economy Towards Community, the Environment and a Sustainable Future*, Boston: Massachusetts Beacon Press, 2017.

Daly H. E. , Cobb J. B. J. , "For the Common Good: Redirecting the Economy towards Community, the Environment and a Sustainable Future", *Boston Massachusetts Beacon Press*, Vol. 4, No. 2, 2017.

Das S. R., Chen M. Y., "Yahoo! for Amazon: Sentiment Extraction from Small Talk on the Web", *Management Science*, Vol. 53, No. 9, 2007.

Dickinson E., GDP: A Brief History, http://foreignpolicy.com/2011/01/03/gdp-a-brief-history/2011-01-02.

J. J. C., Smart and B. Williams, *Utilitarianism: For and Against*, Cambridge University Press.

Joshua Blumenstock, Gabriel Cadamuro and Robert On. "Predicting Poverty and Wealth from Mobile Phone Metadata", *Science*, Vol. 6242, 2015.

Kraft, J. and Kraft, A., "On the Relationship between Energy and GNP," *The Journal of Energy and Development*, 1978.

Krugman, P., "Increasing Returns and Economic Geography", *Journal of Political Economy*, Vol. 99, No. 3, 1991.

Krugman, P., "What's New about the New Economic Geography?", *Oxford Review of Economic Policy*, Vol. 14, No. 2, 1998.

Kutznets S. S., "National Income, 1929—1932", *National Bureau of Economic Research*, 1934.

Lee, L. F., "Asymptotic Distributions of Quasi-maximum Likelihood Estimators for Spatial Autoregressive Models", *Econometrica*, Vol. 72, No. 6, 2004.

M. Mlachila, R. Tapsoba, S. J. A Tapsoba, "A Quality of Growth Index for Developing Countries: A Proposal", *Social Indicators Research*, 2017.

Maddison A., *Contours of the World Economy 1-2030 AD: Essays in Macro-Economic History*, Oxford University Press, 2007.

Meadows, D., *Limits to Growth*, New York: Penguin, 1972.

Nassirtoussi, K., et al., "Text Mining for Market Prediction: a Systematic Review", *Expert Systems with Applications*, Vol. 41, No. 16, 2014.

Nordhaus W. D., Tobin J, "Is Growth Obsolete? Economic Research: Retrospect and Prospect", *Economic Growth*, Vol. 5, 1972.

Porter M. E., Sachs J., "McArthur J. Executive Summary: Competitiveness and Stages of Economic Development", *The Global Competitiveness Report*, 2002.

Rees W. E., "Ecological Footprints and Appropriated Carrying Capacity: What Urban Economics Leaves Out", *Environment and Urbanization*, Vol. 4, No. 2, 1992.

Rostow W W, "The Stages of Economic Growth", *The Economic History Review*, Vol. 12, No. 1, 1959.

Shiu, A. and Lam, P. L., "Electricity Consumption and Economic Growth in China", *Energy Policy*, Vol. 32, No. 1, 2004.

Smart J. J. C., Williams B., *Utilitarianism: For and Against*, Cambridge University Press, 1973.

Solow R. M., "A Contribution to the Theory of Economic Growth", *The Quarterly Journal of Economics*, Vol. 70, No. 1, 1956.

Sonja Georgievska, et al., "Detecting High Indoor Crowd Density with Wi-Fi Localization: a Statistical Mechanics Approach", *Journal of Big Data*, Vol. 1, 2019.

The Global Innovation Index 2016, *Winning with Global Innovation*, Johnson Cornell University, 2016.

The Global Innovation Index 2018: *Energizing the World with Innovation*, Johnson Cornell University, 2018.

Wackernagel M., *Ecological Footprint and Appropriated Carrying Capaci-*

ty: *a Tool for Planning Toward Sustainability*, University of British Columbia, 1994.

Wilkinson R., Pickett K., *The Spirit Level*: *Why Equality is Better for Everyone*, Penguin UK, 2010.

Wu Haoyang, et al., "A new Method of Large-scale Short-term Forecasting of Agricultural Commodity Prices: Illustrated by the Case of Agricultural Markets in Beijing", *Journal of Big Data*, Vol. 1, 2017.